献给我们的妻子和孩子们
献给执法部门和科学领域中为揭示
案件真相而殚精竭虑的同仁们

01

神探李昌钰破案实录
Dr. Henry Lee's Forensic Files

世纪奇案

Shocking Cases:
From Dr. Henry Lee's Forensic Files

[美] 李昌钰　杰瑞·拉比欧拉　著

罗芳芳　译

中国政法大学出版社

2018·北京

图书在版编目（ＣＩＰ）数据

神探李昌钰破案实录. 1, 世纪奇案／（美）李昌钰，（美）杰瑞·拉比欧拉著；罗芳芳译. —北京：中国政法大学出版社, 2017. 10（2021. 11重印）
　　ISBN 978-7-5620-7797-8

　Ⅰ.①神…　Ⅱ.①李…　②杰…　③罗…　Ⅲ.①刑事侦查－案例－美国　Ⅳ.①D971. 24

　中国版本图书馆CIP数据核字（2017）第253346号

出　版　者	中国政法大学出版社
地　　　址	北京市海淀区西土城路25号
邮寄地址	北京100088信箱8034分箱　邮编100088
网　　　址	http://www.cuplpress.com（网络实名：中国政法大学出版社）
电　　　话	010-58908466(编辑室) 58908334(邮购部)
承　　　印	北京中科印刷有限公司
开　　　本	720mm×960mm　1/16
印　　　张	17
字　　　数	220千字
版　　　次	2018年5月第1版
印　　　次	2021年11月第2次印刷
定　　　价	76.00元

总　序

　　在美国，人们常说，破不了的案子，找 Dr. Lee 就对了，很多小朋友的志愿都提到："我长大后要像 Dr. Lee 一样。"迄今，我已获得 800 多个荣誉奖项，参与侦破 8000 多起国际的重大刑事案件。人们推崇我为"当代福尔摩斯""现场重建之王""科学神探"等等，媒体说我是世界上最受欢迎的华人，其实真正的我和大家一样，都是平凡的人。人的一生就是一次漫长的爬坡，我一辈子实际上只做了一件事，就是"使不可能成为可能"。

　　1964 年，我和太太初到美国，全部家当只有一个木箱和 50 美元。为了谋生，我做过服务生、当过记者、做过武术教练，每天只能睡 3～4 个小时。直到现在，我每天还是工作 16～20 个小时，每周工作 7 天。辛勤的努力，让我在两年内完成了四年大学的所有课程，也破纪录地在短短一年内拿到博士学位。毕业同年（1975 年）即获得康涅狄格州纽黑文大学助理教授的职位，短短三年又破纪录晋升为终身教授，并出任刑事科学系主任。次年（1976 年）出任康涅狄格州警政厅刑事实验室主任兼首席鉴识专家。1998年出任康涅狄格州警政厅厅长，成为美国有史以来警界职位最高的华人。

过去几十年以来，我曾撰述出版40多本刑事科学方面的专业书籍，我侦破的许多案件在世界各国被拍成电影和电视节目，许多法庭的专家证词和陈述被列为国际刑事科学界和警界的经典教学案例。世界各国都希望我将处理过的重大案件撰写成书，与世人分享。此次应中国政法大学出版社刘知函先生之邀请，策划出版"神探李昌钰破案实录"系列丛书，将全面、系统地介绍我在美国及其他国家和地区侦破的重大刑事案件。从事刑事鉴识50多年后，我从8000多件重大刑案的侦查过程中，积累了许多宝贵的实务经验，希望将这些案件和经验整理成书，陆续出版，作为自己在刑事科学界的经验传承，供世人参考，以期能抛砖引玉。更希望这套丛书对华人地区的刑事科学及司法制度的观念有所帮助，如此则甚幸矣！

借此机会，我要谢谢目前在美国及世界各国警界的朋友，尤其要感谢曾与我共同在刑案现场和实验室工作的伙伴。鉴识工作是团队工作，没有他们，我也不可能与读者分享这些故事。

我的求学时代，家中贫困，全赖母亲兄姊的勤俭刻苦，呵护备至，我方能专心向学。兄弟姐妹艰苦与共，共同成长，他们是我生命中最重要的人。我的太太宋妙娟女士几十年来一如既往地全力支持我，照顾家庭，备极辛苦，使我能毫无后顾之忧地专心工作，自应附志，以表谢意。

李昌钰

2011年9月1日

序于美国康涅狄格州家中

前　言

这是我们合作的第四本书。全书共五章。

我们从李昌钰博士亲历的诸多案件中选择了几桩重大的刑事案件，并对这些案件中的法庭科学证据进行了审查，整理所得构成了书的前四章。我们在第五章（也是最后一章）将与大家分享李昌钰博士在欧洲东南部地区对几起大屠杀事件进行调查时的经历。

前四个案件都发生在美国：第一个案件发生在加利福尼亚州的洛杉矶市，第二个案件发生在伊利诺伊州的芝加哥市，第三个案件发生在爱荷华州的托莱多市，第四个案件发生在康涅狄格州的哈特福特市。最后一个故事则把大家带到了欧洲的波斯尼亚和克罗地亚。

法庭科学是全书的核心，但每个案件又各有侧重。在第一个案件中，大家会了解到好莱坞的音乐产业；第二个案子则以美国的"禁酒时期"和有组织犯罪为背景；第三个案件为大家呈现的是一宗发生在宗教"飞地"的杀人案；在第四个案件中，大家会了解到执法部门必然会面临的危险以及与种族冲突相关的知识；第五个案子向大家介绍的则是所谓的"种族清洗"。

和前几部作品一样，在本书的大部分章节中都会穿插有简短的补充阅读的内容。这些内容在书中都以边栏的形式出现，并附有标题。

最后要补充的是，书中的"我"均指李昌钰博士。

李昌钰博士

杰瑞·拉比欧拉博士

目 录

第一章

菲尔·斯佩克特案

我们从一个刑事案件开始讲起。这个案件不仅震惊了整个洛杉矶郊区，而且在全美国甚至全世界都有重大影响。

背 景 介 绍

人们对菲尔·斯佩克特褒贬不一，有人说他喜怒无常，有人说他聪明绝顶，还有人说他行为乖张甚至有人还将他描述成一个暴力分子。尽管如此，对于"乐坛巨擘"这一殊荣，斯佩克特是当之无愧的。他不仅是一位优秀的歌手，更是一位优秀的词曲家和音乐制作人。正如我们所了解的，斯佩克特的一生中辉煌与黯淡并存，充满了数不清的成功与无法预知的挫折——或者可以说以上种种都发生在短短一个月之内。有人曾将他描述为一个"头戴假发、脚踩风火轮、身配四支枪的小个子男人"[1]。这个小个子男人以爱玩枪而出名——常常冷不丁就拿枪对着某位演员，或是微笑着掏出一把装满子弹的手枪指着某位制作人同事的头。但这一次他真闯祸了！2003年，菲尔·斯佩克特因涉嫌谋杀罪而被警方逮捕，被害人是一位名叫拉娜·克拉克森的 40 岁漂亮女演员。

早年

哈维·菲利普·斯佩克特（即菲尔·斯佩克特），1939 年 12 月 26 日出生于纽约布朗克斯。他很小的时候就学会了弹吉他和钢琴，梦想有朝一日能成为一名作曲家、流行音乐家和音乐制作人。1949 年，在父亲自杀后，斯佩克特随家人一同迁至洛杉矶。正是在洛杉矶，他全身心地投入到了广阔的音乐海洋中。斯佩克特和另外三个高中好友组成了一支名叫"泰迪熊"的乐队，由他担任词曲作者和主唱。这支乐队迅速蹿红乐坛，他们的作品给许多唱片公司留下了深刻的印象。那首名叫"To Know Him Is to Love Him"的情歌荣登 1958 年"美国公告牌百首热门单曲排行榜"榜首，短短几个月内单曲销量就突破了百万大关。当时的斯佩克特只是一名 17 岁的高中生，这首歌的歌名源自他父亲墓碑上的题词，而年轻的他也由此跻身百万富翁行列。尽管这支乐队很快就遭遇了解散的命运，但时隔近 30 年后，也就是 1987 年，由多利·佩顿、埃米露·哈里斯和琳达·朗丝黛组成的三人演唱组合重新翻唱了这首歌，并再次引起轰动。

从 1958 年到 1966 年，斯佩克特将主要的精力都用在了音乐制作上。他成立了一家新的唱片公司，与其他公司一起合作，和有建树的艺术家自由工作。在这期间，他也没有完全放弃词曲创作，而是写下了许多脍炙人口的好歌。比如，为流浪者乐队写下了"On Broadway"，为本·E. 金创作了"Spanish Harlem"，还为正直兄弟量身定做了那首著名的"You've Lost That Lovin' Feelin'"——这首歌被美国广播音乐公司（BMI）誉为"20 世纪在美国电台播放次数最多的歌曲"。当然，斯佩克特此间也遭遇了诸多挫折和失败，但他似乎都能坦然面对，并创作出新的重磅单曲对失败予以还击。

作为一名音乐制作人，斯佩克特是非常成功的。他制作的"Zip-a-Dee-Doo-Dah""My Sweet Lord""River Deep—Mountain High""Just Once in My Life""Unchained Melody""Ebb Tide""Every Breath I Take"等都是当年轰动一时的曲目。在其众多作品中，以披头士乐队的专辑《顺其自然》（*Let It Be*）最为出名。从 1960 年到 1965 年，斯佩克特的作品中有超过 25 首名列单曲排行榜前 40 位。

菲尔·斯佩克特一生最伟大的贡献便是发明了神奇的"音墙"（Wall of Sound）录音技术，该技术通过将许多乐师聚集到一起，营造出一种低沉而又震撼的音效。其中糅合了多种乐器、多种音效和多个声部，然后将这些补充的录音重复两遍或三遍后加到先前录制的音乐唱片上，从而创作了他所期待的这种层层叠加、优美和谐的音乐效果。斯佩克特将这种技术称为"瓦格纳风格的摇滚：为年轻人设计的小交响乐"。[2]有时候，需要多组乐手共同演奏才能达到理想效果，比如两个低音提琴手、三个吉他手、三个钢琴演奏者、两到三个鼓手和一些别的打击乐演奏者。

在这段时间里，斯佩克特经常在洛杉矶金星工作室（Gold Sar Studios）工作，因为必须利用这个工作室的回声间才能制作出"音墙"的效果。正是这项技术使他在音乐界拥有了一席之地。录音棚里的麦克风会拾音，然后将其传输到一间有着扬声器和麦克风的回声间。来自录音棚的声音通过扬声器的播放，在被麦克风吸收之前会在室内震颤，产生回声。然后，再将这充满回声的声音传送回录音控制室，最后制成母带。由回声间厚重的墙壁产生的自然的震颤和回声赋予了其作品独特的音效。当这些歌曲在调幅无线电广播（AM radio）播出的时候，其深沉浑厚的声音效果给人以强烈的震撼——这种震撼是当时的单声道录音永远都达不到的。作曲家杰夫·巴里认为音墙"基本就是一种排列方式，将四五把古典吉他排列起来，这些弦乐吉他就会自动和弦……第五把吉他在同一水平线上的弦会产生两个低音……六七个带有小孔的牛角号，增加了一点撞击感……将小钟、甩铃和钟鼓等打击乐器进行排列。菲尔使用自己特有的方法产生回声，用弦乐器来演奏泛音。但是一般来说，总会有一个排列方式的。"[3]

斯佩克特发明的"音墙"录音技术改变了流行音乐唱片的制作方式，并使得许多乐队脱颖而出，女子音乐组合水晶合唱团（The Crystals）和朗奈特合唱团（The Ronettes）（斯佩克特与其主唱龙妮·贝内特于1968年结婚）就是其中的典型代表。

斯佩克特能制作出如此超凡脱俗的声音似乎是必然结果，因为他在音乐和唱片制作技术方面从不因循守旧。例如，他曾公开表示对立体公放的不满，声称立体公放会使唱片的声音失真。他对于不喜欢的专辑也毫不避讳地批评。有一次，他将一张专辑描述为"两首好歌和十首垃圾的组合"。[4]

但是，对于他喜欢的乐手，斯佩克特则给予很大的空间让其自由发挥，很少品头论足。他将曾参与过录音的乐队的灵魂乐手召集起来，组成一个新乐队，命名为"破坏部队"（Wrecking Crew），乐队成员包括吉他手格伦·坎贝尔、钢琴手利昂·拉塞尔和鼓手哈尔·布莱恩。

1971年，斯佩克特参与了约翰·列侬冠军专辑《想象》（Imagine）的制作，他同时使用了44个麦克风，打造出完美的音效。1980年列侬被杀后，该专辑的主打歌登上排行榜冠军宝座，并被公认为有史以来最优秀的流行歌曲之一。但是，斯佩克特与列侬的关系却很快有了嫌隙。有小道消息称斯佩克特在录音棚工作期间患上了神经衰弱，甚至曾用枪威胁这位著名的披头士成员。同年，斯佩克特参与了热销的三碟装专辑《孟加拉音乐会》（*The Concert for Bangladesh*）的录制，该专辑在 1972 年的格莱美音乐节上荣获了"年度最佳唱片"的称号。

晚年

创造出独特的"音墙"录音技术，制作了一首又一首热门单曲，与披头士、蒂娜·特纳、康妮·弗朗西斯、席琳·迪翁、雪儿、拉蒙斯乐队（the Ramones）等当红明星成功合作……这些仅仅是菲尔·斯佩克特非凡音乐成果中的一部分。1989 年，斯佩克特以非摇滚乐手的身份入主"摇滚名人堂"。2004 年，《滚石》杂志评选出"史上最伟大的百位艺术家"，斯佩克特名列第 63 位。[5]

但是，在几十年前，尤其是在 20 世纪 70 年代，斯佩克特的行为变得令人难以捉摸。他开始不合群，性格也越来越敏感易怒。朋友们都认为他比较固执，而那些不太喜欢他的人则将他描述为一个"十足的偏执狂"。甚至连他的外表都出现了变化——有人开始评论他"着装古怪"，而他那堆标志性的卷发也似乎变得越来越蓬乱，并长出更多白发。此外，他以爱玩枪而著称，经常突然从腰间抽出一把手枪来，在人前挥动，让人提心吊胆。

1977 年，斯佩克特在接受《洛杉矶时报》采访时，针对关于其行为举止的问题回应道："我确实需要改一改了。身为一个住豪宅的百万富翁，打扮得却像蝙蝠侠一样，确实有些不妥。我承认，从某种程度上来说，我享受着这一切。但我已经开始意识到这样做是挺不正常的。"[6]

据说在 20 世纪 90 年代中期的某一天，斯佩克特厉声斥责一位歌手的经纪人，责怪他们不尊重自己在乐坛的崇高地位。他抱怨道："你们没有资格告诉莎士比亚该写什么剧本，更没有资格教莎士比亚如何写剧本。"[7]不久以后，他告诉一位英国作家说，他正在服用治疗精神分裂症的药物。但是他解释道："我并没有说我患有精神分裂症啊，只是我的身体里住着一群魔鬼，我要与他们抗争到底。"[8]

案　　情

被害人

2003 年 2 月 3 日清晨，在菲尔·斯佩克特位于洛杉矶郊区阿尔汉布拉山顶豪宅的大理石门厅中发现了一具尸体，是 40 岁的高挑迷人的女演员拉娜·克拉克森，那时她已遭枪击身亡。当时，斯佩克特的司机阿德里安诺·德苏扎用手机报警，说听到了一声枪响。警察们接到报警后迅速出动，大约在清晨 5 点赶到了斯佩克特位于格兰维路的豪宅。

克拉克森生于南加州，在克洛弗代尔（Cloverdale）长大。她的朋友说她一直视玛丽莲·梦露为偶像，但她并没能实现她最初的梦想，不得不退而求其次，成了一位著名的 B 级片影星。过气之后，她以在网上卖自己的半裸海报为生。

克拉克森出演过的电影包括《邪灵复活》《月亮中的亚马逊女人》《野蛮女王》等，还出演过美国人气电视剧《战士公主西娜》。此外，她还扮演过著名电影《疤面煞星》和《开放的美国学府》中的小角色，并为现代超市型零售企业的鼻祖凯马特（Kmart）公司代言过广告。她还拍过有线台电视剧《豪门疑案》和《黑蝎女魔侠》，以及美国全国广播公司（NBC）的电视剧《霹雳游侠》。

Spector's mansion

年逾四十的克拉克森一直在为生计奔波，偶尔也会在一些电影里出演裸露上身的角色。尽管如此，周围的人都说她一直都很开心、乐观地生活。去世前一个月，克拉克森开始在西好莱坞的"蓝调之屋"夜总会工作，在那里收门票，兼当女招待。她向每一位倾听者诉说，这份工作赐予了她认识"贵人"的机会，使她在从影的道路上越走越顺，她会在自己美好的玛丽莲·梦露之梦中低吟小小的梦想。

她的邻居保罗·彼得雷维奇说："有电影界的人来给她捧场，克拉克森对此并没有表现出异常的兴奋，但她认为这是她重回主流社会的重要一步。"[9]

同时，克拉克森还出演戏剧，试图再造辉煌。她在喜剧俱乐部演独角戏，像特蕾西·厄尔曼一样在剧中扮演各种不同的角色，包括小理查德的经典角色。此外，她还一直不停地建立各种工作关系。

7

她的前男友罗伯特·霍尔说："拉娜能感染到每一个人。她总是那么阳光，那么充满活力，给人一种非常愉悦的感觉。按照好莱坞的标准，她已不再青春貌美，但她仍然倾尽全力在工作——她比绝大多数人都要尽心尽力……她工作认真努力，所以我认为，对她所有的赞美都是实至名归。"[10]

她的那些为数不多的粉丝们继续通过举行集会或其他公共活动的方式来对她表示欢迎和支持，为她出演的电视节目宣传造势。女演员雅典娜·马西在出演《黑蝎女魔侠》时认识了克拉克森，她说："克拉克森每天工作的时间比大家都长，总共工作的天数也比大家都多。她常常在为如何找到下一份工作或者如何使现有的工作做得更好而努力。"[11]

在那些对克拉克森的去世表示悲伤和惋惜的人中，大部分都认为她是一个勇敢坚强的女人。然而，也有人逐渐意识到年老色衰的女演员们所面临的巨大压力和挑战。克拉克森的好朋友、资深演员萨利·柯克兰说："每一个年过四十岁的人都一直在努力往上爬，想在这个声色犬马的上流社会站稳脚跟。拉娜·克拉克森在这个方面做得非常好，她总是比别人早走一步，也比任何一个人都付出得更多。"[12]

警方回应和犯罪调查

下面这份官方报告向我们展示了警方针对这起案件早期所作的调查活动以及相应的调查程序。为了使报告更清晰明了，我们对报告的某些内容进行了编辑整理或作了些许微小的改动，但是这样做并没有使信息的真实性受很大的影响。报告中隐去了警察和其他调查人员的姓名。

阿尔汉布拉警察局

犯罪现场描绘报告

时间：2003 年 2 月 3 日

犯罪嫌疑人斯佩克特已经被逮捕，并已被押送到阿尔汉布拉警察局监狱进行登记。押送完嫌疑人后，我（即警察）折回案发现场，走到嫌疑人豪宅的前门时，（一名警长）告诉我说，将由我来担任处理证据的警官。随即我便安排了（一名警察）开始作重大事件调查记录。

我在位于格兰维路的豪宅前询问了报案人苏扎（事实上，名字的正确拼写应该是"德苏扎"）。报案人苏扎说他是嫌疑人斯佩克特的司机，从 2003 年 2 月 2 日晚上 7 点开始工作。当天晚上，他载着嫌疑人斯佩克特去了很多地方。大约在 2003 年 2 月 3 日的凌晨 2 点，他在好莱坞的"蓝调之屋"夜总会接到了嫌疑人斯佩克特和另一个女人，然后准备回斯佩克特的住处。那个女人自我介绍说她叫"拉娜"（被害人）。报案人苏扎说他之前从未见过这个女人。

大约凌晨 3 点，犯罪嫌疑人斯佩克特要求司机在豪宅前的楼梯那里停车，他们要下车自己走上去，于是报案人苏扎便把车停在了格兰维路往南 1700 米处。随后，犯罪嫌疑人斯佩克特和那位身份不明的被害人下了车，沿梯而上，步入豪宅。报案人苏扎驾车从豪宅后面绕过，停在了喷泉旁边。和往常一样，在犯罪嫌疑人斯佩克特进屋大约 20 分钟后，报案人苏扎再把行李送给他。大约在凌晨 3 点 20 分，报案人苏扎从后门将皮包送给了犯罪嫌疑人斯佩克特，皮包里装有斯佩克特的 DVD 播放器、手机和一些其他的私人物品。然后，报案人苏扎回到车里，在车里坐了大概 2 个小时。大约在凌晨 4 点 55 分，报案人苏扎听到"嘭"的一声巨响，随即下了车。他在车旁站了大约5分钟后，便关上了车门。

就在这个时候，犯罪嫌疑人斯佩克特打开了豪宅的后门，右手拿着一支黑色的手枪。他说："我想我杀人了。"报案人苏扎说他似乎看见嫌疑人斯佩克特的手上有血，但他对这一点也不是十分确定。随后，他在犯罪嫌疑人斯佩克特的身后发现了被害人的双腿，但没有看到被害人身体的其他部位。他往一侧稍微移了移，以便能更好地看清被害人。这时，他看见被害人的上半身位于门里的椅子上，左边脸上淌着血。报案人苏扎吓得赶紧跑回了车里，马上用手机和犯罪嫌疑人斯佩克特的秘书联系。他给斯佩克特的秘书留言，说他觉得犯罪嫌疑人斯佩克特向某人开枪了。然后，他沿路将车开出前门，并用手机报了警，然后一直在前门外等待警察的到来。

（一名警察）向我汇报说，在接到手机报警"在格兰维路往南1700米处听到疑似枪响"后，（多名警察）随即展开了调查。他们接到进一步的情报：报案人的老板手持枪支，一名女性在豪宅内遭枪击身亡。（两名警察）赶往豪宅后面进行调查，其他的警察在豪宅前面拉了警戒线。报案人苏扎向警方提供了更具体的信息，包括嫌疑人的外貌。

（多名警察）进入豪宅进行搜查。在对豪宅后方的车库进行搜查时，（一名警察）发现一个人与报案人描述的嫌疑人极为相似。当时那个人正站在豪宅内的楼梯上。那个人（嫌疑人斯佩克特）走出那扇敞开着的后门，站在楼梯上，双手插在前裤兜里。（一名警察）再三要求嫌疑人斯佩克特举起双手，嫌疑人斯佩克特最后终于迅速将双手举起，随即又放回了前裤兜里。然后他转身走进房间。多名警察迅速靠近房门，以便能继续观察嫌疑人的举动。这时，嫌疑人斯佩克特转身面向房门的方向，警察再次命令他将手从前裤兜里拿出来，但是他并没有这样做。

这时，（一名警察）向他举起了泰瑟枪，但由于枪支失灵，没有成功发射带电"飞镖"。（三名警察）随即扑向嫌疑人斯佩克特，将其按倒在地，给他铐上手铐，就地拘留。（一名警察）发现在不远处的椅子上坐着一名女性。他检查了一下这名女性的脉搏，发现她已经没有生命迹象了。[13]

警方随后又对这名司机进行了询问。司机说他送斯佩克特和一个女人回斯佩克特的住所。那个女人说她叫拉娜，身材高挑，长得很漂亮。司机认为他们俩当时都喝了酒。斯佩克特的车是一辆奔驰，而那个女人的车是一辆黑色的水星美洲狮。在他们驱车前往斯佩克特位于格兰维路的豪宅之前，那个女人就已经把车停在了一个离"蓝调之屋"夜总会很远的地方。将这两人送到豪宅的前入口后，司机将车开到了豪宅的后方，然后一直在车里坐了大约两个小时。突然，他听到了一声枪响，声音是从屋子里传出来的。几分钟以后，斯佩克特出现在门口，手里拿着一只黑色的手枪。司机说他看起来像喝醉了。

"先生，发生什么事啦？"司机问道。

司机觉得他听到的斯佩克特的回答似乎是："我想我杀人了。"

与此同时，负责谋杀案的警探们检查了斯佩克特的汽车，没有发现任何可疑的物品和痕迹。多名警探再一次检查了那名女性的脉搏，再一次确认其脉搏已停止跳动。记录显示，血已经从她的耳口鼻中流干；皮肤冰冷，早已没有温度；她已经没有任何生命迹象了。

死亡现场非常引人注目的是一把棕色木手柄的小口径左轮手枪，这把枪位于死者左小腿旁边的地板上。死者的左边有一张桌子，桌子上的一个抽屉被拉开了。警察在抽屉里发现了一个小口径手枪专用的棕褐色绒面皮套，也许就是地板上这支手枪的皮套。

有位警察认为，死者似乎是在受伤之后被人移到椅子上的，而且，几乎没有任何迹象表明死者被发现的地方就是枪击现场。

医务人员宣布克拉克森死于清晨 6 点 25 分。在宣布死亡时间的同时，斯佩克特被带往阿尔汉布拉警察局，因涉嫌谋杀而被记录在案。凶器被确认为是一把 .38 口径的眼镜蛇左轮手枪，其已被登记为证据。

枪击案发生的第二天，斯佩克特的律师罗伯特·夏皮罗请法医病理学家迈克尔·巴登博士和我一起，对斯佩克特本人以及枪击现场进行调查。我们的调查结果和我的个人观点将在本章的后半部予以详述。在这里，我只把在初步调查阶段所发现的一些案件细节呈现给大家，主要是尸检报告和对死亡现场的描述与说明。

死者系女性，40 岁左右，被发现时正坐在椅子上，身体僵硬，双腿笔直伸向前，脚趾回钩。她穿着一件黑色的夹克上衣，一条有黑色蕾丝和莱茵石做装饰的衬裙，黑色的短裤，黑色的胸罩，黑色的连裤袜，脚穿一双黑色的玛丽珍鞋。她的双臂分别位于身体的两侧，耷拉在椅子的扶手上；头部偏向左侧，略微下垂；上颌门牙似乎被硬物撞断，已经找不到了；左眼下方有一小块瘀血。她的手提包挎在右肩上，垂落在椅子的一侧，触到了地板上，包上有一块中等大小的血迹。她的脸上全是血，尤其是鼻子周围和右侧脸颊，当时还有血从其右耳道流出。身体不同部位的尸僵程度不同，晚上 7 点 18 分进行测量后得出的数据表明，颈部的尸僵程度为 2+，髋关节处为 3+，其他部位为 4+。已经出现尸斑，尸斑分布与尸体的姿势相吻合。晚上 10 点 15 分，尸斑呈暗紫红色，且指压不褪色。["尸僵"（rigor mortis）是指人死后由于肌肉收缩使得躯体逐渐变硬而僵直的过程。"尸斑"（livor mortis 或 postmortem lividity）是指人死后身体各个部位的血液循环停止，由于重力的作用，在尸体低下部位皮肤出现的淡红色、略带紫蓝色的斑块。死亡时间越长，尸斑越明显。]

案发现场位于斯佩克特住宅后部一层的门厅。门厅的东面放着一个餐具柜，柜子的两侧各有一把椅子；门厅的西面是通往二层的楼梯。克拉克森的尸体位于门厅最靠北的那把椅子上。那把.38口径的眼镜蛇左轮手枪在她的左侧，位于左腿下方的地板上；已经用了一发子弹，枪里还有五发实弹；在枪的握柄、扳机护弓和弹筒的右侧均发现了血迹。尸体前方和两侧的地毯上发现了两个泰瑟枪的镖箭与电线。在尸体前方、靠近楼梯的地方，发现了两块小小的白色的类似牙材料的物质；在楼梯的中部也发现了另外两块疑似同类物质的碎片。在椅子右侧的地毯上以及靠近拉娜提包和右手的地毯上均发现了许多小的血点。我们对拉娜的提包进行了检查，在包里发现了一条黑色的裙子和一双黑色的女士日用手套。

警察到达斯佩克特家时的枪击死亡现场

清理三十八小时后的同一现场

我们还应该提及一点，拉娜的母亲唐娜·克拉克森曾告诉警察说，为了让牙齿更好看一些，她的女儿新包了上颌门牙。

警方在拉娜的双手和舌部收集到了射击残留物，这一调查结果在后来的庭审中受到了广泛的关注。侦查人员用吸附法从拉娜的双手及舌头上表面提取到了含有射击残留物的样本，验尸官办公室据此得出以下结论：可能是拉娜开的枪，或者她用其他方法使自己的双手置于一个有射击残留物的环境中；拉娜的舌头上表面可能一直处在一个有射击残留物的环境中，或者是从其他环境来源中获得这些射击残留物颗粒的（见下面的补充知识"射击残留物和扫描电子显微镜"）。

此外，法庭科学家们还用紫外线检查了死者的身体，并在其衬裙的下端发现了一小块纤维材料。其他重要的发现包括：在其连衣裙/衬裙上发现了一小片白色的物质；在其两乳之间发现了一根粗糙的黑色头发；在其胸罩里发现了口红内容物；发现有黑色的、类似血液的液体从其夹克上衣的右侧流淌到白色的椅子上，最后流淌到其豹纹手提包上的痕迹；在其连衣裙/衬裙以及手掌和手腕处均发现了类似血迹的痕迹。同时，法庭科学家们还发现死者右手拇指指甲被损坏，这一点在随后的庭审中同样也受到了广泛的关注——但有人可能过分关注它了。

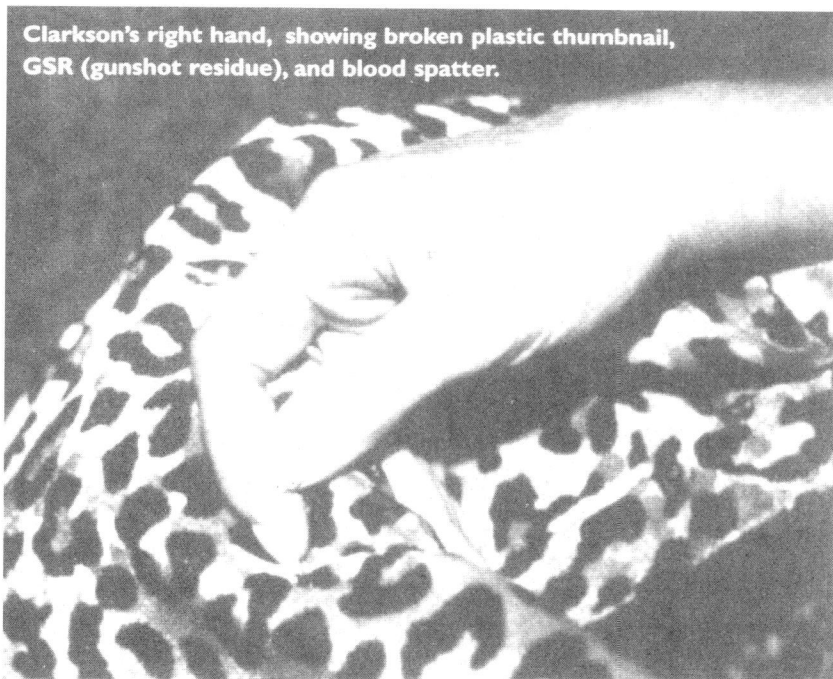

Clarkson's right hand, showing broken plastic thumbnail, GSR (gunshot residue), and blood spatter.

尸检报告表明，死亡原因为头部和颈部的枪伤，射入口在口腔内。这颗致命的子弹的方向是从前到后，稍稍有点向上倾斜。子弹运行线路是从口腔到舌头上部，到硬腭和软腭，穿透咽喉末端，穿透第一二节颈椎，穿透颈髓上段，最后到达枕骨。没有射出口，子弹已嵌进枕骨——这是一颗已经变形的铜衣铅弹头。

枪击造成的各种损伤中，比较严重的损伤包括面颅骨、硬腭、第一二节颈椎和头盖骨骨折，舌头、软腭、食管上部、咽喉后壁和颈椎撕裂，以及颅内多处大量出血。

副主任法医师路易斯·A. 佩纳博士出具的尸检报告包含以下信息：

> 这位40岁左右的白人女性死于头部和颈部的枪伤，死亡时她正与一名男性一起在该男性的住宅中。警察发现时，其尸体瘫靠在一把椅子上，双腿笔直地伸向前。
>
> 相关尸检结果表明，颈髓上段完全断裂，伴随与其相连的颈椎骨折。颈髓上段断裂导致脊髓直接损伤，伴随呼吸功能和心脏功能丧失。此外，死者颅底骨折，与其相连的大脑内部和脑干大量出血。
>
> 口腔内射入口形态符合近距离射入口的形态特征。洛杉矶县治安官办公室*的物证检验结果认为：射击时，枪正在死者的口中。
>
> 执法报告指出，射击时，这名男性同伴持有该枪支。相关证据也表明，这支枪似乎是从该男性同伴住宅抽屉里的一个皮套中取出的，该抽屉位于死者的左边。
>
> 我们还应注意到一点，死者从来没有过自杀的想法，在现场也没有发现任何显示其自杀的痕迹。

基于目前已知的背景资料、案件情况、警方执法报告和尸检报告，警方认定此案为他杀。[14]

---

* 美国治安官办公室（Sheriff's Department）的机构设置一般比较小，其职能和警察局（Police Department）差不多，区别在于县治安官（sheriff）管郊区，而警察（police officer）管市区。——译者注

射击残留物和扫描电子显微镜

枪支发射之后，由于底火爆炸和火药燃烧，会产生气体、炭灰以及部分燃烧或没有燃烧的火药。随着子弹射向目标，这些物质向前喷出；同时，其中一些物质会向后喷射到射击者身上。这些物质就是射击残留物（GSR）的主要组成部分。在这些物质被清洗或通过其他方式清除之前，如果从射击者的手上或者衣物上收集到上述物质，就可以测试出射击残留物的存在。射击残留物的检验有助于确定射击者，并有助于枪击案件现场重建。

除了气体、炭灰和火药外，射击残留物还包括铅、钡和锑（见下文）。确定现场存在以上颗粒后，现代法庭科学方法便可以将某些微量物证确定为射击残留物。20世纪90年代，只要在现场发现了两种或两种以上该物质，就足以得出上述结论，即该化学物质是枪击留下的。但是现在，许多法院都对射击残留物测试提出了更严格的标准。

射击残留物来源于底火、火药、润滑剂和某些来自于枪管和弹药的金属物质。

目前，有两种常用的射击残留物收集方法：扫描电子显微镜吸附法（SEM adhesive discs）和原子吸收光谱擦拭法（AA swabs）。很重要的一点是，由于射击残留物很容易遭到破坏，尤其容易被清洗和扫除，所以应当尽快收集该类证据。实践中，在提取指纹之前，往往要先进行射击残留物的提取工作。

目前，吸附法是提取射击残留物的首选方法，它用扫描电子显微镜（SEM）来进行分析。在市面上可以买到的工具包中，每个工具包都带有两个或者四个吸盘。现场勘查人员应当使用吸附装置收集手指及手掌部位的射击残留物，直至装置上的吸盘失去吸附功能。吸盘丧失吸附功能后，就不可能在现场再收集到更多的射击残留物颗粒了。为了使射击残留物免遭破坏，在收集物证样本时，第一道程序就是用吸附法提取射击残留物。在收集过程中，现场勘查人员应当使用一次性手套。

此外，还可以用擦拭法来收集射击残留物，并用原子吸收光谱仪（AA）来进行分析。市面上可以买到的工具包中一般含有六个或者七个带棉签的试管。

射击残留物分析可以在其他证据的表面进行。比如，可以在衣服或者汽车上作射击残留物分析。

对射击残留物进行实验室分析时，显微镜是必不可少的设备。低倍率的显微镜可以帮助法庭科学家检查弹洞周围是否有火药颗粒、污迹和烧痕。

法庭科学家们还需要用一些化学测试来显现出衣服和目标物表面射击残留物的分布情况。或者先用扫描设备确定某一块区域有射击残留物，然后再用化学试剂来进行进一步的测试。通常情况下，烟灰、尿液和肥料等物质也可能与这些化学测试试剂（试剂是指那些因为能产生某种化学反应而用于化学分析的物质）发生反应。

法庭科学实验室中用来检测射击残留物成分的方法有扫描电镜分析法、中子活化分析法（NAA）、气相色谱质谱联用分析法（GC/MS）、高效液相色谱法（HPLS）等。下面我们只谈一谈扫描电镜分析法（见下文）。

还有一点必须指出，底火残留物可能有另外的用途。底火残留物附在射出的子弹上，并沿着弹道逐渐消失。因此，我们有可能在目标物表面或远离枪口的伤痕中发现底火残留物。

扫描电子显微镜（SEM）是使用电子而不是用光来成像。20世纪50年代早期，扫描电子显微镜就已成为医学和自然科学研究领域的一种重要仪器，它被应用于各种样本的检查，其中就包括射击残留物。高放大率、高分辨率和巨大的景深是扫描电子显微镜成像的优势所在。普通的光电显微镜一般是运用一组透镜使光线折射，再用这些透镜来调整聚焦。但是在扫描电子显微镜中，电磁体使电子束折射，由电子束在屏幕上聚焦成像。

扫描电子显微镜可以显示出射击残留物颗粒的形状和结构。然后，科学家们再用X射线分析法进一步分析射击残留物颗粒的化学成分。那些含有铅元素、钡元素和锑元素的粒子虽然结构各异，但都能证明射击残留物的存在。

射击残留物形态分析　对于重建枪击案件现场，尤其在估算枪口到目标之间的距离时非常重要。模式分析的结果受到所使用的枪支、子弹的类型、带药量、是否有中间目标物以及其他诸多因素的影响。通常，目标物表面的射击残留物形态具有以下特征：

● **接触射击**（contact shot）（枪支的末端贴在皮肤上）。炭灰沉积在进入孔的四周。几乎不会发现或者会发现极少量未燃烧的火药。

● **近程射击**（close range shot）。残留物沉积在弹洞口的四周，伴随有黑色的炭灰和烟。射击残留物颗粒体积小，数量稠密。

● **中程射击**（medium range shot）（1.5英尺至3英尺）。射击残留物呈分散状态，没有黑色的炭灰沉积物。射程越远，射击残留物形态越分散。

● **远程射击**（long range shot）。当枪管与射击目标之间的距离超过 5 英尺时，一般不会在目标物上发现火药残留物。但是，当底火残留物附着在射出的子弹上时（如前所述）则是个例外，在这种情况下有可能在目标物上发现火药残留物。

最后我们还要注意一点，在弹壳、弹丸、子弹涂层和金属外壳上同样含有一些可以被鉴定出来的特殊成分。几乎所有的弹壳都是由黄铜（70%的铜和30%的锌）制成；弹芯最常见的原料是铅和锑，也有一小部分的弹芯是由铁合金制成的；大部分子弹的金属外壳也是由黄铜（90%的铜和10%的锌）制成，但也有一些是铁合金的金属外壳，还有一些则是铝外壳。

在对犯罪现场或尸体上的射击残留物进行物证检验的时候，要记住一点——玻璃颗粒酷似射击残留物，而且它们也含铅。当一个玻璃面作为中间目标物存在时，人们往往会在离枪口 30 英尺以外的地方发现玻璃残留物，而且它们经常存在于被子弹穿透的目标物的对面。

让我们再从头梳理一下。一个已经过气的女演员为什么会死在一个离群索居的乐坛大亨家中呢？这一点让警察和双方的朋友均迷惑不解。于是，这样一个故事便迅速流传开去：当时，斯佩克特和克拉克森都酩酊大醉，相互挑逗打闹，在这个过程中，克拉克森意外遭枪击身亡。故事还有另外一个版本：有人称当时的克拉克森感觉前途无望，已经非常消沉，她拒绝了斯佩克特的性勾引，转而吞枪自杀。然而，还有一些人认为，基于斯佩克特的神经质以及他对枪支的迷恋，这显然是一起典型的谋杀案。但不管怎么样，斯佩克特已经被押送至阿尔汉布拉监狱。他支付了 100 万美元的保释金，被逮捕 12 个小时后便被释放。他的律师罗伯特·夏皮罗陪同其左右，该律师曾是辛普森案辩护律师团中的一员。

案发后，由洛杉矶县治安官办公室警探牵头，组织了一支庞大的调查队伍，在斯佩克特树木丛生的豪宅中进行了长达 24 小时的检查和搜索。这支调查队伍共有 107 人，汇集了来自犯罪实验室和验尸官办公室的法庭科学家和洛杉矶县治安官办公室的犯罪现场专家。他们仔细检查了豪宅后部的门厅以及斯佩克特新入手的奔驰车所停的那条车道。当时，斯佩克特的新车就停在那里，面朝豪宅前门，驾驶员那一侧的车门还敞开着。调查人员获悉，斯佩克特花了 110 万美元于 1998 年购得这座位于阿尔汉布拉的古堡。这栋大宅子共有 33 间房屋，建于 1926 年，在当时享有 "比利牛斯城堡" 的美誉。在购得古堡后不久，斯佩克特接受了《君子》杂志的采访，他说："我在穷乡僻壤购买了一座美丽迷人的城堡。这个地方实在是又穷又破，我想应该没有人会往那里去吧。"[15]

斯佩克特的朋友们认为，这幢新的住所在一定程度上能够帮助这位昔日鲁莽的音乐制作人恢复正常，所以当他们得知斯佩克特被起诉并羁押后，都大吃了一惊。他们尤其不明白该案的动机为何。斯佩克特的好友之一、吉他手戴夫·凯赛尔说："斯佩克特的身体状况和精神状况都很好，处世态度积极乐观，与媒体报道出来的形象简直判若两人。像这样的人不可能去杀人，更不可能蹲监狱。"[16]

警方证实，2 月 2 日晚上，也就是克拉克森死亡的前一天晚上，斯佩克特和他的朋友罗密·戴维斯在比弗利山的一家名叫 "小巷烧烤" 的餐馆吃饭。事实上，在克拉克森死亡前连着三个晚上他们都在一起吃饭。在后来的庭审中，戴维斯作证说，斯佩克特以前和她在一起的时候从来不喝酒，但这次在烧烤店吃饭时突然点了酒——

两杯代基里鸡尾酒。她曾提醒他不要喝酒，因为酒精和他正服用的药物混合在一起会产生致命的化合反应，但他对此置之不理。

司机把戴维斯送回家后，又将斯佩克特送回烧烤餐厅去接女服务员凯西·沙利文。随后，他们又去了位于比弗利山的一家名叫"特雷德·维克"的波利尼西亚主题餐厅，陪沙利文吃晚餐。在那里，斯佩克特点了两杯 Navy Grogs——这是一种大杯的带装饰的鸡尾酒。检控方将在后来的庭审中指出，在斯佩克特喝的这些酒精饮料中，每一杯中都含有大约三小杯量的朗姆酒。

随后，司机又将他们送到了丹塔娜酒吧，这里是西好莱坞娱乐名流们的聚集地。在那里，斯佩克特又要了好几杯代基里鸡尾酒。

当天晚上的最后一站是"蓝调之屋"夜总会，斯佩克特到那里时已是 2 月 3 日的凌晨。斯佩克特在夜总会遇见了克拉克森，这似乎是他们第一次见面。在那里，斯佩克特又喝了一小杯朗姆酒。

戴维斯和沙利文均作证说斯佩克特点了吃的——在烧烤餐厅点的是特级烧牛肋排，在丹塔娜酒吧点的是沙拉。但都只吃了一点点。[17]

2 月 4 日，也就是凶杀案发生的第二天，警方搜索到克拉克森的主页，得知了她对玛丽莲·梦露的崇拜。克拉克森曾在一个帖子上写道："这并不意味着我想要和她一样，过这种孤独寂寞、整天吞云吐雾的生活。我所爱的是她的本质、她的工作以及她对工作的忘我投入……能让我在一个如此有挑战性的行业工作是我的福气，但是我认为在这里根本不能充分发挥我的潜能。我一直以来都非常努力，希望在工作上能有所突破，从而达到一个新的高度。如果上帝许可，那就是在今年了。请各位拭目以待吧！"[18]

正如我们所看到的，这个帖子里表现出来的生活态度是积极向上的，后面我们还会看到更多类似的文字。这一点和那些认为克拉克森会自杀的人所想的完全不一样。然而，斯佩克特后来给朋友发邮件说他是清白的，还说法院会将克拉克森的死亡裁定为"意外自杀身亡"。有人认为"意外自杀身亡"这句话是矛盾的。斯佩克特的律师罗伯特·夏皮罗对美联社发表声明："洛杉矶县治安官办公室已经对证据展开了详尽的调查。我相信，治安官办公室的各位刑事专家和县验尸官一定会还菲尔·斯佩克特先生一个清白。"[19]

但是谣传却发酵得很快，媒体对克拉克森的报道呈两极分化的趋势：有报道称她是一个善良、坚强的女人，很讨人喜欢；有报道却说她曾是应召女郎，甚至还做过比这更肮脏的工作。

早在 3 月份，洛杉矶县治安官办公室出具的一份声明就表明，调查人员已经把自杀排除在可能的死亡原因之外。但斯佩克特在接受《君子》杂志采访时却对这一点进行了反驳。他说，克拉克森在自杀之前"亲吻了那把枪"。他还说："我不知道她为什么要这样做。我不了解她，在那天晚上之前根本就没见过她。我不知道她是谁，也不知道她接下来会要去哪里、去做什么。"

斯佩克特还说他不知道克拉克森是从何处得到枪支自杀的。他说，在离开夜总会之前，"她就已经喝醉了，说话声音特大，吵得不行"。"她要我送她回家。后来，她说想去看看我的古堡（就是斯佩克特那幢位于郊区的豪宅）"，斯佩克特说，"在临走前，她还从酒吧顺手拿了一瓶龙舌兰。我没有喝醉。我从来就没喝醉过，从来没有。她是自杀的。我没有做错任何事情，他们诬陷我。如果他们有证据的话，我马上就去坐牢。"[20]

事实上，斯佩克特并没有被起诉，警方声称该案仍处于调查阶段。6 月份，警方公开宣布：他们需要花几个月的时间来收集所有证据，并要进行复杂的法庭科学实验。9 月份，治安官办公室警探正式宣布，斯佩克特要对这起枪击案负责，并将警方的调查结果移送检察院。弗兰克·梅里曼警长接受《洛杉矶时报》采访时说："这不是意外，也并非自杀，而是菲尔·斯佩克特开枪打死了她。"检察官办公室则表示不会马上决定是否提起刑事诉讼。[21]

两个月后，64岁的斯佩克特正式被指控犯有谋杀罪。律师夏皮罗为其当事人作无罪辩护。在缴纳了100万美元的保释金之后，斯佩克特重获自由，这个裁定激怒了一大批对斯佩克特心存不满的人。证人和警察就那天晚上的情况所作的宣誓陈述书公布之后，人们发现关于当晚具体细节的描述各不相同（有的甚至互相矛盾）。除了对尸体的位置、姿势以及警方在逮捕斯佩克特时为什么要动用泰瑟枪并施以暴行进行了详细的说明之外，官方文件还显示，警方在尸体不远处发现了凶器，同时还发现克拉克森的牙齿散落在豪宅后门厅的地板上。此外，官方文件中还提到了以下两点：专家们将两人的见面称为"性接触"；警方在斯佩克特的住宅没收了9把枪支和大量弹药。

审前岁月：2003～2007年

在漫长的审前阶段，很多事情都可能发生。事实也确实如此。被告原本有一个相当华丽的律师团，其中包括罗伯特·夏皮罗、马文·米切尔森、莱斯利·艾布拉姆森、马西娅·莫里西、布鲁斯·卡特勒、罗杰·罗森和布拉德利·布鲁诺。但是到了庭审前，也就是2007年的中期，这些人都因为各种各样的原因被解雇或辞退了。最后，斯佩克特只留下了琳达·肯尼-巴登，委托她在2007年9月的庭审中作辩方证据总结。琳达女士是我的好友、法庭科学同仁迈克尔·巴登博士的夫人。

期间还发生了一件事。检控方声称，辩方隐匿了一项神秘的证据。他们认为，调查人员忽略了克拉克森的一小片已破损的人造指甲。检控方竟然还认为是我发现了那一小块指甲，并偷偷摸摸地把它藏了起来！新闻媒体迅速捕捉到了这条荒谬的言论，并在没有对其真实性进行考证的情况下大肆宣扬报道。事实上，在现场并没有发现什么破损的指甲。

2003年2月4日，罗伯特·夏皮罗联系上了卫登博士和我，请我们为斯佩克特作一个检查，看看在与克拉克森进行撕扯打斗的过程中，是不是在身体上留下了什么划伤、擦伤或其他的伤痕。我们对他的身体进行了非常详细的检查，并没有发现任何伤痕。在警方完成了所有的调查工作后，我们大约在2月4日晚上的9点半前往斯佩克特的住宅。与我们同去的还有夏皮罗、一位名叫萨拉·卡普兰的律师和两名私人侦探——我还与其中一位名叫斯坦利·怀特的私人侦探就某一问题发生了争执，我将在后面提到这件事情。我们受到了多名洛杉矶警探的欢迎，他们完成勘验工作后，把现场让给了我们。我们进入豪宅后部的门厅，这个厅不大，长宽均不会超过5英尺。洛杉矶警方已经搜集并移送走了几乎所有重要的证据，包括克拉克森的尸体、提包、凶器等。我只作了以下几项纪录（第9号）：

地点：第一层（后门）。左边——餐厅。右边——卧室。

门厅西面的中部——通往二层的楼梯。门厅东面装饰有木嵌板。

用相机拍下了全貌。

门厅：铺的红色地毯。一张像餐具橱的桌子，上面有三个抽屉。一把白色的椅子。

在地毯上发现一块血迹。Ph+〔酚酞测试结果呈阳性（酚酞测试是一种检验是否有血液存在的测试）〕。距离东面的墙28英寸，距离墙的中心点19英寸。

还在地毯上发现了木屑、纤维和头发。这些都没有被收集。

在门厅东面的木嵌板上发现了一些新的被切割的部位。地上有油漆片屑。没有被收集。

楼梯上有血迹。Ph+。用相机拍下了。

发现白色的线状体物质。用相机拍下，收集并包装了两段。

验尸官最初的结论是"意外死亡"，但他后来又改成了"谋杀"。辩方律师对验尸官改变后的尸检结果表示了强烈的反对，他们认为这是一起自杀案件，因为：①在克拉克森的手上发现了射击残留物；②对在枪支外部和枪筒里面发现的血迹作了 DNA 鉴定，与克拉克森的完全吻合。双方只对一个事实没有异议，他们都认为是在克拉克森的嘴里开的枪。

加州最高法院法官拉里·保罗·菲德勒曾裁定，应当向公众公开长达 1000 页的大陪审团听证笔录。这个裁定在 2004 年底变成了一个有争议的问题。辩方律师布鲁斯·卡特勒挥舞着手中的五卷笔录，怒吼道："这是毒药！这就是检控方想把它公之于众的原因。这里面全是谎言！"地区副检察官道格拉斯·索提诺则宣称，就算公布了所有的庭审记录，仍然能召集到一个公正的陪审团。此外，斯佩克特的知名度问题引发了另一场争议。索提诺说："我们之前参与过许多名人要案的审判，我们选的陪审团也一直都没有偏见，一直都是非常公正的。"他认为，在洛杉矶，有很多名流都以被告的身份出席过法庭，比如 O. J. 辛普森和罗伯特·布莱克，斯佩克特对公众的影响力远远不如他们。他补充道："几乎所有由斯佩克特制作的热门专辑都是在 20 世纪 60 年代到 70 年代发行的，而那个年代之后成长起来的大多数人并不知道斯佩克特是谁，更没兴趣知道他到底做过些什么。"

斯佩克特的律师罗杰·罗森对上述观点进行了反驳。他认为他的当事人是一名国际巨星，这一点是毫无疑问的。不论他是不是和布莱克先生、辛普森先生或（迈克尔）杰克逊先生一样有名，他都是一个有着很高知名度的人。另一名律师布鲁斯·卡特勒补充道："他是全世界人的音乐偶像。"[22]

美联社和《洛杉矶时报》都要求公开这些庭审记录。辩方将其告上法庭，指责此举纯粹是出于商业目的。罗森说："他们会对这些文件的内容进行大肆报道，从而提高收视率或增加报纸的销量。但是此举可能会对斯佩克特先生的命运产生影响。"

法官认为，"这个案子的影响已经很大了"。代表联合通讯社和《洛杉矶时报》的律师苏珊·西格则提出，"公众和媒体都有权利参加庭审。同时，我们也需要媒体的监督，以保证庭审过程的正当性"。[23]最后，法院裁定公开庭审记录。

根据新公开的大陪审团听证笔录，斯佩克特一开始告诉警方他误杀了克拉克森，但随即又改口说她是自杀的。阿尔汉布拉警察局的一位名叫比阿特里斯·罗德里格斯的警察在大陪审团前作证说，斯佩克特在其豪宅中大喊："你们怎么啦？你们在做什么？我并不想杀她，这只是个意外。请给我个机会让我解释。"[24]

这份大陪审团听证笔录长达五卷，除了上述内容外，还包括来自警方的证言、来自那些据称曾被斯佩克特威胁过的女人的证言以及来自克拉克森朋友的证言。

检控方提交了10起类似的事件，声称在每一起事件中斯佩克特都拔出枪指着某个女人。费德勒法官裁定检控方可以将其中4起事件作为证据在庭审中出示，而对另外6起予以驳回。辩方律师卡特勒对此表示反对，他认为所有这些事情都是子虚乌有，只是一些疯狂的粉丝和某些想借机出名从而大捞一把的人耍的下三烂的手段，不能作为证据使用。[25]

2004 年，斯佩克特和他的律师罗伯特·夏皮罗在律师费方面产生了巨大的分歧。2005 年，斯佩克特向罗伯特·夏皮罗提起民事诉讼。在一份书面证词中，斯佩克特自曝：

在过去 8 年中，他每天都要服用一定量的百忧解（Prozac）、氯硝安定（Clonopin）、加巴喷丁（Neurontonin）和另外两种记不起名字的药，来帮助他治疗躁狂抑郁症，同时缓解一些别的症状，比如"失眠、抑郁、情绪突变、很难与别人相处、很难集中注意力、很难——仅仅只是很难继续生活"。

有一次，他开玩笑地对一个记者说，他质疑自己的精神状况。"大家一直都说我是个天才，但我想天才不会始终存在。天才和疯子就像硬币的两面，他们是一体的。"

他曾经有一个儿子，叫菲利普，10 岁时死于白血病。

他曾经与一位 25 岁的名叫蕾切尔·肖特的模特兼女演员订婚。

在被逮捕的时候，由于他拒不服从，警察在现场对他使用了泰瑟枪，并施以暴力。斯佩克特说他后来因"隔膜破裂"和"脊柱断裂"而接受治疗。

他根本就不知道克拉克森死了，直到他因涉嫌谋杀罪被逮捕登记，后来被保释，从车上的广播中才得知了克拉克森的死讯。他说："我只知道她挨枪子儿了，但我真的不知道有人死了。"[26]

在 2005 年下半年的一个听证会上，卡特勒不顾一切地试图说服法官不采纳斯佩克特在案发当晚作出的所有言论。尽管传说斯佩克特当时曾说过"有一个女人死在这里了，对此我很难过"和"如果你们要逮捕我，至少得告诉我发生了什么事情啊"之类的话，但卡特勒坚持认为其绝大部分的言论都无关紧要。

卡特勒曾担任过黑帮老大约翰·戈蒂的律师。在这个听证会上，他宣称，在克拉克森死亡当晚，警察像"纳粹党"一样冲进斯佩克特的家中对他进行人身攻击。他们把他围起来，并动用了泰瑟枪，对他一顿拳打脚踢，直到他开口说话。卡特勒还坚持认为，斯佩克特的陈述不具有可采性，因为警方并没有告知其享有"米兰达权利"。[27]

地区副检察官道格拉斯·索提诺对上述言论进行了反驳。他说，没有证据证明警方有任何失职或不当的行为。当时，警察要求斯佩克特举起双手走出房屋，但 64 岁的斯佩克特拒绝了警察的要求。警察是在屋外开的泰瑟枪，并没有对斯佩克特造成任何伤害。

费德勒法官裁决，斯佩克特的言论具有可采性，因为这些言论都是他自愿作出的，没有人强迫他。此外，他还认为斯佩克特并不适用"米兰达规则"，因为没有人对他进行讯问。

这时，卡特勒用拳头猛击桌面，提高嗓门大声说："我们郑重声明：斯佩克特先生没有杀人！我们同样郑重声明：斯佩克特先生从来没有承认他杀过人！"[28]

就这样，审前的 40 多个月每天都充斥着法律上的争论、各种小花招、指控、反指控、律师的辞职与解雇、司法裁决和各种亦真亦假的小动作——双方在媒体和公众面前相互挤兑，不择手段地试图在审前抢占先机。而这一切在美国早已是常态。

一 审

除了陪审团裁决和辩方陈述接近尾声时出现的那起戏剧性事件外，这场庭审从某种意义上来说可谓平淡如水。检控方的大部分主张早已为公众所知悉，主要是以这位传奇而遁世的音乐人为中心，当时他对克拉克森作出性暗示、对其进行勾引，却遭到了拒绝。此外，检控方的证据还包括斯佩克特司机的关键证言、斯佩克特的玩枪史以及验尸官的尸检报告。辩方则主张这是一起自杀案件，他们传唤了一名年迈的女演员上庭，女演员向陪审团展示了面对日益衰落的演艺事业而衍生出的绝望和沮丧。他们还展示了在死亡现场提取的若干物证，包括喷溅血迹形态、射击残留物、组织残留物和伤口位置等。

从开庭陈述，到控辩双方的法庭询问，再到法官作出判决，这个过程持续了整整五个月，为我们在庭审策略和战略战术方面上了非常生动的一课。

开庭陈述

案件于 2007 年 4 月 25 日开庭，陪审团由 9 名男性和 3 名女性组成。首先由地区副检察官阿兰·杰克逊作开庭陈述。他承诺要揭露"斯佩克特的真面目"——一位危险的、狂热的枪支爱好者，有着"非常丰富的暴力史"，被指控在其位于阿尔汉布拉的豪宅中谋杀了一位女演员，这件事将其暴力史推向了顶峰。

艾伦·杰克逊检察官说："斯佩克特将一把装满子弹的左轮手枪放进她的口中，将她杀死。"同时，他还向陪审团展示了喷溅血液形态证据，以证明被害人身亡时与斯佩克特之间的距离不会超过 3 英尺。他将这起枪击案形容为"那一长串的斯佩克特暴力牺牲品的终结"。他说，每一次，酩酊大醉的斯佩克特都会用枪指着那些他试图与其发生亲密关系的女人，不让她们离开。斯佩克特的真面目已经慢慢浮出水面——到了这个时候，"他就变成了一个穷凶极恶的魔鬼"。[29]

庭审的第一天出现了一点小小的意外。按照预期的庭审策略，应当将警方发现克拉克森的尸体时斯佩克特对警方的陈述作为证据在法庭上出示。但检控方并没有这么做。事后，一些法学家评论道：出现这样的失误，不是检控方对对手掉以轻心，就是上帝对斯佩克特大发慈悲。

一方面，从检控方的角度来看，上面的举动完全使辩方措手不及。早在2005年的审前法律大战中，斯佩克特的这些言论能否作为证据被提出就一直是双方争执的焦点。当时检控方主张其是可采的，并一度在这场审前大战中占有优势。而辩方打的是"自杀"牌，这些言论中的某些部分对辩方亦是有利的。例如，当时斯佩克特对警察说："我不知道她究竟有什么问题，但她确确实实没有权利在我的城堡中自杀。"但另一方面，也许检控方这种战术上的临时变化最终还是会助辩方一臂之力，因为"我想我杀人了"这句话无疑应该是检控方手中的一支重要武器。

控辩双方都很熟悉加州的法律。加州法律规定，除非是由检控方提出，否则被告的供述和传闻一样，是不可采的。所以，检控方手中始终握有一张王牌。

检控方在庭审策略上的这种转变一时让辩方猝不及防。卡特勒原以为斯佩克特的这些言论一定会作为证据呈现在陪审团面前，他的开庭陈述也是在这个基础上准备的。如今，检控方不将其作为证据提出，迫使卡特勒不得不放弃原先准备的一切，只能即兴发挥。他对费德勒法官说，他已经围绕斯佩克特的这些言论精心准备了开庭陈述，现在才发现被检控方误导了。他强调说，他的当事人在凶杀案当晚的所有言论都与自杀的情形、特征相一致，但现在，他的大部分言论都不能作为证据被提出了。

他向法官抱怨道："我感觉自己就像被人扒了裤子、光着屁股站在法庭上一样。直到那一刻，我才知道检控方不打算使用这些陈述……那么，警方也不会为相关事项出庭作证了，对吗？"

"是的。"费德勒法官回答道。

"这是一边倒，法官。这样做太不公平了！"卡特勒抓狂了。

费德勒法官不耐烦地说："这就是法律。"[30]

西装革履的菲尔·斯佩克特面无表情地坐在那里，直到庭审结束。

卡特勒在得知他精心准备的开庭陈述不能派上用场之后，迅速调整战术，指责警方有仇富心理，嫉妒他的当事人又有钱、又有名，所以草率地下了结论。

琳达·肯尼–巴登是被告方的主辩律师，她主要负责案件中与法庭科学相关的部分。她对陪审团说，她将传唤一位没有记忆问题、没有隐秘意图、没有语言障碍的证人出庭。"这位证人就是科学。"

她指出，辩方能提供10种不同的科学证据来证明斯佩克特没有开枪杀人。比如，被告当时所穿的白色外套上的喷溅型血迹就与克拉克森衣服上、胸部和脸部的大量血迹形成鲜明的对比。

她说，脑组织和射击残留物也具有同样的特征——在克拉克森衣袖的扣子上发现了她的脑组织，但在斯佩克特的衣服上却没有发现，这就说明克拉克森将她的手举到其嘴部的位置，以扣动扳机。"这科学地证明了一点：在克拉克森被枪杀身亡时，斯佩克特离她的距离并不近。"

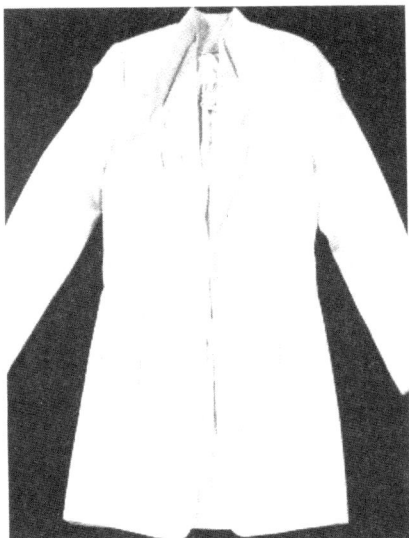

染有少许血点的斯佩克特的外套　　染有大量血渍的克拉克森的裙子

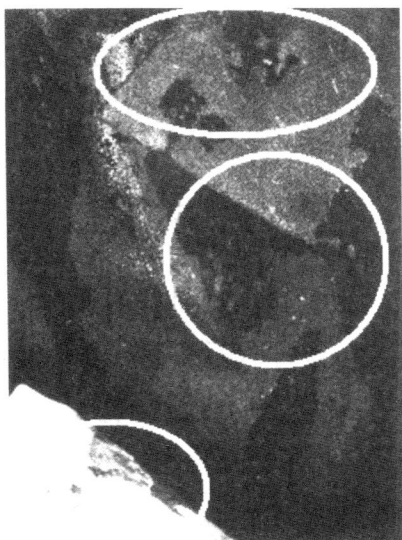

　　琳达·肯尼–巴登还指出，在克拉克森的衣服和尸体上发现了大量的射击残留物，而在斯佩克特身上只发现了极少量，这又形成了鲜明的对比。她还强调，DNA 测试结果也证明斯佩克特没有开枪。"他们只在枪上发现了拉娜·克拉克森和另外一些不明人士的 DNA，并没有发现菲尔·斯佩克特的。"[31]

　　肯尼–巴登宣读了克拉克森的一些邮件，试图说明她不正常的精神状态、入不敷出的经济窘境，以及她对前途的担忧：

　　　　我要整理整理感情方面的事了，该抛弃的就抛弃吧，我要承受的东西实在太多了。

　　　　要是我能多接一些通告就好了。现在，我每天面对的，除了大量的信件，就是那些似乎永远都做不完的文案工作。巨大的财政危机压得我喘不过气来，那种郁闷和沮丧几乎让我筋疲力尽。今晚我要去参加那个派对，否则，我就只能待在家中百无聊赖地看那些无聊的烂片了。我再找找看有没有演唱会之类的活儿，这年头找份工作太难了。为了生计四处奔波，好累啊！但不管怎么说，我一直都是一个积极乐观的人。似乎我经常给你发邮件倒苦水，呵呵。对不起。

你能不能借我 200 美元应急？我实在不好意思向你开口，但我真的是没有办法了。你一直都在工作，而且你还有信用卡，所以我想你应该会比我宽裕一点吧。我真的不想因为这点事影响你们全家度假，如果你能借给我钱，我感激不尽；如果你借不了，我就再也不会向你开口了。我现在实在是走投无路了。我没有钱交房租，很快就会被房东扫地出门，这些钱至少能帮我渡过难关……对不起，今天晚上不能给你打电话了，我不想让你听到我哭。我实在是走投无路了。

我要上床睡觉了。刚收拾了一下屋子，累坏了。上次郁闷的时候，整个屋子被我弄得一团糟。抬头，微笑，告诉自己：上帝会赐福于我，赐福于我们！

到了那边以后，情况非常糟，我就不和你啰唆了。我想我很快就会失去它，很快。[32]

控方证言

第二天一开庭，检控方就传唤了斯佩克特的五名前女友出庭。她们均作证说出现过与克拉克森枪击案相同或相似的情形，斯佩克特都用枪威胁过她们。检控方还提交了以下证据：斯佩克特司机的证言；我是否曾替被告方隐匿了某些证据——庭审的第一个月一直在讨论这个问题。大约从 2007 年 4 月 25 日到 5 月 25 日，这个月中有一半的时间都被检控方用来要求公开整个隐匿证据的事件。

检控方传唤的这五个女人所讲述的情形都惊人地相似。

黛安娜·奥格登，一位天才的庭审演员，非常配合检控方的工作。1989 年的一天，斯佩克特设晚宴招待客人，黛安娜·奥格登是最后一个走的。当她凑过来亲吻他向他道别时，斯佩克特向她挥舞着来复枪，并冲着她高声骂了一连串的脏话。然后，斯佩克特操起一把手枪，用枪口抵着她的脸，命令她上床，企图与其发生性关系。但最后他还是没有这样做。

奥格登说："他不是我的菲尔。他不是我爱着的那个人。当时他像个恶魔一样，简直就和平时判若两人。"

多萝西·梅尔维尔，喜剧女演员琼·里弗斯的前经纪人，于1993 年 7 月 4 日受邀在斯佩克特家中参加聚会。当晚，她留在斯佩克特家中过夜，醒来后去找斯佩克特，却发现他拿着一把短管左轮手枪指着她那辆全新的奔驰车。斯佩克特对她恶言相向，她不予理会，准备转身回房间，斯佩克特却用枪击打她的头部。

梅尔维尔说："当时，我一边哭一边说：'菲尔，你为什么要这样做？你为什么要这样做？'"

斯佩克特持枪逼着她脱光衣服，但最后还是让她走了。斯佩克特一路都用枪指着她，直到她上行车道。

梅尔维尔说："菲尔是一个聪明而又富有魅力的男人。在他正常的时候，你和他在一起会觉得很愉快。但只要他一喝酒，就马上像变了个人似的，简直就是一个疯子。"[33]

1992 年，斯佩克特留女招待员梅利莎·格罗夫纳在离他家不远的一家高档酒店一起过夜。在饭店吃完饭后回到房间，斯佩克特一边大声骂她，一边拿手枪指着她的脸。格罗夫纳以后再也没有和他约会过，但经常还会在她上班的饭店看到他。他有好几次都要求格罗夫纳和他一起回那家酒店。

格罗夫纳回忆道："我拒绝了他。但他威胁我说：'我有机关枪，我也知道你住在哪里。'"

1994年，斯佩克特邀请自由摄影师斯蒂芬妮·詹宁斯和他一起参加"滚石名人堂"颁奖典礼后的宴会。随后，斯佩克特在一家高档酒店订了个套间，并留她在那里过夜。酩酊大醉之后，斯佩克特命令她去他的卧室。她拒绝了，并准备收拾东西离开。

詹宁斯说："斯佩克特随身带着枪。他搬来一把椅子把门挡上，说我哪里都别想去。"后来，她报警了。这期间，斯佩克特并没有伤害她。

德芙拉·罗比泰勒，华纳—斯佩克特唱片公司行政总监。她作证说，有一天晚上，她是所有客人中最后一个离开斯佩克特家的，当时他喝醉了。当她说要走时，斯佩克特拿起一把枪指着她的头，威胁说如果她走的话就杀了她。最后，斯佩克特还是让她走了。[34]

检控方传唤的这五名证人都曾于20世纪80年代至90年代和斯佩克特谈过恋爱，并当庭向陪审团详细叙述了她们与斯佩克特热恋以及吵架分手时的种种情形。在直接询问的过程中，检控方试图塑造出一个乐坛双面人的形象。每一个证人都用她们自己的方式将其面对斯佩克特持枪威胁时的反应描述成恐惧与震惊。因为在她们眼中，这个男人平日里是一个极有风度的翩翩君子，并且才华横溢，为披头士和蒂娜·特纳这样的当红巨星操刀制作了许多当红歌曲与专辑。对她们来说，这个反差实在太大了。

在这期间，陪审团似乎完全被这五个女人的故事吸引了。芝加哥洛约拉大学法学院教授斯坦利·戈德曼发表评论说："陪审团比较容易接受这种类型的证据，并会被它们牵着鼻子走。他们一般会认为，如果斯佩克特以前这样干过，现在绝对还会这样干。"

戈德曼认为费德勒法官不应该将被告过去不好的行为采纳为证据，因为这样做会降低检控方的证明责任，这样显然是不公平的。"斯佩克特现在要为六个案件辩解——这五个女人的案件和他真正被指控的案件。"

其他法律评论员则认为，对这五名证人进行交叉询问，在使辩方面临巨大挑战的同时，也为他们提供了巨大的机遇。部分原因在于这些证人为被告树立了多重正面形象，辩方律师应该想尽办法扩大这些证言可能会对陪审团造成的影响。例如，这五个证人都说，她们是被检控方传唤才不得不来出庭作证的，有的似乎还因提供了对斯佩克特不利的证据而备受煎熬。[35]

庭审第三周，检控方传唤被告的司机阿德里安诺·德苏扎出庭作证，他作证的时间长达四天。案发后不久，斯佩克特那句"我想我杀人了"在德苏扎的证言中多次重复并贯穿始终。这句话简单直接，明显就是证明被告有罪的证据，成了检控方取得胜利的法宝。

德苏扎说，当他第一次见到斯佩克特从豪宅后门出现时，斯佩克特右手拿着一把小型的黑色左轮手枪，食指上血迹斑斑。然后，他绕过他老板矮小的身影，往门厅里仔细看，发现和他老板一起回家的那位女演员的尸体瘫靠在一把椅子上。

这位 37 岁的司机说："我当时看到她的脸上有血。"

德苏扎是巴西人，在庭上回忆 2 月 2 日晚在西好莱坞和比弗利山停靠的那几个地点的名称时，明显带着很重的口音。他说夜色渐浓时，他发现斯佩克特差不多醉了。

这位司机作证说，把斯佩克特和那个女人送回家后，他将车停在豪宅后门外。在看到斯佩克特之前，他一直坐在车上听广播。突然，他听到"嘭"的一声巨响，紧接着，斯佩克特就出现了，他站的那个地方离司机大约只有4~6英尺。

德苏扎对陪审团说："斯佩克特看起来有些迟钝，说话也慢慢地，似乎有什么事情难以启齿。"

辩方在早期就曾提出，这名司机的英语不好，无法准确复述斯佩克特的话。卡特勒还专门在其开庭陈述中表明，实际上司机听到的是："我想有人被杀了。"德苏扎在他出庭作证的第一天也承认，"斯佩克特喝醉了的时候"，他有点听不太清楚他在讲什么。[36]

司机出庭作证的第二天，也就是2007年5月17日，陪审团听到了他惊慌失措的报警电话录音。德苏扎对一位911接线员说："我想我的老板杀人了。他与一位女士在……在楼上发生了性关系。他手里拿着一把枪。"

司机解释说，他被当时的情景吓坏了，以至于突然忘了如何用手机打电话，只想着马上逃离斯佩克特。随后，他跳上他老板的车，飞速开出豪宅大门。然后，他打了两通电话：第一个电话打给了斯佩克特的助理米歇尔·布雷恩，因为在报警之前他必须知道这条街的具体位置。另一个电话则是911报警电话。

布雷恩没有接电话，于是司机留了一条语音信息："你必须马上赶到菲利普先生的住宅，我想他杀人了！听到留言后请赶快给我回电话。"这条留言也放给陪审团听了。

辩方律师布拉德利·布鲁诺对德苏扎进行了长达两个多小时的交叉询问，气氛紧张而激烈。德苏扎说他在美国已经待了四年，一直使用学生签证，而且他也承认，这种学生签证并不允许他在这个国家工作。

"所以，你并没有遵守法律，对吗？"布鲁诺问道。

"嗯，是的。"司机回答。

然后，布鲁诺转而谈到斯佩克特嗓音的问题，尤其是案发当时司机听到的斯佩克特轻柔的说话声。他要求司机描述一下被告的声音。

德苏扎说："我并不太擅长描述别人的声音。如果你想让我学他说话——"他模仿了一下斯佩克特叫他时尖厉而惨烈的声音："阿德里安诺，阿德里安诺……"全场顿时大笑，只有斯佩克特仍然面无表情地坐在那里。

荒唐的指控

本案的一位前任辩护律师在公开审判中对我提出了一项相当荒诞可笑的指控，说我隐匿证据。这让我蒙受了羞辱。大约两周以前，在费德勒法官开审前的一次特别听证会上，有人声称 2003 年克拉克森枪击案发生之后，某项不知名的证据丢失了。当时，辩方律师罗伯特·夏皮罗向法官保证，没有向检控方隐瞒任何证据。过了大约一年，风波才终于得以平息。

在那场特别听证会上，辩方阵营的两位前成员，律师萨拉·卡普兰和私人侦探斯坦利·怀特对法官说，我隐藏了一份在死亡现场发现的证据。这简直太荒唐了！

卡普兰曾经是夏皮罗的同事。她说，她看见我从门厅取得了一块大约一英寸（相当于 2.54 厘米）长的白色物质，并把它装进了一个干净的专门收集证据的小玻璃瓶中，但我并没有把它交给有关当局。"那是一个指甲盖大小的、有着不规则边缘的扁平物"。她指着我说："我不知道他最后把它用来干什么了。"

怀特曾经是洛杉矶警局的刑侦人员。他说，我宣称发现人体"组织"的时候，他在场，并与我就这个物体究竟是什么物质发生了简短而激烈的争执。

怀特说:"我说它看起来像一块指甲盖。李博士冲我说:'你疯啦。'我回了一句:'您老眼昏花了吧,戴上眼镜再仔细看看吧。'"

冒着被卷入此事件的危险,我必须指出一点,整个听证和作证需要三天的时间——只面对费德勒法官,并不面对陪审团。在这段时间里,费德勒法官说他希望我能出庭当面向他作出解释,但当时我在意大利,正在维罗纳大学医学院给学生上课。后来,法官作了如下声明:"我认为,只要发生了或可能发生蓄意隐匿证据的事件,法院就绝对有责任彻查到底。现在,我们必须确保所有将在法庭上出示的证据都是神圣而不可侵犯的。"[37]

在这个特别听证会举行的同一周,我的同事迈克尔·巴登博士也被卷了进来。前律师助理格雷戈里·戴蒙德声称,他看见辩方人员发现了警方刑事技术人员所没有发现的东西,某位著名的法医病理学家称其可能是牙齿碎片。

以上三人的叙述有诸多矛盾之处。

戴蒙德作证说我绝对没有碰触该物。他说,事实上,它是由卡普兰从地毯上收集到的,然后由巴登博士作检验。

而卡普兰则坚决否认曾经接触过该物,并说,怀特不可能看见我处理现场,因为怀特当时被派到宅子外执勤,根本没有进过门厅。

在这个事件中,巴登和卡普兰共同在地毯上发现的那块物质与传说中我处理的那块物质(实际上我并没有这样做)很显然指同一个东西。

辩方聘请的著名私人侦探比尔·帕维里克当时也在现场。听证会上他出庭作证的顺序在怀特和卡普兰之前。他说,他从来没有见到我或别人接触过一块小小的、白色的证据,更没见到有人将这样的东西收集到证物瓶中。当被问及怀特时,他用嘲笑的口吻回答道:

"我想怀特先生该不是检控方派来的间谍吧。"[38]

5月17日，也就是德苏扎出庭作证的第二天，法院召开了另一场特别听证会。法官问我，在代表辩方对枪击现场进行勘查时是否发现或隐藏了一片指甲盖。我回答说："绝对没有。"接着，我暗示法官，卡普兰认为的小玻璃瓶实际上是用来做血液测试的塑料试管。

我说："我想她是弄错了，不知者无罪。但我的名誉却因此而受到了极大的损害。"[39]

然后，他们试图对我的可信性进行攻击——在我45年的法庭科学家生涯中，这是绝无仅有的一次。我觉得我应该提提以下两件事情：

第一，2007年4月，我在接受美国有线法制频道采访时表示，枪伤造成的喷溅型血迹最远可达72英寸，拉娜·克拉克森案就是个典型。第二天，辩方的开庭陈述中就出现了这句话。到那时，检控方在开庭陈述中就有的说了。他们会怎么说呢？他们会说，斯佩克特的辩护团成员彼此泄露证据，故意违反规则，法官应该对他们进行惩罚。

第二，卡普兰曾拒绝就白色物质事件作证。费德勒法官对她说，如果她不合作，就以藐视法庭罪把她送进监狱。卡普兰向加州最高法院提起上诉，但被驳回。最终她还是站在了证人席上。她在接受辩方询问时表示，就像检控方指出的那样，被我放进小玻璃瓶中的那个物质太大，不可能是从克拉克森的人造指甲盖上掉下来的碎片。

"你确定你看到的东西比克拉克森手指上残缺的指甲盖要大得多？"

"是的，我确定。"卡普兰回答道。

她说，虽然她不知道那是个什么东西，但她能确定那个东西有一英寸长，几乎有"整个指甲盖"那么大，绝对不是克拉克森的指甲上那块遗失的碎片。"有可能是他们鞋上沾了什么东西，进入现场时被带了进来。"她补充道。[40]

在该事件的最后分析阶段，南加州大学的法学教授琼·罗森布鲁斯评论道："尽管费德勒法官有所暗示，但他也没有证据证明李博士在证人席上撒谎，更没有证据证明李博士蓄意隐匿证据。"

这个事件对我的名声造成了一定的影响。我必须声明，我向来凭良心办事，一直都是大公无私的。我根本就不知道克拉克森有一个指甲破了，也没有找到这个所谓的指甲并隐匿。你要知道，当他们无法破坏科学时，他们就会想方设法来毁坏你的名声。

司机德苏扎出庭作证的最后两天，辩方对他进行了仔细的交叉询问。问题都集中在了德苏扎对英语的理解能力上——在枪杀案发生的清晨，他能否准确地听清斯佩克特说话的内容。此外，由于他违反了移民的相关规定，是不是因为害怕被遣送回国才被迫出庭作出以上证言。

为了证明司机当时听到的和他作证时说的不一致，辩护律师布鲁诺强调：当时司机已经24小时未曾合眼，还因枪声而受到惊吓；斯佩克特喝醉了，可能吐词不清；大喷泉的水流声可能会对德苏扎的听力造成一定障碍。但是，尽管存在上述干扰因素，德苏扎仍然一口咬定他听到斯佩克特说的是"我想我杀人了"。

验尸官的证言也对辩方相当不利。副验尸官路易斯·佩纳博士对克拉克森的尸体进行了检查，并做了尸体解剖，为检控方的证言提供了最直接的"科学"建议。至此，洛杉矶检察官办公室试图以酗酒、滥用枪支和曾对女性施以暴力这三者为基础来构建这个案子。

佩纳博士作证说，在被害人的右臂和右腕处发现多处瘀伤，他称之为"因反抗而形成的伤痕"。言下之意就是，该瘀伤不能对"被害人拿枪自杀"作出解释，而是其与行凶者搏斗留下的痕迹。此外，还在被害人的舌头上发现一处瘀伤，这正好说明当时有人用力将枪塞到她的口中。

他说："该处瘀伤非常特别，符合钝器伤的特征，是硬物与舌头发生碰撞而形成的。"

佩纳博士的结论是谋杀，他给出了下列原因：

> ● 没有在枪的缝隙中发现血迹，说明事后血迹被人擦干净了。"这告诉我们有人想隐瞒某些事情。"
>
> ● 被害人是一个乐观开朗的人，工作规律，社交正常。此外，他认为，在她死之前没有任何特殊的举动，没有自杀的迹象。
>
> ● 克拉克森的手提包在发现时是被挂在右肩上的，而她又不是左撇子。如果她想自杀的话，"应该把提包从肩上拿下来"。
>
> ● 死亡地点也与自杀特征不符。他认为，人一般选择在隐秘的地方自杀，不会在别人的家中自杀，更不会选择在一个刚认识的人家中自杀。
>
> ● 克拉克森以前从未到过斯佩克特家里。除了门厅里装手枪皮套的那个抽屉外，调查人员没有在哪个房间里再发现被打开的抽屉。"我办过那么多个案子，从来没有见过有人在陌生人的家中找到一把枪然后自杀的。她怎么知道枪放在哪里呢?"[41]
>
> ● 她没有抑郁症史，也没有过精神紊乱之类的症状。由于她最近头疼，一位神经科医生给她开过两种治头疼的药。如果她想自杀的话，完全可以采用增加用药剂量的方式，用不着忍受吞枪自杀之苦。

在接受辩方的交叉询问时，佩纳博士说，一开始他把这个案件定性为意外死亡，但在审查了调查人员的报告和其他相关材料后，转而认为这是一起谋杀案。他承认，在验尸官办公室多年的工作经历中，这几乎是特例。

他承认："以前没有遇到过类似情况。"

辩方利用这一点攻击佩纳博士在法医病理学方面经验不足，并在克拉克森的罕见伤痕类型——"口腔内枪伤"上大做文章。佩纳说，迄今为止他一共做过 3300 例尸检，只有在另外一个案件中发现过类似情况。他承认，当实践中遇到不懂的问题时，常常求助于维森特·迪·梅约博士和沃纳·斯皮茨博士编写的教科书，而这两名法医病理学家现在正是辩方阵营里的人。

对佩纳博士的交叉询问一直持续了三天。在这期间，他的态度非常坚决——克拉克森是被人谋杀的。但是，他似乎在有意回避克拉克森在死前数周甚至数月间的精神状态问题。此外，辩方在庭审策略上略占优势，他们想在陪审团脑中形成佩纳博士准备工作并不充分这样一个不好的印象。

例如，当被问及克拉克森电脑收藏夹中一个关于酒精依赖和抑郁症的网页时，佩纳博士回答道："如果他们告诉了我，我一定会对此进行调查的。"[42]

此外，辩方还当庭宣读了几封克拉克森写给朋友的邮件。听完后，佩纳博士说他根本就不知道克拉克森有如此严重的财政问题，也不知道她找朋友借过钱。但他说，通过这些邮件可以看出，克拉克森似乎有"处境性"消极情绪的症状，而不是患有临床抑郁症。

对佩纳博士的交叉询问结束后，控方向陪审团展示了一组斯佩克特家中的物品，由负责收集证据的洛杉矶县治安官办公室警探马克·里列费德出庭作证。里列费德说，在卧室的咖啡桌上发现了一个空的一升装的龙舌兰酒瓶。空酒瓶旁边是一个用来喝白兰地的矮脚小口大肚酒杯，酒杯里装有半杯不知名的烈性酒。在门厅外女洗手间里的水槽上发现了另外一个矮脚小口大肚酒杯和一副假睫毛。之前有证人作证说斯佩克特喝醉了，我们对克拉克森的血液进行了酒精测试，酒精含量为0.12，高于法定的酒驾标准。

里列费德说，在离尸体几英尺的椅子上有一个皮的公文包，包上刻有"PS"字样。他在皮包里发现了一盒三片装的伟哥，已经用了两片。而司机德苏扎曾作证说，斯佩克特和克拉克森进屋后不久，又出门从他的奔驰车上取回公文包。两人的证言可以相互印证。

里列费德的大部分证言都与豪宅中的枪支弹药有关，包括被认为是凶器的那支眼镜蛇左轮手枪。他向陪审团展示了这把枪并说，当时是在克拉克森的右手附近发现了这支枪，而克拉克森并不是左撇子。他回忆说，当时还在枪柄处发现了湿的血迹。当然，他自然没有忘记向陪审团强调在一个半开的抽屉里发现了一个手枪皮套。

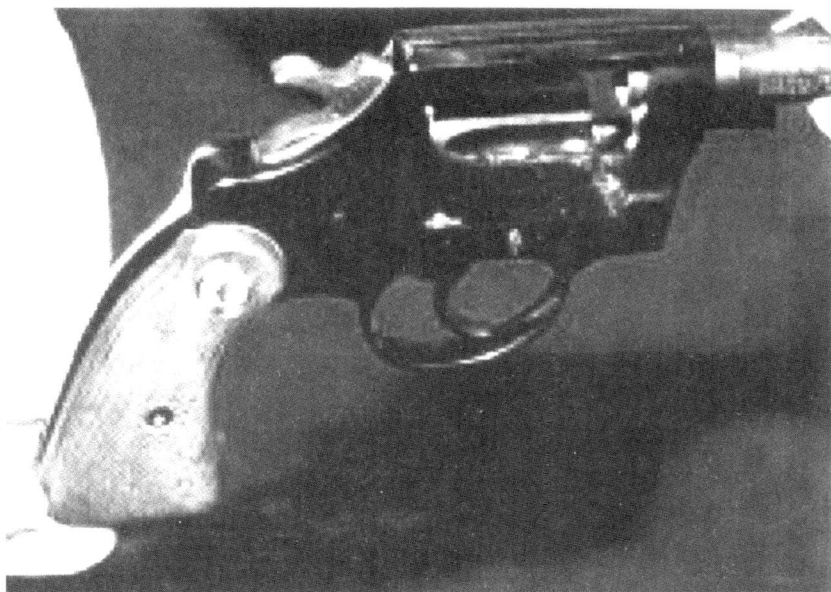

染有血迹和其他物质的斯佩克特的枪

当被问及斯佩克特的住宅中有多少部电话时，里列费德说他至少发现了 12 部，离克拉克森尸体不远处就有一部座机和两个手机。但问题是枪击案发生后，斯佩克特并没有报警求助。

检控方的另一个证人，洛杉矶县治安官办公室的刑事专家史蒂夫·雷特瑞出庭作证说，在克拉克森手腕上发现的 DNA 与菲尔·斯佩克特的相匹配。此外，从两个白兰地酒杯和另外两个酒杯上提取的 DNA 与斯佩克特和克拉克森的 DNA 相匹配。这一结果表明，当晚两人正在共饮。

检控方要求就门厅中血液痕迹的位置进行质证。辩方坚持认为，斯佩克特当时离克拉克森比较远，根本不可能将枪放到她口里射击。问题是，射击造成的冲击波能将被害人的血液推出多远？这是我作为专家证人出庭作证时需要回答的问题。我的回答是，最远可达 6 英尺，但这其中要受到血滴大小等多种因素的影响。通常来说，血滴越大，质量越大，越能克服空气阻力，因此，它们最终能到达的距离相对比较远。但是，当大的血滴穿过空气时，可能会被分解成薄雾状的小血滴。此外，当子弹进入口腔，造成创伤（口腔内枪伤）时，将引发气体产生强有力的爆炸，导致血液向后喷溅。这时，喷溅的血液能到达的距离将远远超出我们的想象。

第二天仍然由雷特瑞出庭作证。他表示，他从 1994 年开始做 DNA 分析，经验非常丰富。他在克拉克森的左胸上提取到了斯佩克特的 DNA；此外，还在斯佩克特的外生殖器上提取到了克拉克森的基因分型，呈弱阳性。他还作证说，在那把眼镜蛇左轮手枪的任何部位、手枪里的子弹上以及被害人残缺的指甲盖上均没有发现斯佩克特的 DNA。同时，在现场也没有发现任何相互攻击和性侵害的痕迹。手枪上缺少斯佩克特的 DNA，这不禁使人对司机的证言产生怀疑。司机说，他看见斯佩克特从屋里出来，手里拿着一把血淋淋的枪，宣称"我想我杀人了"。但后来这把枪是在克拉克森的右手边发现的。证人们对于手枪的位置描述不一。有人说看见被告拿着那把枪，有人说枪当时在被害人的手旁。多位评论员指出，这些相互冲突的陈述并不能排除克拉克森吞枪自杀的可能性。还有一点应该注意：也有人是双手持枪置于口腔，然后扣动扳机自杀的，这种情形也很常见。

此外，并没有在克拉克森的指甲盖中发现斯佩克特的 DNA，这就支持了辩方的理论，即在枪击案发生前，双方没有发生过扭打争斗。

克里斯托弗·普劳德是一位精通法庭证据的律师，由他代表辩方对雷特瑞进行交叉询问。他要求雷特瑞对从斯佩克特身体上提取到的 DNA 进行更详尽的描述。雷特瑞说，在被害人胸部提取到的 DNA 与被告人的 DNA 相匹配，而每 14.8 亿名白种人中才可能有一个人的 DNA 与其相匹配。在斯佩克特的外生殖器上提取到的 DNA 分型的匹配率相对要高很多，每 9.4 万名白种人中就有一个人的 DNA 与其相匹配。

雷特瑞还提到，在那把左轮手枪的把手上没有发现斯佩克特的 DNA，却发现了好几处克拉克森的 DNA。

普劳德问道："这些 DNA 分型的标记与克拉克森女士的相一致，而与斯佩克特先生的不一致，对吗？"

"是的。"雷特瑞回答。

但是后来检控方却耍起了花招，说枪支上克拉克森的血迹太多，以至于覆盖了斯佩克特的 DNA——这是个关于"没发现证据并不等于不存在证据"的老把戏。

阿兰·杰克逊检察官问道："并不能排除菲利普·斯佩克特作案的可能，对吗？"

雷特瑞回答："对，有可能是斯佩克特，或是其他男性。"[43]

检控方直到 2007 年 6 月 22 日才停止举证，至少是暂时停止举证。但直到 7 月底才真正完全结束他们第一阶段的工作——所谓的"隐匿证据"事件是造成拖沓的主要原因。当卡普兰律师拒绝提供对我不利的证言时，费德勒法官曾允许检控方将事件公之于众。在加州最高法院驳回了卡普兰的上诉之后，她才同意出庭作证，但在作证时强调"那块小小的、白色的物质"并不是指甲盖。

6 月 22 日，也就是检控方举证的最后一天，洛杉矶县治安官办公室的资深刑事专家琳恩·赫罗尔德博士站在了控方的证人席上。她说，斯佩克特白色夹克的袖子和翻领上的小红点表明，在克莱克森被杀时，他们之间的距离不会超过 3 英尺（这一观点遭到了许多血迹鉴定专家的质疑）。

她还对陪审团说，从枪击案发生到警察到达案发现场这段时间内，那把左轮手枪上的血迹被人清除过。

杰克逊问道："这是不是有人用湿布彻底拭擦的结果呢？"

赫罗尔德博士回答："有这种可能。"

在交叉询问中，肯尼-巴登认为赫罗尔德有偏见，其在分析血痕形态证据方面的经验也不丰富。她指出，赫罗尔德博士在刑事犯罪实验室中的主要工作包括对头发、纤维和鞋印进行检查，以及检查判断死者的胃内容物。

赫罗尔德对此进行辩解。她从业 25 年，做过上百例类似的检查。但是，她承认，像克拉克森案这样要求她对口腔内枪伤造成的血液痕迹形态作出解释的还是第一次。[44]

辩方证词

2007 年 6 月 28 日，世界著名的枪伤专家和尸检专家文森特·迪·

梅约博士代表辩方作开庭陈述。他说，"客观的科学证据"表明，克拉克森之死绝对不是谋杀造成的，这一点毋庸置疑。血迹和克拉克森手上的射击残留物使他得出了自杀的结论。

"根本没有客观的科学证据证明有除死者之外的任何人曾经拿过这支枪，这一切都只是推测。"

他认为，检控方调查人员的指控和斯佩克特司机的证言都只是推测，对某人语言、行为和感觉的推测。他侧身靠近陪审团，降低音调，似乎在告诉他们一个秘密："任何一种情况都有可能。但是，当你坚持客观的科学事实时，你会发现，这只可能是自杀。"

这位法医病理学家因为撰写了那本关于枪伤的教科书而全国闻名。他在证人席上稍稍调整了一下坐姿后，像陈述信条一般，对下面一系列法庭科学问题发表了自己的看法：

- 38年的法医病理学从业经验使他认识到："人们不愿意接受自杀事件，所以总是千方百计地试图将自杀改写为谋杀。"

- 在克拉克森的手上发现了大量的射击残留物，而在斯佩克特的手上只发现了少量射击残留物颗粒，这就形成了鲜明的对比。"手上有大量射击残留物的人持枪射击的可能性更大，而只有少量颗粒的人则不太可能持枪射击。"

- 只有自杀行为才可能形成克拉克森手上的喷溅型血迹，这就和只有怀孕了才能得出妊娠测试呈阳性的结果一样。他说："这种情况并不是经常发生。但是只要发生了，就一定是这个结果。"

- 他还提出一组数据来支持他的"自杀"结论：在自杀的女性中，有87%选择开枪自杀，这其中又有76%的女性选择向头部射击。而且，凭他的经验，在口腔内开枪的案例，99%是自杀。[45]

作为辩方最有实力的证人，迪·梅约博士在出庭作证的第二天就经历了一场激烈而又尖刻的交叉询问。这位法医病理学家的立场非常坚定，他坚持认为克拉克森是自杀身亡。

对他进行交叉询问的是杰克逊检察官，他指责迪·梅约博士在解释射击残留物的作用时误导了陪审团。博士非常生气，在庭上大声喊道："我说的是实情！"

尸检报告称，克拉克森舌部的伤痕是斯佩克特强行把枪塞进她嘴里造成的。迪·梅约博士对这个观点提出异议；依据嘴部结构，根本不可能得出尸检报告上的这个结论；克拉克森舌部的伤痕是她扣动扳机时形成的强大的气体爆炸力造成的。

迪·梅约博士向陪审团描述了克拉克森在好莱坞日益黯淡的前景，并通过她写给朋友的邮件和她私人电脑中一些其他的证据，将一个日日与烟酒为伴、贫穷、堕落的克拉克森展现在陪审团面前。

"她是一个年逾四十的女演员，早就是个黄脸婆了。对不起，您也许会觉得我有性别歧视。但这就是现实。"他耸了耸肩，一脸无奈。

检控方认为，当时，斯佩克特强行把枪塞进克拉克森的嘴里，克拉克森奋力反抗，在这个过程中，左轮手枪的枪口将她的人造长指甲刮掉了一块。迪·梅约博士对此表示怀疑。他说，射击时，枪支会产生一种后坐力，而这种强大的后坐力正是导致她指甲破损的主要原因。此外，如果当时她的那个手指在嘴里，爆炸所产生的气浪必定会将手指上丙烯酸材质的人造假指甲熔化；而别的手指上也将会"布满鲜血、炭灰、火药和其他组织"。"但是"，博士强调，"这个手指是完好无损的"。

迪·梅约博士用一个简单的塑料头部模型向陪审团展示了克拉克森吞枪自杀的全过程，并为他第二天的庭审画上了一个圆满的句号。（检控方曾表示，不可能从血液证据判断出开枪时被害人双手的位置。）迪·梅约博士说，血液痕迹很清楚地表明，当时，克拉克森的双手握住枪把手，然后用大拇指扣动了扳机。[46]

博士最后一天的表现更为精彩。他认为，克拉克森的心理状态和她的某种想法也许正是酿成此次自杀惨剧的元凶。他说，克拉克森案并不是典型的自杀案例，该案属于比较罕见的由酒精和抑郁催生的"冲动型"自杀。这种类型的自杀并不需要事先计划，而是在克拉克森六七杯酒下肚之后一念成魔酿成的苦果。

"那只是一时冲动，她当时完全没有考虑后果。"博士说道。

"克拉克森确实很漂亮，但她毕竟已经 40 岁了。在她周围还有无数个 20 多岁的如花少女和她竞争。她一直在和帕丽斯·希尔顿之类的艳星争宠，哪里看得到希望！"他补充道。

杰克逊指责迪·梅约对克拉克森的生活细节进行了有针对性的筛选，却忽视了斯佩克特的过去。

迪·梅约说，控辩双方针锋相对，为的是解决同一个问题："究竟是谁开的枪？"在这个过程中，不可能把被害人和被告人的过去完全展现在陪审团面前，必须要有所取舍。

迪·梅约博士为这三天的庭审作了一个精妙的总结："在这个案件中，有的证据对斯佩克特先生不利，有的证据则对克拉克森女士不利，以至于您最后难以作出裁决。这个时候，就请听从科学证据的指引吧。"[47]

随后，检控方传唤了里奇·汤姆林出庭作证，案发后是由他负责对克拉克森的尸体进行检查的。汤姆林作证说，我从来没有向他提交过一块拇指指甲大小的白色固体。自开庭审判以来，尽管这个所谓的隐匿证据事件占据了庭审不少时日，但大部分讨论都是以特殊听证会的形式作出，避开了陪审团的耳目。到汤姆林作证时止，在检控方的 35 名证人中，只有 2 名就此事件作证。

接下来继续由辩方证人出庭。这次站在证人席上的是沃纳·斯皮茨博士，他是法医病理学界的第二牛人。斯皮茨博士对他同事关于克拉克森如何持枪的观点表示赞同，另外他还补充道，他发现验尸官作出的谋杀结论极其草率并且漏洞百出——事实上，克拉克森当时是双手持枪，自杀身亡。和迪·梅约博士一样，沃纳·斯皮茨博士为了支持他的结论，也引用了相当多的数据，并当庭宣读了不少克拉克森的信件。他强调，如果是谋杀的话，绝对不可能在克拉克森的身上形成现在这种类型的伤痕。迄今为止，沃纳·斯皮茨博士已从业 54 年，现担任密歇根州和马里兰州的验尸官，亲自做过或指导别人做过的尸体解剖数量超过 6 万例；此外，他还出任过约翰·F. 肯尼迪总统暗杀案调查委员会的专家。如此丰富的经验使他坚信，这种伤痕绝对不是由谋杀造成的。

检察官向他提及斯佩克特过去对那些女人的所作所为，他反驳道："一个人在 10 年前、12 年前甚至 15 年前做过某件事，并不意味着他今天还会这样做。科学研究表明，这二者之间并没有因果关系。"

沃纳·斯皮茨博士说，现场的物证均表明这是一起自杀案件，比如，在斯佩克特的裤子和鞋子上均未发现任何血液、身体组织和火药的痕迹。子弹爆炸时会形成强大的冲击波，从而导致血滴分解，而被告晚装夹克上的小血点就很有可能是子弹爆炸时溅上去的。但是，他认为当时斯佩克特与被害人之间的距离大约为 6 英尺（这和我的观点相一致）。

"这样说的话就只能怪斯佩克特先生太倒霉了。谁让他碰巧站在了离克拉克森正好 6 英尺的地方，以至于所有喷溅出来的血滴都溅在了他身上，他身前身后的地板上却什么也没有。"杰克逊讽刺道。

斯皮茨博士马上作出回应:"你以为当时喷出了一桶血吗?"随后,他开玩笑说,这些疑问让他想起了某人在肯尼迪总统暗杀案中提出的"神奇子弹理论"。

和迪·梅约博士受到的待遇一样,检控方也向陪审团披露了斯皮茨博士作为辩方专家证人所获得的高额出场费,试图将他们描述为被告人雇用的枪手。[48]在绝对多数案件中,检控方都会这么做。但他们似乎从来没有当庭问过他们自己的专家证人,政府究竟付给他们多少薪水或多少咨询费。

斯皮茨博士作完证后,辩方又传唤了多个证人,使得辩方证人出庭作证的时间长达一个月。其中,斯佩克特的女儿妮科尔作证说,她的父亲并不是左撇子,根据喷溅型血迹专家的证言,这一事实似乎能排除斯佩克特是凶手的可能性,因为我们是在他夹克的左侧发现克拉克森的血迹的。

现将这一阶段的其他亮点(包括结案陈词)总结如下:

● "重磅炸弹巴登"。迈克尔·巴登博士是我的好友兼同事,在本案中作为辩方的专家证人出庭作证。他对斯佩克特夹克上的血迹来源给出了一个令人匪夷所思的解释,顿时震惊了全场。他认为,克拉克森受伤后有可能并没有马上死亡,她还活了好几十分钟。她受伤之后咯血,而斯佩克特夹克上的血迹很有可能就是在她咯血时溅上的。这一观点得到了随后上场的斯皮茨博士的支持。这时,对于这一之前从未提出过,却在最后一刻提出来的设想,检控方和费德勒法官都怒了。英美法系有关于证据披露的规定,按照相关法律,一方当事人有权在审前从对方当事人处获得与案件相关的事实与信息。但是辩方事先并没有将这个新理论告知对方,因此费德勒法官裁决辩方违反了证据披露的相关规定。

● 斯佩克特放弃了作证的权利。

● 卡特勒律师得知不能由他作结案陈词后，便退出了斯佩克特的律师团。斯佩克特解释说，卡特勒经常与费德勒法官发生冲突，费德勒法官也因此对他存有偏见；卡特勒受聘为本案的律师后，曾多次擅自延长假期；此外，他在本案的陪审团心中也许也因此而丧失了一定的可信度。[49]

● 在一次仅有控辩双方而没有陪审团参加的特别听证会上，费德勒法官裁定，陪审团成员只需要对一个问题作出回答，那就是：被告人是不是犯有二级谋杀罪？换言之，非预谋杀人罪或其他相对较轻的指控都不在陪审团的可选择范围之内。他表示，斯佩克特已依"推定恶意"（implied malice）原则被指控犯有二级谋杀罪，因此，公诉人无须对他故意杀死克拉克森的事实进行证明。检控方唯一需要证明的就是，当他举枪向克拉克森射击时，其行为是否构成了对他人生命的漠视。如果一个人将一把已装弹上膛的手枪放到别人的口中，那么这个人一定能意识到他的行为将会危害别人的生命；即使是枪支意外走火，也不能减轻这个人的罪行。

● 杰克逊检察官就费德勒法官的裁定作出回应："当时，有可能是克拉克森为了让斯佩克特把枪从她口中拿出来而奋力拍打他的手，从而导致枪支走火。也有可能是当时斯佩克特打了一个喷嚏，身体收缩，从而无意中扣动了扳机，杀死了克拉克森。"[50]

● 检控方的结案陈词长达 4 个小时。在这期间，杰克逊检察官将斯佩克特描述成了一个凶残暴力、厌恶女人的人。由于伟哥催情，他想与克拉克森发生性关系，但克拉克森拒绝了他，所以他残忍地将其杀害。杰克逊认为："斯佩克特脑子里在想一回事，克拉克森却在想另一回事。"之前有证人作证说，斯佩克特经常对女性施以污言秽语，并曾口出狂言："就应该把天下所有的女人都拖出去枪毙。"杰克逊评论道："这就是斯佩克特的心态——他认为没有一个女人是好东西。"他将那五位指控斯佩克特曾持枪威胁她们的女性证人的证言综合起来，编辑成了一个小短片，放给陪审员看，并提醒各位陪审员注意这些事件与克拉克森案之间的相似性。"其实，案发后斯佩克特应该说：'我想我终于杀人了。'"此外，杰克逊还将辩方的证据称为"用支票本换来的证据"。无论是专家证人还是普通证人，只要给钱，就能提供辩方想要的证言。"只要你有足够的钱请厉害的律师，有足够的钱请权威的专家证人，他们就能如你所愿。你想要他们说什么，他们就能在法庭上说什么。"[51]

- （有人对专家证人的费用问题提出质疑，调查新闻记者唐纳·考夫曼对此作出了回应："辩方的专家证人要求当事人为他们提供高额的酬劳。和辩方专家证人一样，控方专家证人的工资也非常高，除工资外，政府还用纳税人的钱为其支付健康保险和退休金。"）[52]

- 琳达·肯尼-巴登代表辩方作了长达 6 个小时的结案陈词。她谴责执法部门草菅人命——只要是名人作为被告的案子，检控方就会不惜一切手段想要取得胜利。"他们办过不少高曝光率的案件，比如 O. J. 辛普森案和罗伯特·布莱克案，也有过败诉的历史。"她暗示，这位传奇的音乐制作人的案件将很有可能被政府办成铁案。她花了大量的时间来阐述科学证据如何证明斯佩克特无罪，并强调，斯佩克特的晚装夹克"可能是本案最重要的证据"。

- 检控方认为，射击时，斯佩克特和克拉克森之间的距离不会超过 3 英尺。琳达·肯尼-巴登对此提出异议。她说，子弹在克拉克森的口腔中爆炸，散发出来的威力就像一个"火箭筒"的威力，会使得口腔和鼻腔中的血液和组织喷泻而出。如果当时是斯佩克特将枪放在克拉克森的口中并开枪射击，他那件白色夹克的袖子上必定血迹斑斑，不可能像现在这么干净。

● 关于射击时斯佩克特的位置，琳达·肯尼-巴登指出，枪伤的角度是向上的。当时死者正坐在一把矮椅子上，"菲尔·斯佩克特必须跪在她两腿之间射击才可能形成那个枪伤角度……斯佩克特是不高，但是，女士们，先生们，他也没有那么矮。"

● 最后，琳达·肯尼-巴登对控方传唤的那五个女证人的证言进行了驳斥。她的驳斥掷地有声："故事终究是故事，不可能压倒科学。"[53]

两天以后，进入陪审团评议阶段，评议总共持续了 13 天又 20 个小时。最后费德勒法官宣布审理无效。一周前，陪审团团长向法官报告了陪审团的评议结果是 7:5，陪审团成员没能达成一致意见。费德勒法官随即以其误解了法律为由撤销了一条陪审团指示，并宣布了一条新的指示。新指示的内容向陪审团暗示斯佩克特有强行将枪塞入克拉克森口中的可能。大约一周后，陪审团评议再现僵局，投票是 10:2，大多数陪审员认为斯佩克特有罪。

不久前，芝加哥洛约拉大学法学院教授斯坦利·戈德曼就此案公开发表评论："辩方显然对案中的子弹进行了回避……法官在最后一周向陪审团作出的新指示很明显是在暗示斯佩克特有罪。"[54]

英国《卫报》记者丹·格莱斯特对本案进行了报道。他没有以斯佩克特为中心，而是着重描写了这位未来女新秀的一生，为本案提供了一个全新的视角：

庭审结束后，拉娜·克拉克森在大家心中留下了两个完全不同的形象。法庭上方的投影仪一张又一张地播放着她的照片，演员、儿童节目的主持人、酒吧女招待……无数个克拉克森风情万种地出现在大家面前。颁奖典礼上的她端庄高雅，在朋友的派对上的她笑颜如花——俨然就是金发碧眼、双腿修长的好莱坞女新秀的化身。

然而，另一个克拉克森也以同样的频率出现在了大家的视野中。她的尸体瘫靠在位于斯佩克特豪宅门厅一角的一把精雕细刻的椅子上，提包在右肩上晃荡。

尽管有丰富的图片资料，但真正的克拉克森在大家心中依然是一个谜。一方面，她意志消沉、吸食药用毒品、喜欢喝酒、会骑马、会持枪；另一方面，她又对成功极度渴望，年逾四十依然想方设法重振事业。难道真如辩方所述，这一切使她想要放弃生命？抑或她真是控方描述的那个勇敢坚定的专业演员？最后，陪审团无法作出裁决。[55]

整个庭审给我的印象就是，它与美国司法体制的核心背道而驰。我一直坚信，公平和正义是美国司法体制的灵魂，但在这场审判中，我们似乎见不到公平和正义的踪影。持续了整整 162 天的庭审充斥着对被害人、犯罪嫌疑人和辩方专家证人的攻击。检控方多次将辩方专家证人描述成被告的"枪手"，这一点让人尤感气愤。他们花费了大量的时间和金钱用来核实专家证人的教育背景、纳税报告和其他个人情况，千方百计挖掘出一些"丑闻"来降低专家证人的可信度，却没有想过应该如何去挖掘事实真相，如何发现真实情况。

重 新 审 理

由于陪审团未能作出一致裁决，时隔一年之后，法院决定重新
审理本案。这时，距离克拉克森去世已经过去了五年多的时间。

南加州大学法学教授琼·罗森布鲁斯说，她预计，再次审理持
续的时间应该不会像一审这么长，效率也会更高一些。"这次，彼此
都对对方的证据了如指掌，都知道对方会出什么牌，所以一定会提
前准备和预防……辩方知道控方将捅他们哪个地方的窟窿，会在哪
个地方给他们下套儿，这一次必将小心防范……重新审理不会再像
一审那样吸引这么多人的眼球，因此，审判的效率也会更高一些。"[56]

的确，在一审出现陪审团僵局之后，本案很快就退出了公众的
视线。二审法庭的旁听席上稀稀拉拉坐着十来个人，只有两三家媒
体前来捧场。

这两次审判有一个程序上的区别。一审法官裁定，陪审团需要
对斯佩克特是不是犯有二级谋杀罪达成一致意见，但在重新审理时
则要求陪审团裁决斯佩克特是不是犯有过失杀人罪。

为大家介绍一组概念。"谋杀罪"（murder）指的是有预谋
恶意地非法终止他人生命的行为；而"非预谋杀人罪"（mans-
laughter）则是指无预谋恶意地非法终止他人生命的行为。一级
谋杀罪（first-degree murder）是指预先恶意预谋的谋杀；二级谋
杀罪（second-degree murder）则是指激情杀人。恶意预谋（malice
aforethought）是指被告人在实施被指控的犯罪行为之前就已经
具有伤害某人的意图。非预谋杀人罪中的疏忽（negligence）指
的就是意外或其他被告人没有主观恶意的情形。非预谋杀人罪

分两种：一种叫"非预谋故意杀人罪"，是指被告人在被激怒或心神高度错乱的状态下实施的故意杀人行为；另一种叫"过失杀人罪"，是指没有杀人或重伤的故意，但由于疏忽大意而造成他人死亡的行为。例如因致命的机动车事故导致过失致人死亡。

二审中，控辩双方几乎维持一审的阵容，只出现了少数几个新面孔。

依然由加州最高法院法官拉里·保罗·费德勒担任二审的主审法官。斯佩克特的律师团主张费德勒法官对被告有偏见，他们认为，一审陪审团评议的时候，费德勒法官对陪审团的指示暗示斯佩克特有强行将枪塞入克拉克森口中的可能，这明显意味着斯佩克特有罪。许多评论家认为，费德勒法官和本案的检察官——甚至是检查系统所有的检察官——至今依然在明星案件的阴影中没走出来。无论是O. J. 辛普森案，还是迈克尔·杰克逊案，抑或是罗伯特·布莱克案，都是以无罪释放告终，这种"失败"像噩梦一样，让他们久久不能释怀，总想找机会为自己扳平一局，这次是一个不可多得的良机。因此，法庭内外似乎都流传着这样一种信息——这一次，历史不会再重演。

地区副检察官阿兰·杰克逊继续领导控方。控方大部分证言都和一审时的证言一样，他们的关键证人依然是那位叫阿德里亚诺·德苏扎的司机——他作证说他听到一声枪响，紧接着见到斯佩克特从屋里走出来，并听见斯佩克特说"我想我杀人了"；他们依旧传唤了那五名指控斯佩克特一喝醉了酒就拿枪威胁她们的女证人；他们依然坚持认为喷溅型血液证据证明了克拉克森不可能持枪自杀。

地区副检察官特吕克·杜上演了二审中最具戏剧性的一幕。她在结案陈词中说，斯佩克特一旦喝醉了酒就变成了一个"恶魔般的躁狂症患者"，对他身边的女性是一个巨大的威胁。"该案的被告是一个用女性生命做赌注来玩俄罗斯轮盘赌（危险游戏，参加者用装有一发子弹的转轮手枪对准自己或别人的头部射击）的疯子，那五个女人都幸运地躲过了一劫——倒霉的拉娜则成了这个游戏的牺牲品。"[57]

在电子证据展示阶段，杜检察官向陪审团展示了她故乡越南的沙丘，说辩方团队就像这些沙子一样，变化无常。她提出证据试图证明斯佩克特事后洗干净了他的双手，并想要把被害人脸上的血也洗干净。她说："他能把手上的血洗干净，却洗不净谋杀的嫌疑。"[58]

在重新审理阶段，辩方律师团由多伦·温伯格律师领导。他们认为，司机德苏扎是巴西移民，英语并不太熟练，有可能错误地引述了斯佩克特的话——当时斯佩克特可能说的是"给某人打电话"（call somebody），而不是"杀了某人"（kill somebody）。此外，司机附近的大喷泉会发出很大的水声，可能会干扰司机的听觉；工作整晚后又饿又困，也有可能让他产生幻听。

温伯格在结案陈词中列举了14种法庭科学证据，包括喷溅型血迹、DNA和射击残留物，这些证据均能证明克拉克森是自杀。他告诉陪审团："一般情况下，要把枪放到别人口中是很难做到的。每一个事实都指向同一个结果：克拉克森身上的伤痕绝对是自杀造成的火器伤。你怎么能忽视这些事实？你怎么能说这是一场谋杀？"[59]

这次审理一共持续了5个月的时间。最后，由六名男性和六名女性组成的陪审团在经历了27小时的秘密评议后，终于达成一致意见：斯佩克特二级谋杀罪成立。此外，他们还认为被告非法私藏武器。陪审团团长当庭宣读了裁决结果，斯佩克特依旧面无表情，而他的夫人瑞秋听到结果以后，忍不住在一旁啜泣。辩方申请保释，被费德勒法官驳回，斯佩克特马上被还押候审，等待法官量刑。

2009 年 5 月 29 日，斯佩克特被判处 19 年的监禁。据说他要到 2028 年才符合假释条件，那时候，他都已经 88 岁了。

面对陪审团的裁决，温伯格认为，陪审团在很大程度上是受到了那 5 个女性证人的影响。这些证据属于倾向证据，依法本应当不可采，费德勒法官的做法是有失偏颇的，被告将有可能以此为由提起上诉。[60]

虽然本案不如辛普森案或者琼贝妮特·拉姆齐案那么轰动，但它却像冰山一角，折射出美国刑事司法体系内部的诚信问题以及基本刑事司法精神的缺失。例如，从法学角度来说，检控方是在排除合理怀疑的情况下证明被告有罪的吗？可能是。但是，从科学的角度来看，很少评论家认为现有证据并未在排除合理怀疑的情况下证明被告有罪。

2009 年 3 月 29 日，《洛杉矶时报》刊登了一则名为《法庭上的斯佩克特和专家证人》的文章。文章指出，检控方的证人学识渊博、客观公正、无可挑剔，辩方的证人却与此形成了鲜明的对比。[61]但是这篇文章的作者似乎完全忽视了美国国家科学院的最新研究结果：美国大部分犯罪实验室的工作质量都令人担忧。美国国家科学院的研究报告表明，科学的客观性往往成了执法必需的牺牲品，并举出了数百个刑事犯罪实验室科学家为了迎合警检官员的需要而修改实验结果的例子——这样的例子仅仅在斯佩克特案中就有十来个。报告着重对控方专家证人充满偏见的证言以及将大量"垃圾科学"带上法庭的劣迹提出了批评。

《洛杉矶时报》上的另外一篇文章则指出，斯佩克特案揭露出了这样一个现实：从警察及其专家证人步入犯罪现场的那一刻开始，他们要做的仅仅就是决定哪些证据有用，哪些证据没用，哪些证据应该提取并检验，哪些证据不应该提取并检验，哪些证据应该收集，哪些证据不应该收集。[62]

　　也许有读者想要从另外一个角度来认识科学证据，并且要问："在本案中，检控方是否是在排除合理怀疑的情况下证明斯佩克特有罪的？"

第二章

布朗餐馆屠杀事件

接下来让我们将目光转向芝加哥。过去，人们常常将这座城市与层出不穷的集团犯罪联系在一起。芝加哥的犯罪率曾一度高于美国的平均犯罪率，在1920～1933年的禁酒时期更甚。1993年，美国历史上最恐怖的特大谋杀案之一就发生在这里。这起特大谋杀案的被害人既不是黑帮老大，也不是流氓阿飞，而是七位清白无辜、辛勤劳作的平民百姓。他们都是老实人，没有干过任何违法犯罪的勾当，他们都从来没有碰过例如非法销售、放高利贷、敲诈勒索、贩毒、卖淫、打架斗殴之类的事。但是，这七位合法好公民却无缘无故成了犯罪分子的枪下冤魂。

背 景 介 绍

这起发生在布朗餐馆（Brown's Chicken）的特大谋杀案不是缘起于帮派之间的复仇，酿成这起惨剧的原因至今仍然是个谜。为了能使大家对这起谋杀案的残忍程度有个更直观的了解，让我们先来回顾一下芝加哥的暴力黑帮史——你会发现这起谋杀案的残忍程度绝不逊于黑帮之间的争斗。在美国禁酒时期，没有哪座城市的黑帮斗争会比芝加哥更惨烈。集团犯罪于 19 世纪 70 年代产生于此，在 20 世纪 20 年代发展到顶峰。在这段时期，那些有着不同绰号的形形色色的罪犯们所发挥的作用不容小觑，如"大吉姆""疯子莫兰""小丑波嗦""拼命的克瑞""阴谋家""僵尸""海米"等。尤其是"厄尔·海米·韦斯"，他制定了一条规则——谁敢欺骗他，那就是自寻死路，"海米"对此决不手软。

与"大人物"阿尔·卡彭相比，上述人等只能俯首称臣。阿尔·卡彭可以说是美国最著名的暴徒，也是禁酒时期少有的那几条漏网之鱼之一——虽然长期犯罪，但美国联邦政府却始终找不出他犯罪的证据，无法将其绳之以法。阿尔·卡彭涉案种类之多、犯罪手段之残忍使得人们将他所在的芝加哥城称为没有法纪的城市、"完全开放的犯罪温床"。

1920~1933 年是美国的禁酒时期，那段时期是非法酒店、查尔斯顿舞、小短裙、长筒丝袜、短发、貂皮大衣以及嘈杂的爵士乐的天下。当时的食物非常廉价——一条面包只要 10 美分，一磅面粉则更便宜。娱乐大行其道，玛丽·皮克福德、阿尔·乔尔森、查尔斯·斯宾塞·卓别林、鲁道夫·瓦伦丁充斥着电视荧屏。乔治·格什温则用他的管弦乐作品为美国人民带来了一场又一场听觉上的饕餮盛宴，尤其是《蓝色狂想曲》和《一个美国人在巴黎》，在当时获得了巨大的成功。拳王杰克·登普西和本垒击球手贝比·鲁思则是当时深受观众喜爱的运动明星。

然而，这个时期也夹杂着一些不和谐的音符——各大黑帮为了争夺酒的非法经营权而大动干戈，汤米冲锋枪是他们的武器，全美有超过 500 名的黑帮成员在这场争夺战中丧生。然而，没有哪座城市的战争会比大都市芝加哥更激烈。

情人节大屠杀

阿尔·卡彭领导的南部意大利黑帮和"疯子"莫兰领导的北部爱尔兰、德国黑帮是芝加哥黑帮中最有实力的两大帮派。1929 年 2 月 14 日，星期四，在这一天的上午，两大帮派之间的冲突达到了顶峰。那天，卡彭的手下假扮成警察，冲进 SMC 货车运输公司的一间车库，强迫车库里莫兰的 7 名手下面对后墙站成一排，等候搜查，但他们等到的却是两支猎枪和几十架机关枪的疯狂扫射。这起大屠杀事件是由卡彭的手下精心策划并实施的。虽然这次行动的成功大大提升了他们帮派的影响力，但也产生了一些负面的效果。这起屠杀事件极大地激起了民愤，并迫使警方加强了警力戒备，这些是芝加哥北部黑帮瓦解的导火索，同时也削弱了卡彭的势力。

看到这里，您也许会心生疑问——上面介绍的芝加哥黑帮案与 70 年以后发生的布朗餐馆屠杀事件之间有什么关联呢？谋杀案的凶手真的与黑帮无关吗？历史总是惊人的相似——这两起案件的被害人数量相同，都是 7 个；案发地点也相同，都发生在"犯罪之都"芝加哥。二者之间的区别就在于：被害人一边是恶贯满盈的黑手党成员，一边却是清白守法的美国公民。这个对比无疑是一个巨大的讽刺。

在 20 世纪 20 年代，人们认为犯罪是稀松平常之事，即使发生了谋杀这样的惨案，换来的也只不过是一声叹息。但是，情人节大屠杀事件却给人们敲响了一记警钟——这起事件预示着那个时代谋杀狂潮终结的开始。由于引起了公愤，就连所谓的"阿尔·卡彭王朝"也逃脱不了土崩瓦解的命运。随着 1932 年阿尔·卡彭锒铛入狱，芝加哥开始迎来了一个相对和平的时期。但是，这一段和平只延续到了 1993 年。

案 情 简 介

伊利诺伊州，帕拉丁市——1993 年 1 月 8 日

这是一个大雪纷飞的夜晚。刚过 9 点，布朗餐馆就准备打烊了。这个餐馆位于美国伊利诺伊州一个叫帕拉丁的安静的城市。这个只有 42 000 人的小城属于芝加哥的郊区，位于西北高速公路和史密斯街道的拐角处，离奥黑尔机场不远。理查德和林恩夫妇（额伦斐德

布朗餐馆的位置

夫妇）是这家餐馆的老板，他们去年从弗兰克·波蒂略那里买下了该餐馆的经营权。这是一家连锁餐厅，弗兰克·波蒂略是其创始人，他现在已经拥有了 115 家连锁店。为了与强大的肯德基集团相抗衡，在餐饮市场分得一杯羹，弗兰克·波蒂略在其连锁餐厅的菜单中加

入了家常风味的面条,并赢得了顾客们的青睐。在这起芝加哥郊区历史上最惨的血案中,额伦斐德夫妇都是被害人,同样惨遭杀害的还有 5 名餐馆员工。

被害人包括:

● 理查德·E. 额伦斐德,餐馆老板,50 岁,土生土长的威斯康星州哥伦布市人。他一度想成为一名循道宗*牧师,后来却成了民主党的拥护者,曾为乔治·麦戈文、休伯特·汉弗莱、罗伯特·肯尼迪和吉米·卡特等人的总统竞选团队工作。他还曾任威斯康星州的州务卿助理。

● 林恩,餐馆老板娘,理查德·E. 额伦斐德的妻子,49 岁,也是威斯康星州人。结婚后,她成了一名儿童权利的坚定拥护者,致力于为那些患有发育性残疾、衣食不保、无家可归的人提供帮助。

到被害时止,额伦斐德夫妇已经结婚 25 年,并育有 3 个女儿:珍妮弗、达娜和乔伊。1992 年,他们倾尽毕生积蓄盘下了这家餐馆,没想到不到一年就惨遭荼毒。

● 瓜达卢普·马尔多纳多,47 岁,住在帕拉丁市,餐馆的夜班厨师,每天下午 1 点到晚上 9 点工作。1981 年,他和妻子比阿特丽斯以及 13 岁的儿子胡安·巴勃罗从墨西哥移民至美国。后来他们又生了两个儿子:贾维尔和萨尔瓦多,一家五口其乐融融。瓜达卢普在好几个餐馆做厨师,辛勤工作,供养家庭。

---

* 循道宗(Methodism),又称卫斯理宗(Wesleyans),是一个 18 世纪从英国国教分离出来的基督教新教派,主要分布于英国、美国、加拿大等国。它提倡遵循各种道德规范;认为传统传教活动不足以应付现存社会问题,主张改良社会,着重在下层群众中开展传教活动;宣传内心的平安喜悦即幸福。——译者注

●托马斯·门尼斯，32岁，帕拉丁本地人，单身，有个双胞胎弟弟。他学历不高，高中就辍学了，曾在多家餐馆工作，有丰富的餐饮服务业经验。他的朋友们说他虽然有点孤僻，但性情随和，很好相处。

●马库斯·内尔森，31岁，帕拉丁本地人。他是退伍的美国海军，曾想成为布朗餐馆的老板。马库斯之前曾经在一家制造厂工作，1992年，那家工厂倒闭，他也随之失业了。离婚后，他曾在基督教青年会（YMCA）*住了18个月，后来遇到了现在的女朋友乔伊，便搬去同住。他们计划不久以后结婚。

●迈克尔·卡斯特罗，16岁，帕拉丁高中的学生。他是菲律宾移民的后代，家里有4个孩子，他是最小的。迈克尔在布朗餐馆打工，喜欢音乐、舞蹈，爱玩无线电遥控车。他有一辆白色尼桑小型货卡。

●里科·索里斯，17岁。他和卡斯特罗是非常要好的朋友，两人有时候甚至穿一样的衣服。家里有3个孩子，他是最小的。其父早年在菲律宾遇刺身亡，1992年，他随母亲移居至美国。他开一辆1984年款的红色道奇战马，现在正在存钱，想买一辆新车。[63]

根据庭审记录、部分证人证言和案发不久后拍摄的关于犯罪现场细节的录影带，我想向大家简单描述一下案发经过——就像是一部长达40分钟的电影的剧情梗概。案发时，这两名被告人刚刚高中毕业。他们最后的认罪陈述印证了这一切。

这两名年轻人，一个18岁，叫胡安·卢纳，一个20岁，叫詹姆

---

* YMCA，全称：Young Men's Christian Association（基督教青年会）。基督教青年会是全球性基督教青年社会服务团体，已具有160多年的历史，经常为男青年提供健身和临时住宿的场所。——译者注

斯·德古拉斯奇。晚上 9 点多一点，他们从侧门进入布朗餐馆。之所以选择快打烊的时候来，是因为他们认为那个时候店里客人可能会比较少。卢纳曾在这家餐馆打过工，他很清楚这里的布局，也知道这里没有安防盗报警系统。庭审记录显示，这两个年轻人想"找找刺激"，喜欢听重金属音乐，还常常"虐待和毒打动物"。检察官声称，当晚，这两个年轻人计划"干点什么大事"。据称一开始他们是准备抢劫的，但这种说法与其现场行为不符：他们的口袋中装满了子弹，并且他们锁住餐馆的后门以防有人逃脱。在遭到餐馆工作人员的反抗后，他们便开始了一场惨绝人寰的杀戮。

进入餐馆后，卢纳点了份带四块鸡肉的鸡肉饭，德古拉斯奇还因此责备了他。卢纳这样做似乎是为了能在餐馆坐久一点，以便等待其他顾客离开。他默不作声地吃了一会儿，然后起身将剩下的食物倒进垃圾桶里。随后，他走到柜台前。德古拉斯奇对他说："我们动手吧。"[64]

卢纳尾随在一名工作人员身后，朝餐馆的后部走去。这时，他听到从前柜台传来一声枪响。他转过身，看到德古拉斯奇击中了一名试图跳过柜台的餐馆工作人员。

卢纳和德古拉斯奇把店里的男工作人员都逼到一起，然后将他们赶进餐馆的冷藏室和冷冻室。卢纳命令林恩·额伦斐德打开保险柜，然后把她也赶到冷冻间。在奋力抵抗的过程中，林恩的喉咙被卢纳用猎刀划开了一个口子。而后，这两名被告人便向这些人开枪（用的是德古拉斯奇的 .38 口径的手枪），至少开了 20 枪。

凌晨 3 点 11 分，警方在西侧的冷藏室中发现了理查德和门尼斯的尸体，在东侧的冷冻室里发现了另外 5 具尸体——一具一具地摞着，堆在冷冻室的地上。警方在被害人的后脑勺上发现了弹孔，并根据痕迹判断在射击之前被害人是被迫跪在地上的，这使得专家们认为这是一起奉命执行的屠杀行动。卡斯特罗和索里斯是其中年龄最小的被害人,连他们都身中数枪——在卡斯特罗身上发现了 6 个弹孔。此外,卡斯特罗死后,其腹部还被人捅了好几刀。这说明卡斯特罗和索里斯曾努力还击。

完事后,德古拉斯奇收拾了现场,清除了餐馆中的大部分血迹。晚上 9 点 48 分(当时餐馆内的电子钟就指向 9 点 48 分),卢纳拉断了电闸。随后,两名被告人身携保险柜中的 1800 美元现金逃离了现场。

后来,现场勘查人员在餐馆的纸板盒中、肉汤罐里以及饮料机底下均发现了子弹。被害人体内取出的子弹加上犯罪现场发现的子弹共计 20 余枚。

警方至少延误了 5 个小时才发现尸体,这使得帕拉丁市警方和其他执法人员后来遭到了人们的谴责。第二天,也就是 1 月 9 日清晨,被害人的家属们到餐馆来寻找他们的亲人,但遭到了警方的阻拦。他们聚集在餐馆外的停车场,警方出动了大量的警力阻止他们进入现场。瓜达卢普的哥哥佩德罗·马尔多纳多和迈克尔的父亲伊曼纽尔·卡斯特罗声称,警方根本就没有意识到这里发生了一起枪杀案,当时甚至都懒得进入餐馆仔细搜查。后来,包括被害人家属在内的许多人都认为警方浪费了诸多宝贵的时机,如果他们的工作积极主动一些,早一点进入现场搜救,也许还有人能幸免于难。警方另一个疏忽之处在于没有及时对犯罪现场周围的区域进行仔细搜查。美国的 24 小时加油站均装有监控摄像机,如果警方能及时调取现场附近加油站在犯罪前后的监控录像,也许能在其中发现犯罪嫌疑人的身影。直到案发两周后警方才锁定现场附近加油站的监控摄像,但由于间隔时间太长,案发当晚的视频图像已经被删除了。[65]

两名犯罪嫌疑人

"九三惨案"发生当时，胡安·卢纳和詹姆斯·德古拉斯奇同为帕拉丁市威廉·弗雷姆德高中的学生。与德古拉斯奇不一样，卢纳没有任何犯罪记录，只在几年以后，也就是 1999 年，签发过一次空头支票。卢纳的父亲老胡安和母亲艾丽西亚说，惨剧一发生，马上家喻户晓，他们家也有所耳闻，但根本就没有想到这样一起惊天大案会与他们的生活扯上关系。这对夫妻说，他们不能接受帕拉丁警方将他们的儿子说成一个"没有灵魂"的人。他们觉得卢纳是一个虔诚而富有同情心的孩子，而且从小到大就没有让家里人操过心。卢纳的母亲说："卢纳经常和我们一起去教堂做礼拜，经常祈祷，祈求上帝的宽恕。这就是当警察告诉我卢纳是凶手时，我非常难过、非常震惊的原因。他是我的儿子，我了解他。"[66]

在高中，卢纳、德古拉斯奇和艾琳·巴卡拉都是"工作—学习活动小组"的成员。这个艾琳·巴卡拉在逮捕阶段和卢纳的审判阶段起了很关键的作用。

1994 年，也就是惨案发生的第二年，卢纳和一名叫做艾梅尔达的墨西哥女子结了婚，并在芝加哥西北部的郊区定居。三年以后，他们的儿子布赖恩降生。

但德古拉斯奇却是警察局的常客。本案发生的前三年，他先后被指控犯有盗窃汽车罪、入室盗窃罪、殴打罪和非法拘禁罪。本案发生后，他还先后因携带大麻、酒后驾车以及多次违反交通规则而被逮捕。德古拉斯奇身负的指控多，搬家以及换工作的次数更多——他经常在伊利诺伊州和亚利桑那州之间搬来搬去，换过许多工作，做过家庭装修工、高尔夫草坪养护工、办公室清洁工、百叶窗安装工等。

如前所述，卢纳和德古拉斯奇早期都有吸毒史，并会作出一些包括虐待小动物之类的异于常人的行为。有警察认为，在那个噩梦般的冬夜，他们就想杀个人——任何人都可以。但是大家都不明白，为什么他们能杀 7 个人？为什么在短短 44 分钟内，这两个年轻人会变身为杀人狂魔？

案发一年后，这个案子变成了一个悬案。在接下来的 9 年多时间里，警方一直在寻找能把罪犯绳之以法的线索和证据。

1993 年到 2002 年初

在对被害人尸体进行检查的同时，来自库克郡治安官办公室和北伊利诺伊犯罪实验室的调查人员也开始行动了。他们对餐馆和停车场进行了现场保护，在搜齐证据之前，连警探都不准入内。在现场的人员都要求佩戴一次性手套和足套。他们用法庭科学技术采集了指纹，测量了喷溅型血迹，采集了化验标本，对尸体进行了拍照。他们采集了大约 100 个指纹和一些头发、纤维、血迹、子弹等并上交了所有的现场数据。调查人员在餐厅东侧的门旁边发现了一个有血的拖把，认为凶手们曾用它来清除现场的血迹。餐馆冷冻室的门框上满是血迹，并在天花板上发现了弹孔。保险柜的锁上插着一把钥匙。没有发现用过的子弹壳。他们还在一名被害人的袜子里和另一名被害人的钱包中找到了钞票，并在一些盒子后面发现了第三个被害人的信用卡。餐馆的柜台上放着一个空的饮料杯。一名现场勘察人员在收银机中发现了一张收据，上面显示着案发当晚的最后一次点餐情况：一份四块鸡肉的鸡肉饭、几个小圆面包和一杯饮料。收据的上方显示着最后的点餐时间是 21 点 7 分。

```
---------------21:07---
RFCHTY/D        5.29
   INDFRY       0.00
   INDSLW       0.00
BM DRINK        0.89
*DINE IN       -0.00
TAXI            0.51
TOTAL         6.69
CASH           10.00
0001A          21:08
```

布朗餐馆屠杀案的收款机收据

　　在诸多对餐馆进行现场勘查的人中，有一个人非常引人注目——29岁的简·霍默尔，她是北伊利诺伊犯罪实验室的首席法庭科学家。她在整个调查过程中充当非常重要的角色，并在随后对胡安·卢纳的审判中作为证人出庭作证。霍默尔是一位杰出的科学家。她最初从事的是文检工作，负责对伪造文件和笔迹进行检验，后来成了伊利诺伊州海兰帕克犯罪实验室的执行理事，现任联邦调查局学院（位于弗吉尼亚州匡提科市）法庭科学训练组的负责人。

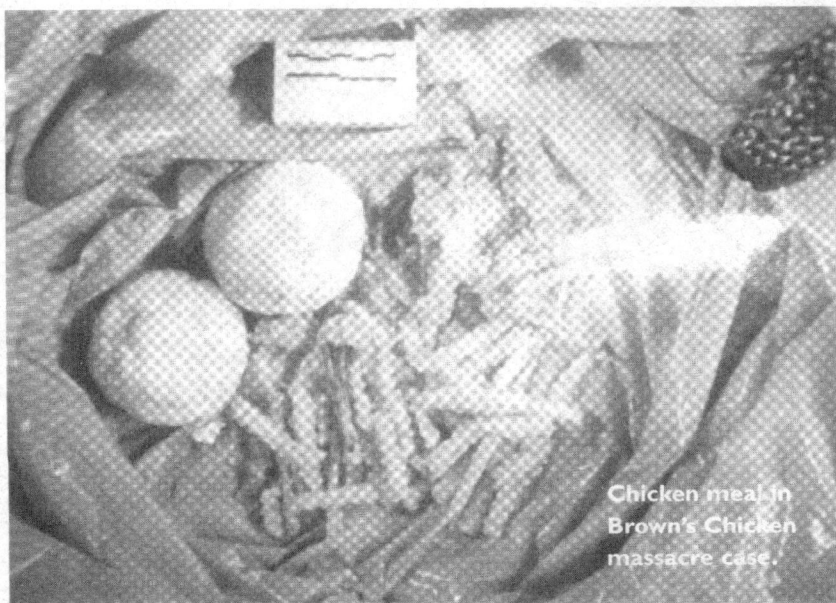

Chicken meal in Brown's Chicken massacre case.

在现场，霍默尔翻了很多个垃圾桶，除了一个垃圾桶外，其他都是空的。在那个垃圾桶的塑料垃圾袋中，她发现了鸡肉饭中的鸡骨头和鸡软骨以及一张餐巾纸。她并不能确定这些东西对于证明犯罪是否有价值，但她还是把它们收集起来，并将其冷冻，以备日后所用。使用改良后的咬痕检验技术，并对鸡骨头上干燥唾液的提取物进行DNA鉴定是她心中的首选。当时，DNA分析技术还处在一个相对初始的阶段，霍默尔也知道，DNA检验技术正快速发展，并日益成熟。

在蒂莫西·帕姆巴奇、玛丽莲·米勒和我共同编写的《李昌钰博士犯罪现场勘查手册》一书中，下述内容与本案相关：

● 在20世纪初期，犯罪调查工作的顺利进行取决于执法人员从证人或犯罪嫌疑人处获得信息的能力，或者取决于执法人员对信息情报的运用能力或对卧底行动的掌控程度。如果执法人员通过调查讯问的方式仍未能获取必需的侦查信息，或者未能找到合适、得力的线人，此类案件往往难以顺利侦破。

●如今，执法机构通过使用某些技术和程序，极大地提高了他们侦破犯罪的能力。在对这些技术和程序的运用过程中，他们认识到犯罪现场、物证、现场记录、证人等因素对于犯罪调查工作的顺利进行具有重要的作用。在今天，刑事案件的顺利侦破通常是一系列因素综合作用的结果，这些因素包括团队合作精神、高超的侦查技能以及正确进行现场勘查的能力（包括对现场所有相关物证和信息的识别、收集和保存能力）。

●但是，无数常规的大案、要案已经反映出这样一个严峻的现实：尽管执法机构已经拥有了先进的现场勘查技术和优秀的专业技术人员，但犯罪现场勘查工作的成效似乎和支撑这些运作的管理系统一样高。

●几个世纪以来，侦破案件的传统方式是调查人员通过讯问获得线索。但是，自20世纪70年代以来，许多的法院判决都对这种传统的讯问技术的运用进行了限制。随着犯罪现场勘查技术的发展，调查人员们已经意识到，犯罪现场中包含着大量的信息，这些信息往往能在犯罪嫌疑人和犯罪现场之间建立某种联系，能证明案发时犯罪嫌疑人是不是在场，或者能提供别的侦查线索。这些信息的表现形式多种多样，可以是口头形式，可以是书面陈述或文件记录的形式，也可以表现为形态证据。获得这些信息的渠道也多种多样，这些信息可能来源于犯罪现场中的人，可能来源于存在于现场或被带离现场的法庭科学证据，也可能来源于现场中存在的形态证据。这些信息的发现、分析、收集和保存工作进行得越早，成功侦破案件的概率就越高。

●许多案件的最终侦破并不是基于冗长、烦琐的科学分析，而是借助于那些在犯罪现场确定或发现并正确记录下来的、貌似无足轻重的细节信息。高质量的犯罪现场记录包括现场照片、现场录像、绘制的现场示意图以及其他形式的书面或录音、录像记录。

●犯罪现场的信息表现形式多种多样，因此，调查人员需要有针对性地采取不同的方式对其进行正确的识别、收集和保存。这些信息中，有一部分是以物证的形式表现出来的。所谓物证，就是我们通常所说的法庭科学证据，例如凶器或子弹壳。但在特定的案件中，任何一个特定的物体都有可能被证明是侦破案件所必需的关键物证。[67]

在本案中，被简·霍默尔发现并保存起来的鸡骨头在多年之后最终成为破案的关键证据，它似乎注定要帮助人们为这个漫长的故事画上一个句号，以成全一个夏洛克·福尔摩斯的神话——由于当时并没有知情的证人，所以我们并没有夸大它的作用。但数年之后，看似最不可能的事情发生了——两名线人和两名嫌疑人提供了大量的破案信息。

警方从一开始就很郁闷，他们不但不能确定凶手所使用的枪支的数量，甚至连当时是几个凶手都不知道。在案发后的三天内，帕拉丁市警局局长杰里·布拉彻做了一件正确的事——他集结了当地和州的警力，再加上联邦调查局的人员，成立了一个75人的"帕拉丁专案组"。只可惜好景不长，民众的批评越来越多，纷纷指责警方办事不力，调查工作没有进展。随着时间的推移，这种批评越来越尖酸刻薄。他们认为帕拉丁警方根本无法胜任这项工作，刑事犯罪实验室徒有虚名，并认为警方忽视了那些潜在的、有价值的建议。

数月之后，案子没有取得任何实质性的进展，变成了一个悬案。这段时间里，在政客、社区和商界的领袖、媒体以及执法机关代表之间充斥着错误的指导、虚伪的坦白和激烈的争论。同时，整个帕拉丁地区依然笼罩在对那个血腥夜晚的惨痛记忆中，这种恐惧和悲伤使得这个美国西北部的郊区发生了巨大的变化。

被害人迈克尔·卡斯特罗的一个朋友说："帕拉丁是一个安静的城市，它不会因为某件事而抓狂，但这场杀戮确实刺痛了我们的心。"

另外一个在帕拉丁市生活了很久的人说："在这起案件发生前，帕拉丁市的治安好到了夜不闭户、路不拾遗的程度，每个人都觉得很安全。"

还有人说："这是一个熟人社会，大家互相关心、互相帮助。你会帮你的邻居照顾孩子。在一个街区，每个小孩都有 10 个妈妈。"

一位经验丰富的退休人士说："案件发生后，人与人之间开始有戒心，大家都不知道身边的人是否依然值得信任。"这也许是这起大屠杀对帕拉丁市带来的最大的变化。[68]

总之，公众对这起案件既满腔怒火，又心怀恐惧。而且随着时间的推移，情势每况愈下——事实上，这起案件从发生到侦破持续了整整 9 年。一开始，"帕拉丁专案组"的人数曾一度达到 120 人，但在两年内，全职调查人员锐减到 7 名。当时，布朗餐馆集团的所有人兼首席执行官弗兰克·普罗迪洛曾要求"芝加哥犯罪调查委员会"和"完善政府联盟"对"帕拉丁专案组"的侦查工作进行调查。

1994 年 1 月 28 日，我应布拉彻和地区助理检察官帕特里克·W. 奥布赖恩之邀，帮助专案组对物证进行检查，并重建现场。

我飞抵芝加哥，多名刑警在机场迎接，并将我带到芝加哥警局总部。听完几名专案组成员对案情的详细汇报后，我接着会见了布拉彻、专案组的其他成员、地区检察署的调查人员以及联邦调查局和犯罪实验室的工作人员。接下来的时间我便都待在了布朗餐馆，对原始的犯罪现场进行重建，并试图确立事情发展的先后顺序。晚上，我对几百张照片进行了认真的研究，并仔细检查了成千上万页的报告和事实陈述。

第二天，我对每一项物证都进行了仔细检查，包括子弹、被害人的衣物、瓶子、食品罐头、纤维、血迹、毛发以及垃圾桶内的垃圾袋。这个垃圾袋引起了我额外的关注，因为它非常干净，里面只有很少量的垃圾。我们在检查收银账单的时候发现，当晚9点7分售出的那份快餐中有四块鸡肉，而证据似乎显示当时点餐的人只吃了其中的一个鸡翅（详见下述报告）。

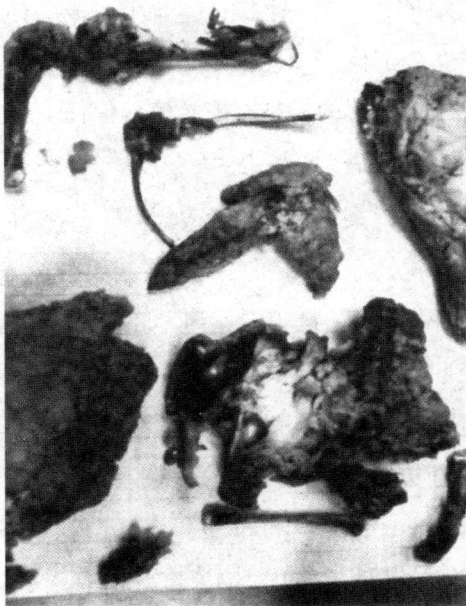

布朗餐馆屠杀案的炸鸡食物

当晚我一直都和专案组的成员们在一起工作，对每一项物证都进行了仔细检查。我们将关注的焦点集中在了那些被人吃剩的鸡肉饭上。当时这项证据已经被冷冻起来，存放在了北伊利诺伊犯罪实验室里。（该机构是当时伊利诺伊州北部唯一一所地方性的犯罪实验室。芝加哥市犯罪实验室受芝加哥市警察局管辖。后来，这两个刑事犯罪实验室合并，定址于伊利诺伊州首府春田市，被纳入州法庭科学实验室系统。）

第三天，我与布拉彻及其他调查人员见面，简要地向他们叙述了我的发现和结论。我首先对专案组的工作进行了肯定，并表示，如果运气好的话，案情可能会有一个重大的突破。我认为应该可以从那块鸡翅上提取到 DNA，而且，那块鸡翅最有可能是犯罪嫌疑人吃的。犯罪嫌疑人在咀嚼的过程中会将他的唾液分泌到鸡骨头上，唾液中带有人的口腔上皮细胞，而口腔上皮细胞中又含有细胞核 DNA。一旦我们得到唾液检材的 DNA 分析结果，就可以将其与任何嫌疑人的 DNA 分型进行比对，也可以将其与 DNA 库中的数据进行比较，可能会与某个数据相吻合——以上任何一种方式都对侦破此案大有帮助。

我于 1994 年 1 月 28 日向布拉彻和专案组成员提交了一份报告。

康涅狄格州法庭科学实验室现场重建报告

1993 年 1 月 9 日，在布朗餐馆（位于伊利诺伊州帕拉丁市西北高速公路往西 168 米处）的冷冻/冷藏间里发现了 7 具尸体。1994 年 1 月 28 日，康涅狄格州警察局法庭科学实验室的李昌钰博士应帕拉丁市警察局局长杰里·布拉彻和库克郡特别检察官帕特里克·W. 奥布赖恩之邀，对案件证据进行复核，并协助其对案件进行调查。1994 年 2 月 10 日到 1994 年 2 月 15 日，李昌钰博士会见了调查组成员，勘查了犯罪现场，对现场记录和照片进行了仔细的研究，并对多项物证进行了重检。在对现场记录和照片进行了仔细研究，并对物证进行了重新检验之后，得出了以下结论：

1. 这起凶杀案发生在位于伊利诺伊州帕拉丁市西北高速公路往西 168 米处的布朗餐馆。7 名被害人遭他人射击身亡，均死于枪弹伤。此外，有两名被害人身上还有刀伤。

2. 餐馆当天所收入的大量现金不翼而飞。犯罪现场与抢劫—杀人案的现场类型相吻合。

3. 帕拉丁警察局的警探和北伊利诺伊犯罪实验室的法庭科学家从现场收集到了大量证据，包括枪弹证据、足迹、指纹和一系列其他的物证。这些证据已移交至北伊利诺伊犯罪实验室进行分析。

4. 警方提交的证据清单显示，警方一共提交了 22 颗（块）子弹/弹片。我们对所有的子弹/弹片都进行了精细的检查。检查结果表明，在某些子弹/弹片上发现了痕迹证据。

5. 检验过程中显现了一些个人的潜在指纹和掌纹，但无法对这些指纹和掌纹的数量进行确定。所有在现场显现以及从现场物证上提取的个人痕迹均由北伊利诺伊犯罪实验室负责潜在痕迹检验的人员进行检验。

6. 检验过程中显现了一些个人足迹，但无法对这些足迹的数量进行确定。所有的足迹均由北伊利诺伊犯罪实验室的检验人员进行检验。

7. 在餐馆西侧的垃圾桶里收集到了一项物证，该物证为餐馆供应的鸡肉饭，编号为"0093-157-9，01/8/93-12/04/93"，已保存在北伊利诺伊刑事犯罪实验室的冷冻库中。

8. 李昌钰博士将该物证从北伊利诺伊犯罪实验室的冷冻库中取出，并在实验室血清处对其进行了宏观检验和微观检验。该项物证包含以下物质：

（1）37 根法式炸薯条；

（2）2 片完整的饼干；

（3）1 只完整的鸡腿；

（4）1 块完整的鸡胸；

（5）1 块鸡肉；

（6）部分鸡翅；

（7）5 根吃剩的鸡骨头；

（8）餐巾纸、餐盘、盒子、搅拌棒、杯子和一些其他物质。

9. 该份鸡肉饭被一人或多人食用，那 5 根小小的鸡骨头似乎是食用者用餐过程的残留物。

10. 犯罪现场的记录、鸡肉饭的位置和状态、最后点餐的收入以及最后售出鸡肉饭的时间均表明，在鸡肉饭上发现的物证是一条将犯罪嫌疑人和本案联系起来的重要线索。

上述结果和评论基于对犯罪现场记录的研究以及对以上物证的检验而得出。如果得到了新的检材或信息，该结果可能会被改变或修正。[69]

1996 年 4 月 17 日，"蓝勋带小组"成立。这是一个独立的组织，"对诸如 1993 年发生的布朗案之类的谋杀案的调查工作进行复查并提供建议"。该小组宣称，"能被本小组吸纳的，都是具有执法、法学教育和公共利益方面专门知识的人，包括联邦、各州和各市警局的刑侦人员、政府官员、检察官和各位学术专家，他们都是昔日的高层和权威"。[70]

如果仅从小组成员上看，这些顾问组/监察组的成立及职能似乎让人觉得有些混乱。从另一个角度来说，这样的情况也很难使他们保持一致。当有评论员对该小组某位成员的工作表示称赞时，其他成员就会放出不满之词。

"芝加哥犯罪调查委员会"和"完善政府联盟"成立于阿尔·卡彭时代，至今仍在不断发展。这两个机构的产生，既是对阿尔·卡彭个人权力膨胀的回应，也是对当时持续上升的政治腐败和政府违法行为的回应。而"帕拉丁专案组"则是在布朗餐馆谋杀案发生不久后临时成立的。最后，"芝加哥犯罪调查委员会"和"完善政府联盟"组织成立了一个独立的"蓝勋带小组"，并公开宣称他们的目的"不是破案，而是回答一些基本的问题，例如，警方在行动的过程中是否依照社会公众期待的、专业的执法标准，投入了适当的破案资源"。[71]

"蓝勋带小组"的某些论断获得了公众的广泛支持。例如，他们宣称，虽然帕拉丁警方想要破案的意愿真诚而迫切，但面对这种重大谋杀案，警局的大多数刑侦人员都显得经验不足。专案组成立后，仍旧没有将那些有着丰富破案经验的警官任命为专案组的负责人。"蓝勋带小组"还宣称，这起重大的刑事案件让那些缺乏经验的警官们手足无措——他们未能有效地保护犯罪现场，未能及时对现场周围的区域进行检查，未能协调好与调查人员，尤其是与那些有着丰富谋杀案调查经验的调查人员之间的关系，未能对警察系统（包括专案组）提供的各种资源（例如各种不同的数据库和分析工具）进行有效整合，未能在专案组中开辟一条方便上下级之间交流沟通的基本渠道。正是由于缺乏侦破大案、要案的经验，帕拉丁警方不但延误了勘查犯罪现场的时间，而且于案发后三天内在一条最终被证明错了的线索上浪费大量时间，却忽视了其他的线索，浪费了最宝贵的黄金调查期。

　　"蓝勋带小组"对州检察官办公室也颇有微词。小组专家们认为州检察官办公室背离了自己的传统职责，转而涉足案件的调查工作，并最终跻身为专案组的领导，使得检察官办公室中那些并无重大谋杀案调查经验的人有权对专案组的战略战术指手画脚。这种安排导致专案组的调查人员之间无法共享宝贵的侦查信息，从而错失了对一名最有可能犯罪的嫌疑人进行监视的机会。正是专案组内部的不和，导致了这次良机的错失，也使得专案组中那些来自不同部门的调查精英们彼此积怨颇深。多名组员对负责人持续的不信任，最终导致了专案组的解散。

　　"蓝勋带小组"声称，专案组指挥上的不当迅速引起了媒体和公众的警觉。他们认为，信息的不对称将导致很多问题，在这种情况下，为了缓解媒体和公众的紧张情绪，与其去组建一支有效的执法队伍，还不如集中力量进行正面的公关宣传。但有些公关宣传经常和专家组获得的信息相矛盾。

　　综上所述，我们毫不奇怪地发现，"蓝勋带小组"最终的、明确的建议便是："不管是在过去、现在还是将来，帕拉丁市的市长和市议会应当对警察部门的行为以及工作情况负责，以确保他们在面对一桩重大凶杀案时能采取足够的、必要的手段进行调查。"[72]

　　面对当时的情势，《警察局长》杂志的评论无疑是火上浇油。《警察局长》是一本面向全美国发行的杂志，它认为："诚然，在很多地方，如何为自己的辖区提供一种长期的保护是一个棘手的问题。有人认为，如果没有外界专家的帮助，有的警察局长是无法顺利破获凶杀案的。这样的言论使一些警察局长备受威胁。因此，当凶手还在逍遥法外的时候，有的局长便以牺牲被害人的利益为代价，来维护自己的尊严——他们宁可放弃迅速将凶手缉拿归案的机会，也不求助于外界的其他专家。"[73]

然而，因为此事而受到负面影响的不仅仅只有专案组，还包括布朗连锁店的大东家弗兰克·普罗迪洛。这桩谋杀案几乎在一夜之间就成了电视和纸面媒体的头条新闻，瞬间弄得满城风雨，人尽皆知。由于凶手（们）至今仍然逍遥法外，使得那些胆小的食客对弗兰克·普罗迪洛名下的布朗连锁餐厅避之不及，生怕自己会成为下一个受害人。

普罗迪洛后来说："在最开始的几个星期里，不，实际上是在案发第一年的大部分时间里，我似乎觉得我们一天到晚都在上电视新闻。"[74]

其他连锁店的职员由于害怕凶手连环作案，竟然集体辞职。到1993年底，餐馆的营业额就下降了20%。第二年，被害人迈克尔·卡斯特罗的父亲对布朗连锁餐厅提起了诉讼。不久以后，被害人里科·索里斯的家人也对他们提起了诉讼。

普罗迪洛说："我深受其害。我曾经去找布拉彻，希望他能提供足够的信息来帮我逃过诉讼之灾。但是他拒绝了，理由是警方的调查还在进行之中。我很不高兴。到那个时候，我与警方之间的关系已经很僵了——我变成了一个最直言不讳地批评警方的人……但他们没有意识到，我对警方的这种批评不如对这个破案系统的批评激烈。这个系统有问题，让一个没有什么经验的小城市的警察局来统率那些有着丰富实战经验的谋杀案警探，在这一点上，警察系统的做法是有失偏颇的。我认为他们的工作已经非常努力了。他们有破案的意愿，但是还不具备相应的能力和水平。举个例子来说吧。我是58家餐饮连锁店的老板，而麦当劳则是一家拥有270亿资产的庞大企业。他们会来找我，并对我说：'先生，你想成为我们公司的董事长吗？'就算一周工作七天，日夜不休，我也胜任不了这个职位。我想这和帕拉丁警局的情况是一样的。"[75]

就布拉彻而言，尽管他试图对所有的争论保持超然，试图用一种专业的态度来面对这一切，但各类负面评论和报道早已让他十分恼火，这一状况似乎也已人尽皆知。他固执地认为警方和专案组无法通力合作，尤其在内部报告的交接以及允许专案组成员接受采访这两方面最为严重。"我们是一个整体，所以我将不会对他们（专案组）提出批评。我对于他们所分派的任务并不了解，但让我迷惑不解的一点是，各位评论家在知道了整个事情的始末之后，为什么还能够接受？"[76]

由于案件连续 4 年都没有任何进展，"完善政府联盟"于 1997 年发表了一份措辞更为激烈的报告，对案件的处理方式进行了批评。报告指出，犯罪现场被"和谐"掉了；警方的犯罪实验室遭遇了一场彻底的失败；布拉彻是一个自私自利的人。（我和这位警察局长有着多年的交情，在布朗餐馆谋杀案发生之前我们就认识。我可以证实布拉彻不但是一位优秀的警察局长，也是一个好人。但这桩悬案却让他名誉扫地。）

这一切并未就此结束。"完善政府联盟"的报告发表 3 年以后，也就是案发 7 年以后，另外一份报告再一次吸引了人们的眼球。该报告针对的是"完善政府联盟"的报告，文章标题简单明了——"没有任何价值"。"伊利诺伊州犯罪委员会"成立了一个专家小组，对"完善政府联盟"的报告进行了剖析，并得出以下结论："帕拉丁警察局、布朗餐馆谋杀案专案组及其成员的工作做得很到位，他们追踪了所有可能有用的线索，调查工作也进行得非常彻底。总而言之，'完善政府联盟'得出的结论与事实不符。"[77]

该专家小组的组长是一名律师，他公开宣称："有人指责这次调查活动完成得一塌糊涂，这种言论是没有任何依据的。我们对这些批评言论进行了剖析，发现'完善政府联盟'的报告中有 95% 的内容完全没有事实依据。我们认为，帕拉丁警察局和其他执法部门的工作非常到位，他们相处得也很融洽。调查工作及其后续工作都完成得非常出色，我们对此很满意。唯一遗憾的是，这个案子没有破。"[78]

"伊利诺伊州犯罪委员会"的报告对"完善政府联盟"的大部分论断都提出了疑义。例如，该报告指出，"完善政府联盟"的报告中对犯罪现场的描述是不准确的。该报告表明，当时餐馆现场并不是混乱不堪。整个现场，只有法医官办公室的工作人员、主调查人员和现场技术人员才被允许进入，并且所有进入现场的人员都被要求穿上防护服，并戴上手套和鞋套。该报告还说，工作人员对所有的被害人都采集了指纹，并对犯罪现场进行了彻底的搜查，刑事犯罪实验室的工作人员非常专业并出色地完成了他们的工作。该报告还指出，在调查工作进行的第一年年末，专案组就曾召集多名调查人员进行"悬案回顾"。这些调查人员包括柯克·梅勒克尔，他是一位已经退休的、有着丰富破案经验的洛杉矶谋杀案警探；"以及李昌钰博士——这位康涅狄格州首席法庭科学家在许多高曝光率的案件调查过程中屡立奇功。在这个案件上，他们的意见与专案组对该案的意见是一致的"[79]。梅勒克尔认为："警方的调查工作做得既全面又彻底——他们调查了犯罪嫌疑人、执行了调查任务、保存了证据，并使用了'所有'能够使用的工具。"[80]

这种情绪激动的状态一直持续了9年。这9年里，在警方、其他执法机构、各路政客、布朗餐饮连锁店老板、商业机构、社会公众和一些被害者的家庭成员之间充斥着来自外部的批评指责和来自内部的明争暗斗。在这一切尘埃落定之前，各路英雄机关算尽——不但发布了关于专家组的报告，还为发布某报告而成立了专家组；不但发布了关于其他报告的报告，还因为别的专家组而专门成立了专家组。

这时，凶手依然逍遥法外。

重 大 突 破

2002 年 3 月 25 日，一次电话交谈揭露了关于这个案件的一些不为人知的秘密，这些秘密的浮现极大地改变了该案的局面。安娜·洛基特在她 26 岁那年，与高中时的一个不太亲密的朋友取得了联系。虽然她的这位朋友不愿意透露姓名，但她对本案非常关键。当时，洛基特和她的男朋友一起住在查尔斯顿的一套公寓里。查尔斯顿地处芝加哥的西南面，是一座距芝加哥 200 英里的小城。洛基特那时正在一边修心理学课程，一边从事一份与发育性残疾患者相关的工作。

按照这位"朋友"后来的说法，洛基特曾打电话给她，问她愿不愿意帮忙给警方写一份匿名信。在她的再三要求下，洛基特才很不情愿地说这封信与一个案件相关，而且这封信不会从查尔斯顿寄出。但这位"朋友"说除非洛基特告诉她更多的细节，否则她不会帮这个忙。最后，洛基特终于告诉她，自己曾经为了躲避詹姆斯·德古拉斯奇和胡安·卢纳而藏了起来。这位朋友记得德古拉斯奇和卢纳都是高中时某一学习小组的成员，并且经常在某比萨店闲逛。她还回忆起洛基特曾和德古拉斯奇谈过两年恋爱，他们还经常一起吸毒。那时，德古拉斯奇不仅对洛基特的身体施以暴力，还在情感上虐待她，甚至蛮横地要求她断绝与其他所有朋友的联系。相比之下，这位朋友对卢纳的记忆却非常模糊，但她仍然记得卢纳和德古拉斯奇是朋友。

当这位朋友问到躲避德古拉斯奇和卢纳的原因时，洛基特才开始敞开心扉。这位朋友很快就弄明白了洛基特没有主动向警方提供线索，而是选择了一种多年独自承受秘密折磨的方式来面对这一切的原因。洛基特逐步向她的这位朋友描述了她困惑不安的情绪和那颗惊慌失措的心。

洛基特说，1993年1月9日晚，也就是谋杀案发生的第二天，德古拉斯奇给她打电话，要她看一下电视。当时洛基特生病住进了森林医院，情绪非常低落。虽然她只有17岁，但有传闻说她曾5次自杀未遂。

德古拉斯奇在电话里说："看新闻了吗？我干大事了。"[81]洛基特打开电视，新闻报道有7个人在布朗餐馆惨遭杀害，但警方没有找到任何关于凶手（们）的线索。没过多久，她、德古拉斯奇和卢纳在德古拉斯奇的卧室碰头，这两名年轻人向她描述了谋杀那7个人的经过。他们聊了很久，在整个过程中，卢纳很兴奋，将作案经过描述得栩栩如生；而德古拉斯奇则显得更加克制，几乎是有条不紊，这让洛基特觉得他才是整个事件的策划者。

洛基特将她所知道的一切告诉了她的朋友，后来又上报给了警察局。下面就按照洛基特的描述对案发经过作一个简单的回顾。

一开始，卢纳说他想杀人，德古拉斯奇马上回应说帮忙一起干。他们之所以选择了布朗餐馆作为"战场"，是因为卢纳曾在那里打过工，熟悉餐馆的布局，也知道那里没有安装电子警报系统。他们换上旧衣服，随身带了很多子弹，用的是德古拉斯奇的那支.38口径的狮鼻手枪。他们驾驶着卢纳的福特天霸，停在了餐馆附近的一个停车场。下车后，他们故意不按正常的步伐行走，以掩饰他们的步态和雪地里的足迹。（事实上，行凶结束后，他们又踏着来时的足迹返回车里。）他们将餐馆的后门锁住，防止中途有人逃跑。一切准备妥当之后，卢纳和德古拉斯奇选择在准备打烊的时候进入餐馆，卢纳点了一份鸡肉饭。这让德古拉斯奇很生气，因为鸡肉很油腻，这可能会让卢纳的指纹变得更明显。卢纳吃了一些鸡肉饭后，两人戴上手套，开始行动。他们首先击中了一个餐馆的雇员。另一个雇员跑到后门，想从后门逃命，但由于他们事先将后门锁了，所以那个雇员没能逃出去。那个雇员又跑到前门，越过柜台，却被德古拉斯奇击毙。随后，卢纳和德古拉斯奇将所有的被害人都赶进餐馆的冷藏室和冷冻室。在这个过程中，林恩·额伦斐德激怒了卢纳，卢纳骂她是"泼妇"，然后用刀子划破了她的喉咙。接着，卢纳和德古拉斯奇对这些人进行了疯狂的扫射，在这个过程中，一名被害人呕了一些炸薯条出来。在确定这 7 个人均已毙命后（其中一个凶手曾用拖把捅了捅一名被害人的身体，以确定他确已死亡），他们拿了保险柜里的钱，然后匆忙离开。随后，他们将枪扔在了福克斯河中。

几天以后，卢纳打电话到德古拉斯奇的住处，当时洛基特也在。卢纳说，因为他曾经在布朗餐馆打过工，专案组想向他了解一些情况。随后，洛基特和卢纳一起到了警察局，警方只和卢纳交谈了不到 30 分钟。卢纳对洛基特说警方的这次问话似乎只是例行公事，但给他拍了照。

洛基特回忆说，卢纳和德古拉斯奇都没有再向她说起过关于谋杀案的情况——德古拉斯奇曾向她发出过严厉的警告："如果你敢向任何人透露这件事，我就杀了你。"[82]这是德古拉斯奇最后一次向她提起这件事。

逮　　捕

在和洛基特挂了电话之后不久，这位惊魂未定的"朋友"便给她一位做警察的朋友打电话——洛基特也允许她这样做。她的这位警察朋友当时并没有在值班，经过了漫长的焦急等待之后，他们终于联系上了。这位警察对这件事非常感兴趣，但他还是很谨慎地告诉她，帕拉丁市的调查警司比尔·金将会给她打电话。帕拉丁警方已经被各种错误的线索和伪造的嫌疑犯折腾得够呛了，他们对此已经变得非常谨慎。她的警察朋友给她打电话说："帕拉丁警方已经得到了大约 15 000 条相关的线索，但没有一条是有用的。"提到金警司，这位"朋友"补充道："他已经接到了成百上千个关于这个案件的电话，我敢肯定这一次，他一开始也认为这只是一条没有任何实质意义的小道消息而已。"[83]

但是，这位"朋友"觉得，金警司得到这个消息后备受鼓舞。作为当时唯一一位一直跟进这个案子的警察，金警司似乎决定按照洛基特提供给这位"朋友"的线索，一查到底。他如饥似渴地抓住这些线索，一遍又一遍地核实，一遍又一遍地追问。其实，这次的情况和以前相比是完全不一样的。洛基特揭露了一条以前从来没有被媒体报道过的信息：在被射杀的过程中，有一名被害人有呕吐现象，呕吐物为炸薯条。只有真正的凶手才可能知道这样的信息。

接下来的多日里，警察局那边并无音讯。期间，有两件事让这位"朋友"焦虑不已：第一，如果卢纳和德古拉斯奇被起诉，她将被传唤出庭作证；第二，她怕遭人暗算，她和她的室友每天都要再三确认家里的门窗是否已经锁好。

在与金警司取得联系两周后，帕拉丁市警察局的新局长约翰·科齐奥尔来到了这位"朋友"的公寓，一同前来的还有库克郡治安官办公室的警察指挥员约翰·罗伯逊和库克郡助理州检察官斯科特·卡西迪。他们对她进行了数个小时的询问。她回忆道："卢纳和德古拉斯奇非常小心谨慎，对每一个细节都进行了反复的琢磨。作完案后，他们回到车里，想开车去找安娜（洛基特）。"[84]她给洛基特打了电话，但没人接。

随后，警方重新检查了记录 1993 年专案组与卢纳会谈内容的调查报告。报告记载，卢纳说案发当晚他和一名叫艾琳·巴卡拉的高中同学在一起。警方当即找艾琳谈过话，她说她当时确实和卢纳在一起。

警方再次找到艾琳，并对她进行了审问。她说，1993 年 1 月 8 日晚，也就是案发当晚，她在杰克比萨店工作。德古拉斯奇给她打电话，约她在附近一家商店的停车场见面，并说："我们干了一件大事。"当她到达停车场的时候，德古拉斯奇和卢纳已经在卢纳的车上等她了。艾琳回忆说，当时，在卢纳的车的控制台上搭着一副乳胶手套，而且她还看见卢纳拿着一个帆布袋。随后，他们决定开车去艾琳室友在埃尔金的住宅。埃尔金位于帕拉丁的西南面，距离帕拉丁大约 20 分钟车程。在路上，德古拉斯奇和卢纳告诉艾琳，他们抢劫了布朗餐馆。（她当时对相关的新闻报道似乎没有什么反应。）到了艾琳室友的住宅后，德古拉斯奇和卢纳把帆布袋里的钱都掏了出来，分给艾琳 50 美金后，把剩下的钱平分了。然后两人在一起吸毒，一直吸到天明。

在掌握了由洛基特和巴卡拉提供的两条相互印证的信息后，警方认为他们已经有把握展开下一次行动了。他们在芝加哥西北部卡朋特维尔的一个加油站找到了卢纳，在印第安纳波利斯找到了德古拉斯奇，并从两人的口腔中采集了化验标本——所谓的口腔黏膜涂片，以获取 DNA。两个人都非常配合警方的工作：在卢纳的家中取得了卢纳的样本，在帕拉丁刑事犯罪实验室取得了德古拉斯奇的样本。警方没想到他们俩会如此合作。

一名调查人员认为："要取得卢纳的 DNA 是很容易的，因为他曾是布朗餐馆的工作人员，我们这样做似乎很符合逻辑。但为什么德古拉斯奇也如此配合，我就不得而知了。可能他认为，不配合是一种心虚的表现，警方可能会因此而怀疑他吧。但一旦我们获取了他的 DNA，就能拿到法院的逮捕令状了。"[85]

5 月 8 日，DNA 分析结果表明，卢纳的 DNA 分型和多年前案发时没吃完、倒到垃圾桶里的鸡肉饭上提取到的 DNA 分型相一致。技术人员认为这个结果只有亿万分之一的错误率。警方开始对这两名嫌疑人实施 24 小时不间断监视。

调查人员开始策划下一阶段的行动。三天以后，他们再一次找到了安娜·洛基特，寻求她的帮助。他们让洛基特给德古拉斯奇打电话，就说警方对德古拉斯奇起了疑心，开始向洛基特询问一些与谋杀案相关的事情，要德古拉斯奇告诉她该怎么应付。洛基特就她所知道的关于谋杀案的情况在库克郡的大陪审团面前宣誓并作证后，法院发布了一条令状，允许在洛基特给德古拉斯奇打电话时对电话内容进行监听。结果德古拉斯奇既没有承认，也没有否认他参与了犯罪，但他的这种态度并不能让警方相信他是无辜的。

2002 年 5 月 16 日，星期四，警方逮捕了胡安·卢纳和詹姆斯·德古拉斯奇，并以 7 项一级谋杀罪和抢劫罪对其进行起诉。在经过数小时的讯问后，卢纳同意配合助理州检察官达伦·奥布赖恩和调查人员布赖恩·凯拉基的工作，向其提供了一份录像陈述。录像带中的卢纳用单调而低沉的语气向警方描述了在 1993 年那个让人不堪回首的夜晚所发生的一切。

卢纳用一种柔和的声音说："我认为当时的情形非常简单。"他的工作只是确保没有人逃出餐馆，而德古拉斯奇才是真正的"罪魁祸首"。

"一切是如此疯狂……我想我当时可能也疯了。"卢纳说，把所有的被害人赶到餐馆的冷冻室后，德古拉斯奇就要朝里面开枪。"其实，我并不想向任何人开枪，我只是想吓唬吓唬他们，因为我并不想伤害任何人。""他们挥舞着双臂，大声哀求：'别杀我，求求你们别杀我。'"录像接近尾声的时候，卢纳再一次降低声调说："我觉得很难过，非常抱歉……如果一切能重来的话，我绝对不会再做这样的事情。"[86]

被问及对卢纳的录像陈述作何评论时，旧金山大学法学教授理查德·利昂说，辩护律师将很难让陪审团相信，一个人会自己冤枉自己，没有人会随随便便承认自己是一桩多重谋杀案的凶手。作为警察部门审问和供述方面的专家，利昂称："录像陈述和 DNA 是给嫌疑人定罪的最有力的武器。"但是，他补充道，在嫌疑人作出有罪供述后，辩护律师常常会以"其委托人被迫作出该有罪供述"为由进行辩护。[87]

检察官声称，没有任何证据证明卢纳曾受过虐待或被误导。但是卢纳反驳说，他被警察扇过耳光，警察也曾为了让他说出实情而殴打过他，并承诺说："只要你承认参与了当年的谋杀案，就马上放你走。"他还指控说，他在录像带里说的一些与案件相关的细节，是调查人员事先给他灌输的。此外，警方还威胁说要将他的家人遣送回墨西哥。

此外，检察官还将在法庭上证明，除卢纳之外的其他人与鸡肉饭上提取的 DNA 分型相匹配的概率只有 2.8 万亿分之一。因此，加州大学欧文分校犯罪学、法学和社会协会主席威廉·汤普森说，辩护律师必须在法庭上竭尽全力让陪审团相信，DNA 证据和其他证据具有同等的证明力，应当将它们平等对待。

汤普森认为："DNA 证据常常被视为'证据之王'，并被人们赋予无上的可靠性。但如果辩护律师能从非常特殊的角度对其可靠性进行抨击，往往会起到让人意想不到的效果——这招对陪审员非常管用。"[88]

辩护律师将会从以下方面来削弱 DNA 证据的证明力：他们将证

明调查人员当时保存鸡肉饭样本的方式是不适当的，调查人员销毁了最初用来装鸡肉饭的袋子，保存鸡肉饭上的 DNA 数据的电脑被警方给弄丢了。克拉伦斯·伯奇（卢纳的辩护律师之一）说："这个证据和其他证据混合在一起了，所以我们并不能非常确定地将这个 DNA 分型与胡安·卢纳的 DNA 分型联系在一起。"[89]

在第二天（星期五）举行的记者招待会上，帕拉丁新任警察局长科齐奥尔发表了讲话。他说：

> "这两名冷面杀手的罪行铁证如山。这些证据包括宣誓证言、依法院指令获得的监听证据、被告人的有罪供述和 DNA 证据——这个证据是最重要的。我想对这么多年来一直为本案尽心尽力的所有杰出的调查人员和有关部门表示衷心的感谢。我粗略地统计了一下，为本案付出过辛勤劳动的人员总数超过了150 名。至于那两个'想干点大事'的被告人，我希望你们被囚笼所困——一个你们通过对无辜者进行惨无人道的屠杀而铸造的囚笼。我肯定你们会获死刑——你们罪有应得。这两个毫无人性的刽子手夺取了 7 位体面、合法的美国公民的性命。这 7 位受害者将长存我们心中。愿他们安息！"[90]

在那次记者招待会上，库克郡治安官迈克尔·希恩还补充道：

> "这桩疑难案件困扰了我们太长时间。从案发那天起，我们执法部门的每一个人都寝食难安，这个社区和整个库克郡的人民都惊恐万分。警方从来都没有放弃过调查，从来没有将那些被害人遗忘——这才是问题的关键所在。在今天这个振奋人心的日子里，让我们向这些为了本案日夜奋战、数年如一日（历时九年多）的各位警官、检察官、治安官和其他各位政府官员致敬。"

他稍微停顿了一回，随后用一种含蓄而又冷漠的方式对"完善政府联盟"进行了抨击。他说："我知道，这么多年来，只要你们想到这桩案件，就会联想到那些对约翰·科齐奥尔局长和其他领导的不公正的批评。这是一桩非常棘手的案件——所有的被害人都死了，也没有任何目击证人。这桩异常棘手的案件才是产生那些不公正批评的真正原因。"[91]

接下来，库克郡州检察官迪克·迪瓦恩也发表了讲话。他说："当我们停下来，回想起多年前由于一些鲁莽的、不可原谅的行为而引发的关系到无数家庭、每一个邻居以及我们社区的那场深重的灾难时，不禁会从心底生出对被害者家属深深的同情……我们将这些被害人铭记在心，我们时时刻刻挂念着他们的家人。我在这里向你们承诺，这个案子我们一定会一查到底，并让其最终彰显正义。"[92]

在这期间，有一名记者问及卢纳和德古拉斯奇在逮捕后以及讯问期间的表现，科齐奥尔回应说："他们表现得非常冷漠，是典型的反社会分子。我无法理解他们的杀人动机，在他们的言谈中也看不出丝毫悔悟的迹象。在这个问题上，我们仍然无法给被害人家属一个满意的交代，因为他们从来就没有告诉过我们他们为什么要杀这么多人，他们只是想干点什么大事……他们是两个没有灵魂的人。"[93]

卢纳的辩护律师之一伯奇随即向库克郡法官雷蒙德·迈尔斯申请了言论禁止令，请法院禁止律师和参与案件调查的警察对该案进行公开评论。他表示，自从他的委托人被逮捕，各位政府官员所发表的评论都对其委托人不利。在这种情况下，将很难为他的委托人找到一个公正的陪审团。伯奇说："我的委托人有权获得一场公正的审判，而陪审团成员将从这个社区中产生。我们只请求您能让这场评论风暴缓和一些，能给我的委托人一次接受公平审判的机会。"伯奇对多处言论提出了异议，其中就包括帕拉丁警察局局长约翰·科齐奥尔在新闻发布会上作出的诸如"他们是没有灵魂的人"以及"我肯定他们会获死刑——他们罪有应得"之类的评论。

这位辩护律师还说:"我的委托人有灵魂,他是一个人。最后应该由陪审团来判定是不是应该对我的委托人处以死刑。"[94](包括我们两位评论员在内的许多评论员都认为,伯奇最后这句话似乎在暗示他的委托人有罪——陪审团还没对本案作出任何裁决,他所关心的却已经是其委托人会不会判死刑了。)

被害人额伦斐德夫妇的女儿乔伊·索娇迪在接受记者采访时,强忍着眼泪和悲伤。她说:"他们(凶手)根本就不知道他们把谁从我和我的姐妹们身边夺走了。他们真可悲——在他们的生活中,居然将夺人性命当成娱乐和消遣!如果我的父母还在,也会为他们感到悲哀的。"[95]

被害人马库斯·内尔森的未婚妻乔伊·麦克莱恩说:"仅仅是为了寻求刺激,他们竟然以7条人命为代价!这个代价未免也太大了。那一刻,当他们(被害人)意识到这一切即将发生的时候,心中该是多么的恐惧,多么的害怕啊!"[96]

16岁的被害人迈克尔·卡斯特罗的父亲伊曼纽尔·卡斯特罗丝毫不掩饰心中的悲愤。他说:"如果让我选择上天堂还是下地狱,我会毫不犹豫地选择下地狱,因为只有这样,我才能在胡安·卢纳和詹姆斯·德古拉斯奇身边,让他们永受折磨。"卡斯特罗认为只有判这两名凶手死刑才能大快人心。他说:"他们杀死了我的儿子,这是他们应得的下场。我愿意送他们下地狱——如果他们坐电椅的话,我来为他们插上电源,启动开关;如果他们被执行注射死刑的话,我来为他们进行注射;如果他们被执行枪决的话,我来为他们扣动扳机。"[97]

被害人托马斯·门尼斯的弟媳戴安娜·门尼斯说,她的家人非常渴望得到进一步更明确的信息。"得知警方逮捕了两名嫌疑犯之后，一方面，我们非常高兴；另一方面，我们又有点担心。因为现在警方还只是逮捕了他们，并没有正式把他们关进监狱，他们还有继续逍遥法外的可能。"她很谨慎地说："所以，现在我们全家都在等待检方对他们提出正式的指控。"[98]

大部分的被害人家属都不能理解，惨案发生后，洛基特和巴卡拉为何还能如此平静、正常地生活。迈克尔·卡斯特罗的姐姐玛丽·简·克劳说："她们只是不想多管闲事而已。"[99]

戴安娜·门尼斯在接受记者采访时提出了一个不同的观点。她认为，直到1998年，科学技术才能从人的唾液中提取DNA分型并对其进行分析检验。如果洛基特在1998年之前就主动向警方提供线索的话，结果可能和现在完全不一样。"上帝这么安排是有他的理由的。如果洛基特一开始就站出来说出这一切的话，警方可能会认为她是在胡言乱语。这在当时将会遭到很多人的谴责。"[100]

就连布朗餐馆帕拉丁市店的前任老板、曾多次言辞激烈力挺"完善政府联盟"的弗兰克·普罗迪洛都公开向警方道歉："我知道布拉彻局长和所有人一样，都想尽早破案，早日将凶手绳之以法。我曾批评过他们，对此我表示深深的歉意。如果可以的话，我将一切不好的言论收回。卢纳和德古拉斯奇实在是太残忍了。对于洛基特和巴卡拉怎么能任由这两名恶徒逍遥法外，甚至还能和他们在一起生活，我无法理解。"[101]

最终，迈尔斯法官驳回了伯奇申请言论禁止令的动议。他说："之所以不能批准该动议，是因为其过于宽泛，而且太模糊。一旦批准，势必对许多合法言论的表达造成不利影响。"[102]

那些知情不报的人也遭到了公众的谴责。芝加哥市长理查德·M.戴利说："那些知情不报的人简直是太不像话了。我希望州检察官对此展开大陪审团调查。"他强调，那些据说知道凶手是谁的人有责任站出来为警方提供协助。"请你们想一想那些痛失亲人的家庭的不幸遭遇……如果有人知道线索却还保持沉默，实在令我们蒙羞。"他还建议库克郡州检察官办公室可以对那些知情不报的人提起控诉。[103]

约翰·科齐奥尔局长曾一针见血地称卢纳和德古拉斯奇为"典型的反社会分子"。许多精神病学家将那些因心理障碍而产生攻击或伤害他人行为的反社会者（sociopaths）与精神变态者（psychopaths）视为同一类人。肖恩·麦克蒂尔在其著作《恶意》（*Malicious Intent*）中发表了他的真知灼见，他说：

● "在你对犯罪分子的想法有一个清晰的了解之前，需要对刑事司法官员和心理学家的用词进行一番研究，明白其确切的含义。不幸的是，刑事司法官员和心理学家们的话语常常被媒体误用，这将使人们对犯罪分子的心理形成一种错误的认知。"

不可能只用单一的方式来对犯罪分子——尤其是暴力犯罪分子——进行描述，也不会有某一种精神病学上的称谓完全符合他们的行为。心理学上将患有精神疾病的暴力犯罪分子分成两类：精神病患者（psychotic）和精神变态者（psychopath），但人们长期以来都将这两个词互换着使用，这是一种错误的用法。人们还常常用"疯狂的"（crazy）或"精神错乱的"（insane）这两个词来形容他们。

精神病患者（psychotic）描述的是具有法律意义上精神错乱情况的一类人，这就是在暴力犯罪分子中，真正的精神病患者只占少数的原因。精神病患者的生活缺少现实感，他们常常会出现幻听或者幻视的现象。在希区柯克导演的《惊魂记》

（*Psycho*）中，主角有一个现实生活中的原型，叫埃德·盖恩，他就是一个典型的精神病患者。还有一些大屠杀案的凶手也是精神病患者。对于这些发狂的人来说，他们的疯狂才是让他们杀人的原因。

精神变态者（psychopaths），常常也被称为反社会者（sociopaths），他们和精神病患者有很大的区别。精神变态者也是患有精神疾病的人，但他们很清醒，所以不是"具有法律意义上精神错乱情况"的那一类人。精神变态者能分清对与错，也知道他们的犯罪行为是不对的，但他们却有意识地选择了这样一条犯罪的道路——这显然不是一个疯子的行为。此外，精神变态者没有良知，不会因为自己造成的伤害而感到愧疚。对于他们来说，他们的犯罪行为很多时候只是一种消遣。他们让这个社会惊恐不安，却没有任何负罪感和内疚感。[104]

第二天上午（星期六），两名被告人被带到库克郡刑事法庭，进行担保听证。法官玛丽·玛格丽特·布罗斯纳安裁定，不能对这两名被告人进行保释。下面的内容摘自庭审资料的文字版。助理州检察官利纳斯·克勒谢斯进行了陈述。（"证人 A"指的是安娜·洛基特，"证人 B"指的是艾琳·巴卡拉。为了不破坏陈述的完整性，有些前面已经提到过的细节没有被删除。）

法官大人，首先，我们必须指出，这是一起可能判处死刑的案件。两名被告人在持枪抢劫的过程中杀害了 7 个人。

作案时间：1993 年 1 月 8 日，晚上 9 点多一点。

地点：位于伊利诺伊州帕拉丁市西北高速公路往西 168 米处的布朗餐馆。

被害人名单：迈克尔·卡斯特罗，16 岁；瓜达卢普·马尔多纳多，47 岁；马库斯·内尔森，31 岁；里科·索里斯，17 岁；林恩·额伦斐德，49 岁；理查德·额伦斐德，50 岁；托马斯·门尼斯，32 岁。

被告人：詹姆斯·德古拉斯奇，1972 年 8 月 20 日出生，现年 29 岁，作案时 20 岁。

被告人：胡安·卢纳，1974 年 2 月 16 日出生，现年 28 岁，作案时 18 岁。

下面是谋杀案的细节：

1993 年 1 月 9 日凌晨 3 点 11 分，帕拉丁警察局接到报案，报案人说布朗餐馆的一名员工昨晚上夜班，到现在还没有回家。警察罗恩·康利随即前往位于西北高速公路往西 168 米处的餐馆，寻找这个人的下落。1993 年 1 月 8 日，布朗餐馆大约在晚上 9 点就开始打烊了。康利进入餐馆进行搜寻，在餐馆的冷冻间发现了 7 具尸体，其中 5 具尸体在东侧的冷冻间，2 具尸体在西侧的冷藏间。

冷冻间里的 5 具尸体分别为林恩·额伦斐德、迈克尔·卡斯特罗、里科·索里斯、瓜达卢普·马尔多纳多和马库斯·内尔森；冷藏间里的 2 具尸体分别为理查德·额伦斐德和托马斯·门尼斯。制冰机上放着收银机的现金抽屉，里面已经空空如也。随后，他发现收银收据上的日期为 1993 年 1 月 8 日，收据上的总数应该和现金抽屉里的现金总数相吻合，这表明餐馆当晚共丢失现金 1800~1900 美元。

证人 A，26 岁，是一位大学生，半工半读。1992~1994 年，她和德古拉斯奇在交往。从和德古拉斯奇交往开始，她便切断

了和以前朋友圈的联系——因为德古拉斯奇是一个控制欲很强
的人，他想要她这样做。此外，德古拉斯奇还在身体上和感情
上对她进行双重虐待。在他们交往的那段时间里，她经常住在
德古拉斯奇家里。当时家里还住着德古拉斯奇的母亲、哥哥凯
文和妹妹梅甘。证人A还回忆说，卢纳和德古拉斯奇常常在车
库虐待小动物。

　　证人A将证明德古拉斯奇住在一间小卧室的地下室里，那
里藏有好几把刀，还有一把点.38口径的左轮手枪。德古拉斯
奇曾告诉过她那把枪是.38口径的。她见过那把枪三次。有一
次，德古拉斯奇当着她的面打开了那把枪，她看见里面能装6
发子弹。当时，那把枪是放在床边的箱子上的。除非得到了他
的允许，否则没人能随意进入德古拉斯奇的卧室。证人A记得
其中有一把刀是猎刀，棕色的手柄，刀刃很长；还有一把是弹
簧小折刀。

　　1993年1月的一天，她接到了德古拉斯奇打来的电话，说
他干了件大事，并让她看当天晚上的新闻。当天晚上的头条就
是布朗餐馆谋杀案。证人A打电话给她母亲，让她母亲剪下报
纸杂志上关于谋杀案的报道，然后搜集起来带给她。

　　之后不久，证人A去了德古拉斯奇家，并在他的卧室里见
到了卢纳。她对整个见面交谈的过程记得非常清楚，也说了很
久。见面之后，德古拉斯奇问她想不想知道在布朗餐馆发生的
事，她说想。德古拉斯奇说他已经告诉了他的一个女性朋友，
证人B，因为他们想让她做不在场证人。接着，德古拉斯奇和
卢纳分别向证人A讲述了他们在布朗餐馆杀人的经过，证人A
也不时提出几个问题，整个谈话持续了很长时间。

　　证人A将证明，他们俩（卢纳和德古拉斯奇）说卢纳当时

很想杀人，然后德古拉斯奇说他来帮忙。他们带了很多子弹，"把身上的口袋都装满了"……然后他们分别说了用枪的过程，德古拉斯奇说他们用的是他那支.38口径的手枪。很明显，大部分的枪都是德古拉斯奇开的。德古拉斯奇甚至还说，有一次，卢纳开枪没有杀死某个人，然后他不得不开枪把那个人打死了。证人A回忆，当时卢纳描述了他一边用胳膊勒住一个女人的脖子，一边用刀划破她喉咙的过程，并重复了当时的动作。卢纳说，那个女人为了保护保险柜说了一些不好听的话或有反抗的动作，这些话语或动作激怒了他，所以他那样做了，还一边骂那个女人是泼妇。

证人A将证明，她记得他们俩说过，当时他们不得不使用暴力控制住现场的每一个人，并将他们赶到冷冻间。他们说，有一个小孩吐了些炸薯条出来，他们用拖把把呕吐物清理干净了。证人A还记得他们说他们把时钟调乱了。他们还告诉她抢了多少钱，但是她已记不清楚具体的数额。他们将衣服和鞋子扔在了不同的垃圾大铁桶里，并将枪扔在了福克斯河中某一个他们经常钓鱼的河段。德古拉斯奇还警告她说，如果她敢和别人说起这件事，就杀了她。

除了那次在德古拉斯奇卧室的谈话以外，卢纳和德古拉斯奇再也没有和证人A提过谋杀案的事情了。后来有一次，证人A在德古拉斯奇的家中，卢纳打电话来说帕拉丁警方想要找他谈话。德古拉斯奇让她陪卢纳一起去，这样能让卢纳看起来显得更正常，更像守法公民。此外，德古拉斯奇还让他们俩穿戴整齐一些，这样就不会引起警方的怀疑。一旦警察向证人A问话，德古拉斯奇和卢纳已经替她编好了一切说辞。

证人A将证明，卢纳开车和她一起到了警察局专案组。那天，卢纳穿了一条黑色的裤子和一件高档风衣，显得很时髦。他们在休息室中等候，直到一名调查人员带走了卢纳。不到一个小时，卢纳就被送回来了，期间没有人问证人 A 任何问题。卢纳说，警察的询问非常简单，但给他拍了张照。

证人 A 说她曾写过日记，记录相关的一些事情。但她怕被德古拉斯奇发现，就把日记毁掉了。

证人 A 将证明，大约在七八个月前，她向她的男朋友讲述了 1993 年卢纳和德古拉斯奇告诉她的一切。这是她第一次向别人说起这件事。她男朋友很担心她的安全，他们不知道该怎么办，非常纠结。他们曾想过写匿名信，但是没有这样做。当时，他们觉得必须将这件事告诉和他们一起住的那个朋友，因为和他们住在一起，那个朋友的人身安全也面临着潜在的威胁。他们还申请到了枪支拥有许可证。证人 A 还将这件事情告诉了她姐姐和另外一个朋友。最近，证人 A 将这件事告诉了她母亲，因为德古拉斯奇三番五次找她母亲打听她的下落，她必须向母亲解释她不想让德古拉斯奇找到她的原因。而在两年前，证人 A 的母亲确实把她的电话告诉过德古拉斯奇，而且他也给证人 A 打过电话。从 1994 年以后，证人 A 就再也没有见过德古拉斯奇，在这期间只和他通过一次电话。

2002 年 5 月 9 日，伊利诺伊州警察局法庭科学中心的 DNA 分析结果显示，胡安·卢纳的 DNA 分型与从犯罪现场的垃圾桶中发现的鸡肉饭上提取的 DNA 分型相吻合。这一结论最终证实了证人 A 所提供的信息的真实性。与此相匹配的 DNA 分型，每 130 万亿个黑人中只可能出现一例，每 8.9 万亿个白人中只可能出现一例，每 2.8 万亿个西班牙人中也只可能出现一例。此外，证人 A 还揭露说，卢纳和德古拉斯奇曾告诉她，有一个被害人有呕吐现象，而这个细节以前从来没有被公开报道过。这也能进一步证明证人 A 所提供信息的真实性。

2002 年 5 月 15 日，专案组成员与证人 B 进行了面谈，她告诉了专案组她所知道的一切。证人 B 将证明，谋杀案发生的那天晚上，她正当班，德古拉斯奇给她打电话，约她在朱厄尔—澳思康超市见面，并说他干了件大事。当她赶到位于伊利诺伊州卡彭特斯威尔的朱厄尔超市时，德古拉斯奇和卢纳已经到了。她看见卢纳的汽车的控制台上放着一副乳胶手套，卢纳还拿了个帆布包。德古拉斯奇和卢纳坐上了她的车，一起去她室友在埃尔金的住宅（当时她的室友并没在那里）。在路上，德古拉斯奇和卢纳将他们抢劫布朗餐馆帕拉丁分店的事告诉了她。到达目的地后，他们开始分赃。证人 B 分了 50 美元。她认为当时包里至少有 1000 美金。他们吸了两碗大烟，在屋里待了大约三个小时。然后，证人 B 开车带他们回到朱厄尔超市，随后他们驾驶卢纳的车离开。

证人 B 将证明，德古拉斯奇故意让她开车经过布朗餐馆。当证人 B 经过餐馆时，看到了救护车和警车。德古拉斯奇告诉她，他们抢劫布朗餐馆一事。他们一开始是在餐馆吃东西，后来在柜台附近发生了一些情况。他们将餐馆里的人都赶到了冷冻间。德古拉斯奇说他们俩中间有一个人开始开枪，但证人 B 忘了他说的具体是谁了。德古拉斯奇射杀了某一边冷冻间的人，卢纳则射杀了另一边冷冻间的人。卢纳还用刀划破了一个中年妇女的喉咙。他们用拖把清理完现场后，就离开了。德古拉斯奇说他们把枪扔到了河中大坝附近的阿岗昆交汇处，他们经常在那个地方玩。

第二天，卢纳开车带着证人 B 和德古拉斯奇一起去洗车。

德古拉斯奇用水清洗车内，重点清洗了车前地板和座椅。两天以后，她和德古拉斯奇一起去逛街，她用分得的50美元买了一双鞋，德古拉斯奇则买了衣服。

在录像中，卢纳说他们计划实施抢劫。之所以选择布朗餐馆，是因为他曾在那里工作，比较熟悉环境，也知道那里没有安装警报系统。他们晚上9点来到餐馆，那时餐馆已经快下班了，没有几个人。他点了一份带有四五个鸡肉块的儿童套餐。吃完后，他们戴上乳胶手套，开始行动。德古拉斯奇首先开的枪。他们将餐馆里的人赶到冷冻间，其中5个人在一间，2个人在另一间。卢纳认出了餐馆的老板额伦斐德夫妇和一个工作人员。他朝有5名被害人的冷冻间开枪，但他不知道自己是否击中了他们……

似乎没有人对这7名被害人进行抢劫。餐馆似乎依然还保持在打烊时的那个状态——地板刚拖过，各餐区也被清理得很干净。警方找到了一个带血的拖把。

在餐厅里的一个垃圾桶中发现了一份鸡肉饭套餐（那个垃圾筒当晚似乎被人动过），尽管已经吃过一点，但大部分还很完整。套餐提供的是自助型的饮料，但那个杯子还是新的，没有装过任何饮料。餐馆的保险柜是关着的，而且还上了锁，钥匙在保险柜的第一层。尽管保险柜的第一层是定的，但那层后侧搁板上放着的一些美钞和硬币却被留了下来，而这些必须蹲下来往保险柜里看才能看得清楚。

库克郡法医局对这7具尸体进行了解剖，尸检结果表明，这7名死者全死于枪伤。另外，还在林恩·额伦斐德和迈克尔·卡斯特罗身上发现了刀伤，前者的喉咙被划破。

北伊利诺伊犯罪实验室的火器检验人员找到了散落在餐馆

和射入死者体内的所有子弹。他认为，子弹的口径为零点三八英寸；此外，他在现场找到了至少 20 枚子弹，其中有 11 枚以上的子弹出自同一把手枪。这些子弹是从不同的方位射出的，一个最有合理的假设就是，所有的子弹都出自同一把手枪。所有的子弹都采用的是软的、圆鼻头的铅芯。现场未留下任何子弹壳。凶手使用的枪支有 5 条右旋的来复线，火器检验人员认为，凶手使用的很可能是 .38 口径或 .375 口径的史密斯 & 韦森手枪或鲁格手枪。

毫无疑问，以上种种都说明了是卢纳和德古拉斯奇制造了这起谋杀案。[105]

被告方（卢纳和德古拉斯奇）毫无悬念地为自己进行无罪辩护。法院最终裁定对二人分别进行审理。

2002~2007 年

在接下来的 5 年中，案情进展得比较缓慢，控辩双方都非常努力地搜集证据，以期能顺利开庭。2003 年，州检察官曾向法院申请，希望能取得德古拉斯奇的足部模型，看看是否能与犯罪现场发现的足迹相吻合。警方说，犯罪现场的足迹是一个足长 12~14 码的人留下的，而德古拉斯奇穿 12 码的鞋。库克郡法院的一名法官批准了这项申请。2006 年，胡安·卢纳的律师们将一团冻鸡肉块交给普渡大学的一位鸟类专家进行检验。他们争论的焦点集中在以下几个方面：①当时卢纳只吃了一块鸡肉，所保存的鸡骨头的数量要大于他当时吐出来的数量；②卢纳的 DNA 并不是从案发当晚餐厅点的最后一份餐中提取的；③也许别人吃过的鸡肉饭和卢纳吃过的鸡肉饭在垃圾桶中混在一起了。许多评论员并不清楚上述推理能在多大程度上帮助被告人，但它也许能让大家对整件事情产生怀疑，也能将开庭的时间向后拖延。

一系列的法律纠纷将审前的时间无限延长，双方不得不花费数天、数周甚至数月的时间来解决大量问题。例如，他们试图禁止被告方发表陈述，要对卢纳的 DNA 和从鸡骨头上提取的 DNA 分别进行独立的检验，对犯罪现场的指纹重新进行检验等。

卢纳的出庭律师克拉伦斯·伯奇经验非常丰富，他试图对鸡肉饭的残留物进行重新检验，以确认 1998 年得出的那次检验结果的正确性。他说："我们想要对鸡肉进行重新检验，但是一开始它就只带有很少量的 DNA，我们不知道现在还剩多少。"[106] 与此同时，检控方提供的一份实验报告表明，和鸡肉饭一起发现的一条餐巾上提取的指纹与卢纳和德古拉斯奇的指纹均不吻合。伯奇说："这条餐巾上的指纹与本案中任何一个人的指纹都不符，我们正在用这个证据来证明我的当事人案发时并不在场。他们认为这条餐巾具有重要的意义。"[107] 伯奇还说，他将对提取、保存和检验鸡肉饭残留物的方法提出质疑。他甚至还要对我（李昌钰博士）在本案审前听证时作出的证言提出质疑，尤其是我对垃圾桶中鸡肉饭的发现以及相关检验。当然，如果他们要这么做，必须从我拍摄的鸡骨头照片以及撰写的关于鸡骨头的报告概述和笔记中挑出毛病来。

此外，在审前阶段的早期，检控方将本案十多年搜集整理的资料汇总成一张光盘，交给了辩方律师。这些资料包括警察报告、实验室报告以及询问资料，共计 30 万页。伯奇说，就算他和他的同事们以每周 1000 页的速度来阅读这些资料，用上好几年也看不完。有人预测，就算再拖两年，这个案子也开不了庭。事实上，从逮捕到第一次审判，经历了整整 5 年的时间。

一　审

在案发 14 年、逮捕 5 年以后，胡安·卢纳谋杀案终于在 2007 年 4 月 13 日进行开庭审理。在选择陪审团的过程中，CBS 电视台（即美国哥伦比亚广播公司）二台的法律分析员欧文·米勒在谈及卢纳的录像陈述时说："他的言行举止在你眼前一览无遗。你将能看到他周围的环境，看到警察是如何对待他的——当时警察是在对他大声吆喝，冲他大喊大叫，还是让他坐在那里，听他讲述他所知道的一切？"[108]

除了这份供述录像外，检控方还希望能通过那份吃剩的鸡肉饭以及安娜·洛基特和艾琳·巴卡拉的证言将卢纳和这宗谋杀案联系到一起。但是辩方可能会提出这些证据不够充分，不足以定罪。关于辩方的态度，米勒预测，卢纳的律师将会在庭上疾呼："这完全是对我当事人的一种抨击！这些根本就不是真的。整个案件与他无关，凶手另有其人。"……米勒认为，最后将由陪审团来决定他的命运。在检控方控制不住局面的情况下，将由州检察官迪克·迪瓦恩来领导检控方处理这个案件。他认为，辩方律师必须要自信，要坚信他们很强大，因为州检察官将亲自参与案件的审判，如果他没有胜算，是绝对不会用这种方式来毁坏自己的声誉的。[109]

将由库克郡刑事法庭法官文森特·高根来负责这场在库克郡巡回法院举行的审判。高根以前是一位公设辩护律师，并曾担任库克郡公设辩护律师办公室主任。1991 年，他被提名为法官候选人，以填补当时法官职位的空缺。第二年，他当选为法官。1964～1968 年，高根为美国陆军服务，并于 1967 年和 1968 年出征越南，在越战期间因作战英勇被授予"青铜勋章"。

4 月 13 日（星期五），双方开始进行开庭陈述。检控方以一卷记录了犯罪现场血腥场面的录像带拉开了战幕。被害人的亲属们第一次有机会见到现场的情形，既害怕又悲愤，有的人因此而失声痛哭起来。面对陪审团，迪瓦恩检察官发誓一定要向他们证明卢纳和德古拉斯奇是本案的凶手，还指出餐巾上的鸡骨头带有卢纳的 DNA。他一边向陪审团展示 7 名被害者的照片，一边描述当时他们是如何向凶手苦苦乞求活命的。他还向陪审团描述了被害人的伤口。

在听迪瓦恩检察官陈述的过程中，法庭内的被害人家属和其他旁听人员都强忍着眼泪，有的则忍不住怆然泪下，就连帕拉丁警察局康利警官在作证时都因情绪激动而涨红了脸颊。当时是他最先发现尸体的，他作证说，当他推开冷冻间的门时，"见到一堆尸体，一具压着一具，凌乱不堪，根本数不清屋里到底死了多少人"。[110]

卢纳的律师伯奇承认，当时的场面确实很血腥、很残暴，但他强调他的委托人是无辜的——带有卢纳 DNA 的鸡骨头并不能证明卢纳就是凶手。他对陪审团说："这确实是一起骇人听闻的谋杀案……但在挑选陪审团成员的时候，你们曾向我们承诺，将持着一种开明的态度来面对这一切……这并不是一件简单得让人一目了然的案子。"[111]

庭审的第二天，来自北伊利诺伊犯罪实验室的首席法庭科学家简·霍默尔出庭作证说，1993 年 1 月 11 日，也就是发现尸体后的第三天，她发现餐馆中的垃圾桶都被清理得很干净，只有一个除外。在那个垃圾桶里，她发现了一个装着四块鸡肉的盒子，其中的一个鸡翅有被人吃过的迹象。在那个盒子下面有另外三块鸡肉、薯条、饼干、一个装凉拌卷心菜的盒子、一次性的泡沫餐盘和四张餐巾。简在其中一块餐巾上提取了一枚掌纹（这枚掌纹后来经鉴定与卢纳的左手掌纹匹配）。在后来的交叉询问过程中，简承认，在 1993 年 1

月 9 日至 1993 年 1 月 14 日之间，并没有将鸡肉证据冷冻保存。

接下来出庭作证的是理查德·坎宁安，他曾担任康涅狄格州生命密码公司的 DNA 分析师。他作证说，1993 年，李昌钰博士曾请生命密码公司对那块被人吃过的鸡肉进行 DNA 检验，但由于检材上携带的 DNA 不够而无法进行 RFLP（Restriction Fragment Length Polymorphism，限制性内切酶片段长度多态性）分析，所以当时那块鸡骨头就被搁置到了一边。他又解释说，从那时候起，DNA 分析技术取得了突飞猛进的发展。在接受辩方律师的交叉询问时，坎宁安说，当时带给他看的记录了那些证据的照片已经遗失。（这是物证保管链条断裂的一个典型例证。）

庭审的第三天，检控方派出了艾琳·巴卡拉出庭作证。她说，她终于鼓足勇气说出她埋藏了 9 年的秘密。她向陪审团重述了案发第二天清晨卢纳对她所说的话。当时他们俩正在一起吸食大麻，"他一边说一边笑，似乎是在向我炫耀这一切"。[112]接着，她向陪审团详细地叙述了案发第二天（1 月 9 日）所发生的情况。

这时，卢纳的律师问巴卡拉是否能理解卢纳对她所说的关于这起案件的种种。伯奇问道："此时，你并不能把胡安·卢纳对你说过的每一个字都记得很清楚，对吗？"

"那是自然。"巴卡拉回答道。

伯奇步步紧逼："大麻卷烟能让人兴奋。你会出现幻听或幻视的情况吗？"

"不，不会。大麻只会让我放松。"[113]

2007 年 4 月 19 日，也就是庭审的第四天，由我（李昌钰博士）作为检控方的专家证人出庭作证。在那之前，我飞到芝加哥参加了一次审前会议。在那次会议上，我们讨论了整个案情，并对在出庭作证时可能被问及的问题进行了再三考量。当时，我还随身带着最早时所作的笔记和拍的照片，这些证据在质证时都用得上。

早在 1994 年，当我作为一名法庭科学顾问被卷入这场纷争时，我就坚信，这份只吃了一半的鸡肉饭在最后必定会成为破案的关键。13 年以后，我仍然对自己当时的判断坚信不疑。

2007 年，我在出庭作证时说："1994 年，我对那份吃剩的鸡肉饭的第一判断就是：这个证据将十分重要，因为当时餐馆的垃圾桶里只有这一份食物。""当时吃这份饭的人并不是真的想吃饭……当时只有两种可能，要么是有什么事不对劲，这个人就离开了，要么他就是在等什么人。"后来，在回顾了整个案情以后，我得出了结论，即"鸡肉是本案最重要的证据"，并建议警方"从这上面提取 DNA"。尽管当时法庭内的气氛既沉闷又阴郁，我还是忍不住开了句玩笑："如果那个鸡肉饭餐馆给我上这么小的鸡肉块，我一定会找老板退货的。"[114]此外，我最早拍摄的鸡肉饭的照片也向陪审团证明了证据保管链条的完整性。

1994 年，人们只能用 RFLP 法对 DNA 进行分析。当时，法庭科学人员只从鸡骨头上提取到了少量的 DNA，没有获得任何 DNA 分型。4 年之后，发明了 STR 技术，这时情况就完全不一样了（详见后文的补充知识）。法庭科学家对 1994 年提取的 DNA 进行了重新检验，并获得了一个 DNA 分型。他们将这个 DNA 分型输入 CODIS（Combined DNA Index System，DNA 联合检索系统）数据库进行比对，但没有发现可以匹配的样本。

我们生活在一个 DNA 技术迅猛发展的时代。今天 DNA 分析技术的精妙程度与 1994 年相比，根本不可同日而语。1994 年和 1998 年均为本案的关键时期。

除同卵双胞胎外，每个人的 DNA 都是独一无二的。因此，对从生物证据（例如本案中鸡骨头上的唾液）上提取的 DNA 的某一特殊片段进行检验，其结果具有高度的个体特异性。法庭科学实验室运用 DNA 分型来分析各种生物证据，从而进行个人识别，这些生物证据包括血液、精液、唾液、发根、骨骼和其他组织。在诸如杀人、强奸、交通肇事逃逸等案件中，以及在辨认遗骸、调查失踪人口和寻找遗失血亲的过程中进行个人识别时，DNA 分析技术都具有极其重要的意义。

DNA，或称脱氧核糖核酸（deoxyribonucleic acid），是包含着生物体基因信息或遗传物质的生物聚合物。DNA 存在于细胞内，存在于所有含有有核细胞（即有细胞核的细胞）的体液和组织中。每个细胞含有大约 70 亿个核苷酸对（nucleotide pair）。什么是核苷酸对呢？核苷酸对是 DNA 分子的基本组成单位。由于人的 DNA 一半遗传自母亲，另一半遗传自父亲，这种重新组合就使得除同卵双胞胎之外的每个人的 DNA 都具有特异性——我们在上文提到，同卵双胞胎的基因编码是相同的。（但是，最近有研究表明，在某些情况下，同卵双胞胎的 DNA 也可能不相同，只是进行这种区分所必需的技术目前还没有运用于法庭科学样本而已。）

以下是几种法庭科学 DNA 分析的基本方法：

限制性片段长度多态性（Restriction Fragment Length Polymorphism，RFLP）。作为第一代 DNA 分子标记技术，RFLP 对 DNA 样本的数量和质量的要求都比较高。尤其当提取的 DNA 样本量比较少的时候，就很难用该技术进行分析。在 1993 年和 1994 年，科学家还没有研究出其他的分子标记技术，所以无法确定鸡骨头上留的是谁的唾液。

聚合酶链式反应（Polymerase Chain Reaction，PCR）。PCR

对 DNA 数量的要求没有 RFLP 那么高，在只能提取少量 DNA 的情况下也能进行分析。4 年之后，也就是 1998 年，科学家们运用该技术确认卢纳的 DNA 与鸡骨头上提取的 DNA 相匹配。PCR 需要的样本量很小，就算 DNA 样本的数量不足十亿分之一克，也能成功进行分析实验。

短串联重复序列（Short Tandem Repeat，STR）。这项最新的 DNA 分析技术被广泛地应用于法庭科学实验室中，成为目前运用最多的 DNA 分析技术。使用这项技术时，DNA 样本的数量只需达到 250 沙克就够了（一沙克等于一百亿分之一克）。

在这里，我们还要提到另外一种 DNA：线粒体 DNA（mito-chondrial DNA）。与核 DNA 不同，线粒体 DNA 不存在于细胞核内，而是存在于细胞壁之中。虽然线粒体 DNA 分析的结果不如 STR 那么精确，但由于线粒体 DNA 不如核 DNA 那么容易降解，存活的时间比核 DNA 要长得多，所以在样本长期暴露在自然环境中或者样本保存时间很长的案件中，线粒体 DNA 分析就具有非常特殊的价值。例如，在法医人类学家要对挖掘出的尸骨遗骸——有时甚至是数世纪之前的遗骸——进行辨认时，线粒体 DNA 分析便是极其有用的。但是，由于线粒体 DNA 表现为母系遗传，因此它所携带的信息不如核 DNA 那么全面。

在我出庭作证之后，下一个代表检控方出庭作证的是塞塞莉娅·多伊尔，她曾是伊利诺伊州警察局刑事犯罪实验室的科学家。她说，她在 1998 年的时候从鸡肉饭上提取了两个人的 DNA 分型。辩方指出，当时用来采集这些 DNA 样本的拭子已经丢失了，保存该分析结果的计算机也找不到了。在接受辩方律师艾伦·辛科克斯的交叉询问时，多伊尔说，她对 5 个拭子进行检验后，在上面发现了至少两个 DNA 分型，但当时拭子上带有的 DNA 分型的数量肯定不止两个。"我只能说，鸡肉饭上有人类的唾液。我得到的是 DNA 分型的集合体，该样本的提供者不止一个。"[115]多伊尔继续作证说，那次的检验结果可以排除两个人，其中一个人曾于 1998 年以录像陈述的方式承认自己就是杀人凶手（这件事情将在后文详述）。她通过上次的检验结果排除了 7 名被害人和另外 81 个人犯罪的可能性（包括所有的调查人员）。

辛科克斯以遗失的拭子和计算机为由开始发难："每一个与本案相关的拭子都被你们弄丢了，是吗?"

多伊尔回答道："这些拭子被分发出去以后，没有放回原来的位置。"[116]后来，她说计算机找到了，那些分析的数据也恢复了。

到了审理的第二周，检控方的庭审策略已经非常明显，要点如下：

● 一开始，法庭科学家们就通过指纹证据和 DNA 证据将卢纳和犯罪现场联系在了一起。DNA 专家肯尼思·波福塞通过 DNA 分析的数据来证明卢纳的罪行。他非常肯定地说："它们是匹配的。这个匹配的概率在黑人中为 1 比 139 万亿，在白种人当中为 1 比 8.9 万亿，在西班牙人中为 1 比 2.8 万亿。"[117]卢纳的律师马克·莱恩从人类遗传密码的角度着手，试图找出波福塞证言的漏洞，他认为波福塞的分析并不全面，只涉及了人类遗传密码的一小部分。

● 接下来出场的是指纹专家约翰·奥斯特韦德。当时在现场的垃圾桶中不仅发现了吃剩的鸡肉饭，还有几条餐巾。奥斯特韦德认为餐巾上发现的部分掌纹与卢纳的掌纹有联系。2002年，警方在逮捕卢纳时提取了他的掌纹，并将其与餐巾上的掌纹照片进行了比对。奥斯特韦德用幻灯片向陪审团解释了人类的指纹和掌纹在胎儿期的形成变化过程，以及如何用指纹和掌纹来进行同一认定。他说："大家可以看到，这张照片上有一枚潜在的掌纹。我的结论是，留下这枚掌纹的人和警方那枚掌纹样本的提供者，是同一个人。"[118]

● 埃德蒙·多诺霍博士是检控方的法医病理学家。他作证说7名被害人均死于头部的枪伤，其中，16岁的迈克尔·卡斯特罗身中6枪。此外，卡斯特罗死后还被人用刀捅伤了腹部。

● 已退休的火器专家罗伯特·威尔森说他当时在餐馆现场的纸板盒中、肉汤罐里以及饮料机底下均发现了子弹，他对陪审团说从被害人体内取出的子弹加上犯罪现场发现的子弹共计20余枚。

● 庭审进行到第11天，由检控方的关键证人安娜·洛基特出庭作证。她向陪审团讲述了案发时她与卢纳之间的关系。当时她只有17岁，酗酒、嗜毒，并患有抑郁症。卢纳和他的朋友詹姆斯·德古拉斯奇向她详尽地叙述了案发经过以及他们俩各自的分工，但是恐惧让她沉默了9年。直到2002年，她才向一位警察道出了她埋藏多年的秘密。她最后说："我曾努力想把那一段从我记忆中抹去，但最终负罪感还是战胜了我的恐惧，我对被害人家属心有亏欠。"[119]

● 洛基特说，在1993年1月的那个晚上，她正在一所精神病医院接受治疗，因为她之前试图用过量服用感冒药的方式自杀。德古拉斯奇打电话要她看新闻，当晚的头条正是布朗餐馆谋杀案。洛基特出院以后，卢纳和德古拉斯奇告诉她是他们计划并实施了这起谋杀案，并向她详细描述了整个作案的经过和细节。她向陪审团强调了德古拉斯奇对她的威胁："他警告我，要我保持沉默。只要我敢向任何人提起这件事，他就会杀了我。"[120]

●在交叉询问的过程中，卢纳的辩护律师列举了洛基特的抑郁症史和吸毒史，试图对她的记忆力提出质疑。他们反复用同一个问题对洛基特进行攻击："既然你如此害怕德古拉斯奇，那为什么在案发后的数个月里你还一直与他保持恋爱关系呢?"

●第二天（星期三），检控方向陪审团放映了卢纳的供述录像，整个录像长达44分钟。录像中卢纳冷静地承认是他和德古拉斯奇一起实施了这起犯罪，并描述了许多让人毛骨悚然的细节。他向警方描述了作案前点的那份鸡肉饭，描述了在将7名被害人赶到冷冻间之前命令他们躺在地板上的情形，描述了他划破林恩·额伦斐德喉咙时的场景，描述了在他守门时德古拉斯奇开枪打死了大部分人的惨状。辩方律师对检控方的录像证据进行了反驳。他们认为卢纳的供述是在经历了警方长达19个小时的询问后作出的，而且在此期间，他都没有和他的家人在一起，因此，供述的真实性值得怀疑。

●后来，检控方还传唤了部分被害人的亲属和一些科学家出庭作证。那些科学家都认为，卢纳的左掌纹和DNA均与从犯罪现场（餐巾上和鸡肉饭上）提取到的掌纹和DNA相匹配。直到第二天上午，检控方的证人才全部出庭完毕。

星期四，被告方的证人开始上场。和检控方的一样，被告方的辩护策略也在我们的意料之中。其辩护要点包括以下几个方面：

●检控方的许多警察证人都向陪审团描述了案发当晚他们在现场的发现，而辩方证人在一开始则花了很多时间来证明卢纳平和的性格。这些证人包括卢纳的哥哥以及布朗餐馆的经理。卢纳的哥哥乔治·卢纳是辩方的第一个证人。

●从一开始，辩方团队就一口咬定胡安·卢纳与本案无关，凶手另有其人，试图将陪审团的视线从卢纳的身上转移开。他们指出，从垃圾桶顶部的绿色托盘上提取的那枚指纹与卢纳的指纹并不匹配——调查人员在同一个垃圾桶中发现了鸡肉饭和餐巾，而检控方则坚持认为他们在鸡肉饭上提取到的 DNA 与卢纳的相匹配，在餐巾上提取到的掌纹也与卢纳的左掌纹相吻合。

● 辩方指出，他们在餐馆的柜台后面发现了一枚不完整的脚印，这枚脚印既不与卢纳的脚印相匹配，也不与所有餐馆工作人员和所有调查人员的脚印相匹配。由此可见，辩方正在一点一点向人们展示一场拙劣的犯罪现场调查活动。

● 辩方宣称，卢纳在长达 19 个小时的询问中遭到了警方的虐待。他之所以会作出认罪的供述，有两方面的原因：第一，他想快点见到他 5 岁的儿子（在他被逮捕期间，他的儿子被带回了家，并且警方不让他们见面）；第二，他被误导，认为警察会将所有的罪名都扣在德古拉斯奇身上。

● 一位帕拉丁警察局的警察在证言中向陪审团描述了那个在柜台后面发现的脚印、另外一个与当时在现场的所有人都不匹配的血脚印、一个在金属锅盖上发现的很明显的弹痕以及在小冷藏间的一块塑料长条上发现的弹孔。辩方指出，关于那个弹痕和弹孔的细节是由另外一个人提供给警方的——那个人向警方招供后，就被释放了。

● 一位芝加哥自然历史博物馆的科学家、鸟类专家出庭作证说，他在对鸡肉饭进行检查的时候既没有戴手套，也没有使用无菌桌台，甚至都没有写检查结果报告。这只是辩方用来证明警方调查工作粗糙马虎的例子之一。这时，一些媒体开始加大对检控方工作的批评力度：到处乱放、胡乱操作，并对证据进行不正确的检验；忘记采集一些掌印；遗失重要谈话的备份文件；等等。德保罗大学法学院教授伦纳德·卡瓦斯说："这是警方无能的表现。你无法想象，在21世纪的警察系统中居然还会发生这样的事情。"[121]

●辩方继续乘胜追击，力图使陪审团丧失对检控方的信任。例如，他们传唤了解剖病理学家马尔科姆·古德温博士，试图证明林恩·额伦斐德喉咙上的利器伤是在其头部遭受枪击身亡之后才形成的，而不是在这之前形成的（卢纳也曾这样说）。

●一位警官作证说，1999年，曾有一个叫约翰·西蒙奈克的人向他作了详尽而又精准的供述。辩方向陪审团放映了一个长达13分钟的录像带，西蒙奈克在录像带中承认他和另外一个朋友是造成布朗餐馆谋杀案的凶手。检控方对此进行了反驳，竟然说西蒙奈克是被迫认罪的。

●在证人出庭作证的最后阶段，DNA专家证人的意见出现了互相矛盾的情况。拉纳吉特·查克拉波蒂是检控方的专家证人，他曾参与国家DNA数据库的建立，该库后来被执法机关广泛使用。他作证说，街上的任何一个人与从鸡肉样本上提取的DNA不相匹配的概率为99.999%。而在之前，辩方有一位专家证人说，在美国，100万个人中才会有一个人的DNA与鸡肉样本上提取的DNA分型相匹配。这两个人的证言明显是互相矛盾的。此外，控辩双方在林恩·额伦斐德的颈部伤的问题上也出现了争论。来自于库克郡法医官办公室的米彻·克拉卡博士认为她颈部的刀伤是在死之前形成的，而辩方的专家证人古德温博士则认为那是死后伤。

举证程序一直到2007年5月3日（星期四）才全部结束。庭审法官宣布，双方将于5月9日（星期三）作结案陈词。

检控方在结案陈词中对以下几个方面进行了强调：

● 卢纳策划这起抢劫案的原因就在于他想干点"大事"。

● 卢纳和他的朋友詹姆斯·德古拉斯奇预计干掉餐馆里的所有人，因为只有这样才能死无对证。

● 他们之所以选择在谋杀案的尾声进行抢劫，是因为在那个时候他们发现了大量现金，而且已经没有什么人反抗了。

● 卢纳的录像陈述是证明其有罪的最有力的证据。检察官请陪审团成员"看看他的姿势，看看他面部的表情……他绝对不是在撒谎。他的身体语言告诉我们，他就是凶手"[122]一些评论员认为，检控方之所以强调卢纳的身体语言，是希望陪审团成员忽视上一个犯罪嫌疑人约翰·西蒙奈克的录像陈述混为一谈——检控方认为西蒙奈克是被逼的，而卢纳是自愿的。

● 鸡肉饭上的 DNA 物质与卢纳的 DNA 相吻合，从而将卢纳与这起案件联系在了一起。

另一方面，辩方律师则在结案陈词中对检控方展开了攻击，主要针对的是警方在证据处理上的失误以及专家对 DNA 证据的解释。他们还试图让陪审团对检控方部分证人的可信性产生合理的怀疑。谈到卢纳在录像中的身体语言时，辩方首席律师伯奇认为，如果西蒙奈克的供述是假的，那么卢纳的也是假的；如果有人指使西蒙奈克，那么卢纳也是受人指使的。

伯奇对陪审团说："卢纳在描述案发经过时使用了东、西、南、北这类的词。你们觉得卢纳会这样说话吗？很明显，这不是他说话的风格——是有人教他这么说的。"[123]

控辩双方都认为，最能影响陪审团评议结果的不是陪审员们的情绪，而是那些事实。库克郡助理州检察官斯科特·卡西迪就曾对陪审团成员们说："请不要将你们对被害人的同情带到法庭上来。"辩方律师也表达了同样的观点："请不要被你们的情绪左右。"[124]

CBS 电视台二台的法律分析员欧文·米勒认为："很显然，检控方掌握了这起特殊案件的绝大部分证据……在接下来对德古拉斯奇的审判中将会涉及不同的证据——没有长达 44 分钟的供述录像。这是这两次审判最大的区别。但对于德古拉斯奇来说，已然于事无补。"[125]

当天（星期三）下午 3 点 30 分，案件交予陪审团进行评议和裁决。大约两个小时以后，陪审团裁决结果被驳回，法院宣布第二天上午继续评议。第二天，陪审团被告知只有 8 个小时的评议时间。最后，陪审团裁定：卢纳的七项罪名全部成立，被判处死刑。

由于陪审团中有一名成员坚决反对执行死刑，因此，4 天以后，法院将原来的陪审团成员再次召集到一起，最后裁定对卢纳免予死刑。3 个月后，卢纳被判处终身监禁，并不得假释。

2009 年 8 月 31 日，对德古拉斯奇的审判拉开帷幕。

第三章

教堂圣器室谋杀案

在上一个案件中（即布朗餐馆谋杀案），从案发到宣判一共经历了 14 年的时间。如果你觉得这个过程似乎太过漫长，那么这个案件会让你觉得更不可思议——它从案发到宣判竟然时隔 28 年！这个案件发生在俄亥俄州托莱多市，被害人是一名修女，而凶手则是一名神父。他以天主教堂作为掩护，用仪式暗示的方式残忍地杀害了那名修女。案发 24 年后，警方才将凶手捉拿归案——那时人们才发现，凶手居然就是那位主持被害人葬礼弥撒的神父！

在这出闻所未闻的悲剧中，凶手、被害人、天主教堂和魔鬼撒旦均是主演——也许撒旦的戏份最重：对魔鬼的崇拜以及邪恶的崇拜仪式才是这起案件的始作俑者。现在，且听我慢慢道来。

案 情 简 介

我将以谈话记录、官方的法庭科学报告、医学报告、警方文件以及新闻报道为基础，按照事情发展的顺序，对本案作一个简单的回顾。案件发生在 1980 年 4 月 5 日的早晨，那天是星期六，第二天便是复活节，也是被害人玛格丽特·安·帕尔（以下也称玛格丽特·安）修女72岁的生日。她是托莱多市慈善医院小教堂（位于市中心）的管堂，负责管理教堂圣器室的所有圣器，包括祭祀用的器皿、祭师在礼拜仪式上穿的祭服以及礼拜仪式上的其他用品。

Mercy Hospital, Toledo, Ohio—
location of Sister Pahl's murder.

正如我们所看到的那样，那天早晨，有很多人和玛格丽特·安·帕尔修女及犯罪嫌疑人杰拉尔德·鲁宾孙神父一道，赶去慈善医院的小教堂做弥撒。这次是复活节守夜弥撒，是在天明之前举行的（早上6点之前），这在天主教仪式中是比较少有的情况。人们通过这么一种仪式来对耶稣基督的受难与圣死表示哀悼。和往年一样，玛格丽特·安修女将会在那天晚上把宗教仪式的用具从小教堂的祭台上运走。

值得注意的是，在案发的前一天（周五），玛格丽特·安修女仍然因为其与鲁宾孙神父发生的口角而郁郁寡欢。事后，有多人作证说玛格丽特·安修女曾向他们倾吐她与神父之间的矛盾，也正因为这件事，玛格丽特·安修女曾一度出现情绪异常。修女和神父在教堂管理和宗教事务等问题上发生争执并不罕见。大家都知道，尽管鲁宾孙神父比玛格丽特·安修女晚30年来到这个教堂，但他却认为这位长辈在他们谈话和讨论的过程中太过盛气凌人。而且，由于玛格丽特·安修女年事已高，听力和记忆力都有所下降，所以鲁宾孙神父不得不一遍又一遍地向她重复一些上边的命令或指示，据说神父为此感到非常恼火。

作家约翰·格拉特在《神父，请您宽恕我吧》（*Forgive Me, Father*）一书中写道：

1980年4月4日是复活节前一周的星期五。那天中午，鲁宾孙神父和玛格丽特·安·帕尔修女一起，在一小群教堂会众中做弥撒。几个小时之前，他们在小教堂的圣器室中摆上了圣餐——面包被视为耶稣基督的身体，红酒被视为耶稣基督的鲜血。按照天主教的传统，在这个一年之中最庄严、最隆重的仪式上，神父和各会众不但要做一系列的冥想，朗读《圣经》的经文，还要讲述《圣约翰福音》中所记载的关于耶稣受难的传奇故事。

但不可思议的是，那天，鲁宾孙神父竟然在没有经过任何人同意的情况下，擅自缩短了弥撒的过程。玛格丽特·安·帕尔修女勃然大怒，并就此事质问了鲁宾孙和父。

面对前辈的严厉斥责，杰拉尔德·鲁宾孙神父保持沉默。他只是透过那副厚厚的黑框眼镜，盯着玛洛丽特·安修女看了一会儿，便转身离去，剩下修女一个人心烦意乱地留在祭台边上。

卢卡斯郡首席检察官迪安·门德罗斯认为："我认为这次的

事件是压死骆驼的最后一根稻草，长久以来，他承载了太多的怨气，这一次终于爆发了。"[126]

几分钟后，玛格丽特·安修女遇到了勤杂主管雪莉·卢卡斯。卢卡斯认为玛格丽特·安修女待人冷漠，两人平常很少说话。但那一次，玛格丽特·安修女抓着她的手，眼中含着泪水说："他们凭什么剥夺天主接受人类祈祷和忏悔的机会？"这一幕令卢卡斯惊愕不已。

卢卡斯回忆说："我被她弄得一头雾水。她走以后，我哭了。不知道是不是因为这是她第一次碰我，第一次抓我的手，居然让我紧张得忍不住要上厕所。她看起来可怜兮兮的，情绪非常激动。也许她已经预感到有什么事情要降临到她头上了吧。"[127]

星期六早上，玛格丽特·安修女5点半就起床了。她冲完澡，换上了慈善修女会的传统道服：白色的长袖上衣，外套一件左襟别着十字架的蓝色罩衫。半个小时以后，她离开了位于七楼的卧室，走楼梯来到一楼，并在一楼的电话总机旁和休·本特利打了个招呼。过了一会儿，她来到餐厅的修女进餐区，遇到了餐厅的工作人员奥德丽·加罗韦并闲聊了几句。随后，玛格丽特·安修女拿了一个绿色的食物托盘离开了餐厅。她径直走进回廊的贮藏室，拿了一摞抹布和一盒香放到托盘上。后来，加罗韦见到玛格丽特·安修女手里拿着那个绿色托盘回到了餐厅，很显然，她把托盘里的抹布和香放到小教堂了。她点了葡萄柚、葡萄干小麦片和咖啡作为早餐。奥德丽回忆道，玛格丽特·安修女只拿了一点点早餐，整个人似乎心神不宁，匆匆吃过两口后就去教堂了。在去教堂的路上，玛格丽特·安修女与两名刚下夜班的救护车司机擦肩而过，其中有一位名叫杰里·特雷斯勒的司机看了一下表，当时是早上6点50分。

玛格丽特·安修女在6点50分到7点之间在哪里、做了些什么，我们不得而知，因为那 10 分钟里她是一个人。也许她是在 7 点左右进入圣器收藏室的，这似乎是最合理的猜测。而凶手到底是藏在圣器收藏室等着她，还是后来才进去的，我们就不太清楚了。

45 分钟以后，马德琳·玛丽·戈登修女（教堂的风琴手）已经跪在教堂的长凳上开始做晨祷了。晨祷结束后，她的工作是改编晚祷仪式的乐曲，并帮助玛格丽特·安修女清理圣坛，一同为进行的弥撒做准备。玛丽·菲利普修女和克拉里塞拉修女随后相继加入了晨祷的行列。晨祷结束后，马德琳·玛丽修女走到风琴旁，翻了一下乐谱，突然意识到晚祷仪式的音乐还没有确定，便想打电话到圣器室和鲁宾孙神父商量一下。圣器室就位于小教堂的一侧。她看了一下表，当时是早上 8 点 20 分。

当马德琳·玛丽修女发现通往圣器室的两道门都被锁上了的时候，她感到非常奇怪——数分钟之前，当她走过教堂时，明明看见那些门都是开着的。她用自己的钥匙打开了那两扇门，走进了那个灯光昏暗的房间。

马德琳·玛丽修女一走进圣器室，就发现地板上有什么东西。一开始，她以为是医院的心脏复苏模拟人，走近一看才发现躺在瓷砖地面上的居然是玛格丽特·安修女的尸体！尸体面部肿胀，前额还有些许血块。马德琳·玛丽修女吓呆了，顿时有些失语。她迅速环视了一下现场，发现玛格丽特·安修女的道服盖在胸部附近，腰带和裤子则被压在脚踝下，双臂位于身体两侧，双腿是并拢、伸直的。马德琳·玛丽修女后来作证说，当她看到地板上的尸体时，第一感觉告诉她，尸体的姿势好像是某种奇怪仪式的一部分，而且她肯定尸体前额上的血代表着某种奇怪的圣油。

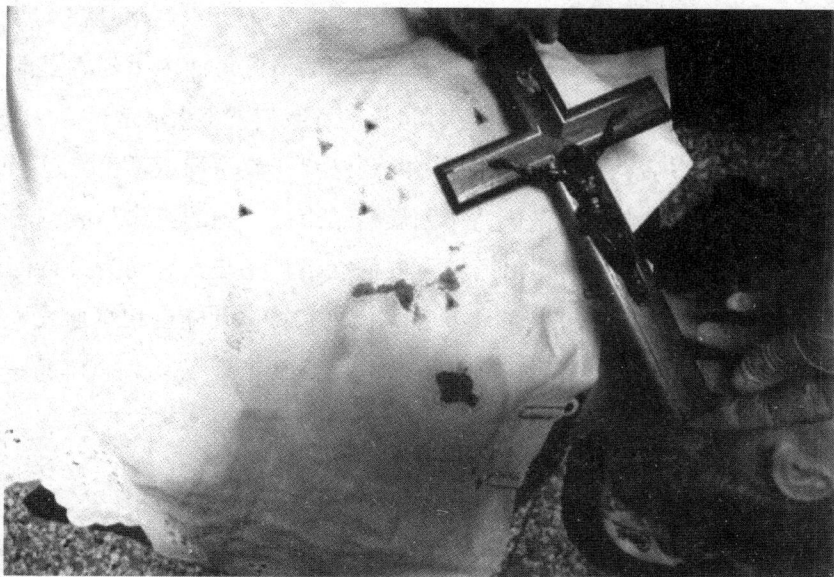

在修女帕尔案中，穿透祭坛布造成的刺戳伤口，形成一个十分明显的
颠倒形状的十字架记号

马德琳·玛丽修女回过神来，一边冲出圣器室，一边大喊："玛格丽特·安修女被人奸杀了！"她扑到玛丽·菲利普修女和克拉里塞拉修女的怀里，不由自主地抽噎起来。

警探长阿瑟·马克斯在一份早期的报告里对犯罪现场中被害人的尸体状况作了一个更加官方的描述：

> 尸体头朝西，脚朝东。她的黑色面纱（修女都需要戴面纱）被压在头下，面纱的尾部露了出来，朝向头右侧的方向。
>
> 鼻梁和鼻尖处有明显的干血迹。右脸颊处有多处被刺伤的痕迹，似乎还有黑色的血从伤口中渗出。[128]

马克斯在报告中还间接提到了一块白色的圣坛台布，那块台布缠绕在死者的右前臂上，其余的部分压在死者的右侧身体下，一直到膝关节窝。马克斯认为，由于死者是手心朝上放在地板上的，因此可以推断她死前不太可能采取某种自卫的行为。死者的眼镜位于离她右手大约8英寸的地板上。死者当时身着一件"宽松的蓝色针织衫"，马克斯还发现针织衫的前端被一些东西给弄脏了。

报告中还写道：

> 那些脏东西是湿的，都集中在了衣服靠近上胸部左侧的位置，并且把衣服给浸透了。上胸部左侧的衣服上还有很多明显的划痕，像是被什么东西刺过以后留下来的。

> 被害人还穿了一件白色的长袖上衣、一条灰色的连裤袜和一条白色的弹力束腰内裤。她的束腰内裤被人褪至右脚踝处（应该是有人将她的左腿从内裤的左裤管中抽出，才会出现这种姿势）。被害人穿的是一双蓝色的浅口便鞋，鞋带系得很完好。[129]

案发前后，鲁宾孙神父究竟都做了些什么呢？后来，调查人员和检察人员推测，他可能还在为最近与玛格丽特·安修女起冲突一事而耿耿于怀；此外，他也已经对修女的控制欲感到厌烦。他们认为，案发的前一天晚上，鲁宾孙神父整晚都辗转反侧，彻夜难眠。

事实上，鲁宾孙神父确实就是杀害玛格丽特·安修女的凶手。由于他对玛格丽特·安修女的日常工作了如指掌，所以设计了整个计划。他不但要取她的性命，而且要用一种极其邪恶的方式取她的性命：在她生命中的最后一场仪式里，用利器刳破了她的胸部。这是对一个修女最大的羞辱——而在他看来，这一切都是她罪有应得。

但这仅仅只是他整个计划的一部分。他还将一个耶稣受难像*插入了这个处女的身体里——这是对玛格丽特·安修女忠贞誓言的最大亵渎。

检察官认为，鲁宾孙神父大约6点钟起床，洗完澡以后，穿上了他那件黑色的长袍，并穿了一双胶底鞋。然后，他从抽屉里拿了一把开信刀，装到了那个圆筒状帆布包里。那把开信刀的形状和匕首类似，是他的童子军中队去华盛顿特区旅行时带回来送给他的。

早晨7点左右，鲁宾孙神父来到了教堂门口，然后偷偷溜进了圣器室。确定了玛格丽特·安修女正在里面工作后，他折回教堂门口，并把门锁上了。圣坛附近有一块长的、白色的亚麻桌布，他拿了这块桌布，非常小心地走回圣器室。他站在一把位于玛格丽特·安修女身后的椅子上，开始祈祷。玛格丽特·安修女做完晨祷，从椅子上下来准备离开的时候，他开始行动了——从后面将那块长桌布挂到她的脖子上，然后用力地一边拉、一边缠绕。玛格丽特·安修女很快就动弹不了了，但鲁宾孙神父并没有就此收手，他继续用力用长桌布勒住她的脖子，直到她停止了呼吸。真不知道一位神父在做这一切的时候是什么感受。在这个过程中，玛格丽特·安修女的舌骨骨折，并在眼睛和脸部出现了微血管破裂的现象［在法医学上称为"瘀点"（petechiae）］。

鲁宾孙神父将玛格丽特·安修女的尸体放到地上，开始用一种变态的方式为她施行最后的涂油礼**。他用那块圣坛台布包裹住修女的身体，然后将一个耶稣受难像倒转过来插在了她心脏的部位。他

* 耶稣受难像为十字架形状。——译者注
** 天主教神父往往给临终的人或病人施行涂油礼（有时称为终傅），油代表圣灵。在涂油之前，为临终的人或病人祷告，求主赦免其罪，接受临终的人的灵魂安进天堂，医治病人之疾病。然后用油涂其前额，口念："我用油涂你，因圣父、圣子及圣神之名，阿门。"——译者注

从行李袋中拿出了那把开信刀，围绕着十字架的边缘，一刀一刀扎进她的身体。由于当时修女的心脏已经停止了跳动，所以并没有太多的血流出。他又用刀刺伤了她的脸部、颈部和胸部，一共刺了31刀。这时，开信刀的刀柄上开始有了血迹，已经足够为玛格丽特·安修女施行涂油礼了。他将血用力地涂到她的前额上，完成了最后的仪式。

鲁宾孙神父还做了一件亵渎天主、侮辱神明的事情——他掀起玛格丽特·安修女的道服，露出胸部，然后脱掉她的内衣，摊开她的双腿，将那个十字架形状的耶稣受难像插入了她的身体。谁也无法理解，鲁宾孙神父为什么要这样做。

完成了自己精心设计的谋杀案以后，他面带微笑地欣赏着地上的那件杰作。最后，他拉直了玛格丽特·安修女的双腿和手臂，整理了一下这具血淋淋的、半裸的尸体，希望人们把这看作是一场崇拜魔鬼撒旦的仪式。

现在再重复一遍，这是检察官最终提出的现场的场景，但这起可怕的谋杀案背后的动因是什么，我们仍然不得而知。尽管如此，犯罪现场却摆在了我们每一个人的面前，它是如此真实，如此惨不忍睹，如此鲜血淋淋。

背 景 介 绍

杰拉尔德·鲁宾孙神父

杰拉尔德·鲁宾孙，1938年4月14日生于美国托莱多市。他的母亲玛丽·希尔贾是一位波兰移民，父亲约翰·鲁宾孙则具有德国血统。他的父亲约翰是一个比较懒散的人，担任当地学校的管理人员，负责锅炉的维修保养工作。母亲玛丽则一直坚持波兰的家族传统，并帮助她儿子走上了神职人员的道路。在这个过程中，杰拉尔德·鲁宾孙如饥似渴地吸收着波兰文化的点点滴滴，并学会了波兰语。

后来，他进入了位于密歇根州奥查德湖附近的圣玛丽预备高中就读。这是一所非常有名的中学，致力于为那些渴望成为天主教神父的波兰裔美国男孩们提供良好的教育。在不久以前，他还会非常乐意、非常自豪地将该校的校训背诵给别人听——"为每一位年轻的学子提供道德戒律、严肃的风纪和良好的教育，使其能够成为天主教的绅士、学者、神父以及全世界的领袖"。回想起来，我们不禁感叹，也许杰拉尔德·鲁宾孙早就把这神圣的信条抛诸脑后了吧。

鲁宾孙又在圣济利禄与圣梅笃丢斯神学院学习了 4 年，并于 1964 年被任命为神父。5 年后，圣玛丽高中曾邀请红衣主教卡罗尔·约泽夫·沃伊蒂瓦访问该校，不久之后，这位红衣主教便成了 20 世纪最年轻的教宗——约翰·保罗二世。

从被任命为神父的那一刻起，这位安静而内向的鲁宾孙神父便成了托莱多市那些亲密而又团结的波兰人民的偶像。这份崇敬之情似乎永远都不会消减——即使他在 40 年后卷入了这起骇人听闻的惨案，人们依旧对他十分崇拜。在许多人的心目中，鲁宾孙神父一直就是所有神父的榜样，从来没有犯过错。

从一个更客观的角度来看，其实这位鲁宾孙神父并不如许多人想象的那么伟大，他的职业生涯中留下了许多不为人知的污点——他是一个喜怒无常、腼腆内向、让人捉摸不透的人，经常突然就从一个教区被调到另一个教区，更常常被无缘无故地降职。下列事例也许能反映出一些更严重的问题：

●鲁宾孙神父曾因对两名女孩施行了仪式性的虐待而遭到指控：一次是于 1968~1975 年在托莱多的圣阿德尔伯特教堂中，

另一次则是 1978 年在托莱多慈善医院里。2003 年，后一位受其虐待的被害人出庭作证，让玛格丽特·安·帕尔修女谋杀案起死回生。尽管她的指控并没有得到主教辖区的警官和调查人员的确认，但促使警方加快了调查的速度，最终将鲁宾孙神父逮捕并起诉。

● 一份不太详尽的报告指出，鲁宾孙神父是某一组织的成员，这个组织与另外一起女性仪式虐待案有关。该组织被称为"假面玛丽修女会"，其成员为托莱多市的男性，却在托莱多市的教堂中穿着修女的道袍。

● 在 1980 年本案发生以前，鲁宾孙担任圣迈克尔教堂的神父。当时，他被降级为三级神父，这似乎说明主教辖区已经意识到了一些问题。

玛格丽特·安·帕尔修女

玛格丽特·安·帕尔，1909 年 4 月 6 日出生在俄亥俄州埃杰顿市的一个小村庄里。她的父母具有德国血统，并且都是虔诚的罗马天主教徒，定期去教堂做礼拜。她的父亲弗朗西斯，是农民兼木匠。玛格丽特·安一共有 8 个兄弟姐妹，在他们的成长过程中，虽然物质条件不是十分优越，没有自来水，没有电，也没有室内管道，但一家人相亲相爱，其乐融融。有人认为，正是因为其家境贫寒，所以她日后才能很好地适应修女简单清贫的生活。在学校里，玛格丽特·安勤奋好学、开朗大方、颇有抱负，一心想成为一名修女。她的两位表姐是慈善修女会的成员，也许是受她们的影响，很小的时候她就常常自豪地宣称，"长大了也要和姐姐们一样成为慈善修女会的一员"。

高中毕业后，她在某静修中心学习了一年，一开始是以志愿者的身份，后来晋升为初学修女。在那里，她了解到了关于宗教生活和慈善修女会的所有信息，并最终成了一名修女。之后，她在位于托莱多市的得·萨尔斯大学获得了文学学士学位。在 1930～1933 年间，她完成了最初和最后的誓言。她接受了护士培训，并从圣丽塔医院（位于俄亥俄州利马市）获得了注册护理师资格证书。

玛格丽特·安修女在俄亥俄州的数个慈善医院服务过，并在那里度过了其辉煌的职业生涯。她一直在慈善医院从事各种主管和领导的工作，并且越来越得心应手、驾轻就熟。曾经有人称她为"热情忠诚的多面手"，除了医院的建筑工程外，其他大大小小的事情，她均要过问。

1971 年，已至耳顺之年的玛格丽特·安修女开始考虑退休的问题。但俗话说"能者多劳"，慈善医院又任命她为医院教堂的管堂，负责管理圣器室的所有祭祀用具。在那里，她以一丝不苟、谨小慎微而闻名。也是在那里，她走过了生命中最后的那段时光，成了一起血腥暴力、惨绝人寰的谋杀案的受害者。

这起谋杀案的调查人员曾向医院和教堂的人询问过被害人玛格丽特·安修女的情况。有修女称其为"迂腐守旧之人"，"她要求每件事都按照她的想法来做，而且必须分秒不差、分毫不少"。另一位医院的工作人员说："教堂的现状达不到她的预期，这一点让她很是心烦意乱"。[130]

托莱多市主教辖区在掩盖真相？

从一开始，鲁宾孙神父就被警方锁定为一号嫌疑犯，为什么时隔 26 年才对其提起诉讼呢？有执法人员认为，是因为一直以来都缺少足够的证据对其进行指控；而另外一些执法人员则认为，一个神父不可能犯下如此十恶不赦的罪行。然而，除此之外，人们心中还存在着一种疑虑，久久不能消逝——该辖区的主教似乎一直都在努力掩饰这一切，不但要保护神父，还要保护宗教本身。在之前发生过的与神父相关的娈童案和性变态案中，天主教堂就对犯罪的神父包庇保护，有分析人士更是将鲁宾孙案视为此类典型。另一方面，这个教堂显然在压制案件真相：凶手是在施行某种撒旦崇拜仪式，这一点是有目共睹的，但该辖区的天主教会显然想要将公众的注意力从宗教仪式转移到性暴力上——他们宁可让人们认为性暴力是本案的唯一焦点。

下面是关于此类丑闻的一些例证。但很显然，这仅仅只是托莱多市宗教内部保护和刑事司法不公问题所露出的冰山一角而已。

- 玛格丽特·安·帕尔修女谋杀案的调查工作由警察局副局长雷·维特负责。他是一名虔诚的天主教徒，曾公开宣称，在他心中，神父和修女"仅次于天主"。按照正常程序，警方报告应当是一式三份，然后分送到不同的部门。他却命令调查人员把打印好的三份报告全部送到了他的办公室。[131]
- 雷娜塔·法泽卡斯博士是本案的法医，负责尸检工作。她说，尸体被人摆成了某种姿势，现场没有发现任何强奸或其他性侵害的痕迹。（"性侵害"现今的含义应当包括将某物体插入人体的行为。在本案中，实施性侵害的物体为耶稣受难像，而非开信刀，因为开信刀是杀人的凶器。）比尔·基纳中尉向法泽卡斯博士询问了尸检结果后，补充道："我认为，凶手仅仅只是对被害人进行了侮辱而已。"
- 基纳中尉看到的是刑事司法体系中关于涉性案件的一个常见的漏洞。"刑事司法体系中有一条不成文的规定：如果某位神父因同性恋案或娈童案而被逮捕，警方对其不能像对普通人一样进行逮捕登记。神父被带到刑警队以后，刑警队会马上通知大主教。大主教来到警察局后，先将其带走，回到教堂后再按照当时的教规对其进行惩罚。"[132]

● 之后我们将讲述更多的细节，这些细节是我们调查的一部分。当基纳和阿特·马克斯警探在一个所谓的安全地点对鲁宾孙神父进行例行讯问时，警察局副局长维特、托莱多市教区大主教杰尔姆·施密特和慈善医院律师亨利·赫舍尔前来为其求情。他们支开了基纳和马克斯，与鲁宾孙神父单独待了10分钟后，便带着他离开了警方的讯问地点。基纳对他们的行为感到非常震惊，转而质问慈善医院的另一位神父杰尔姆·斯维尔特奇（这位神父目睹了这个事件的全过程）："他们把鲁宾孙神父带到哪里去啦？他们想干什么？"斯维尔特奇回答道："他们把他送进了精神病院，你再也不能从他那儿得到什么信息了。"

● 基纳在26年后回忆道："他们把鲁宾孙神父带走后，调查工作一度陷入了僵局。我们后来查明，是维特副局长赶到主教教区接走施密特大主教并把他带到警方的讯问地点的。他还带着赫舍尔律师，以对付警察……我真不明白，他为什么要去保护一个杀害修女的凶手。直至今日，他都不会认为自己做错了，因为他是一个如此虔诚的天主教徒。……在他心目中，他所做的一切都是为了主持正义。"[133]

● 一年多后，基纳仍对自己保护了一个倾听别人忏悔的头号嫌疑人而耿耿于怀，并辞去了自己从事29年的警察工作。"这件事情让我觉得很寒心，整个人士气大落，根本没有心思工作。没有人能够为所欲为，神父也不例外。如果一个神父只是不小心闯了红灯，你也许可以睁一只眼闭一只眼，放他一马，但这是一起谋杀案啊！作为一个警察，怎么可以对一起谋杀案视而不见，继续让凶手逍遥法外呢？"[134]

● 这不仅仅是让多名执法人员痛心不已的"便宜之权"，这更是一种手段！直到现在，仍然有许多人认为，一位大主教干涉警方对嫌疑人的讯问，这在美国历史上还是第一次。[135]

● 因受玛格丽特·安·帕尔修女谋杀案影响而主动辞去公职，基纳并非特例。托莱多天主教区主教约翰·安东尼·多诺万是一个小心谨慎之人，在处理教区事务时一直都如临深渊、如履薄冰。在谋杀案发生后的第4个月，他突然宣布辞职。不少评论员都在猜测，多诺万主教是不是因为忍受不了自己良心的谴责才辞职的。但不管这背后的原因究竟为何，在托莱多教区的历史上，从来没有发生过主教辞职的情况，多诺万主教是唯一的一个。[136]

● 由于国内关于神父施行性虐待的传闻与日俱增，20世纪80年代末，成立了一个对被害人提供帮助的全国性组织——"神父虐待案幸存者联盟"。克劳迪娅·维尔切洛蒂是该联盟在托莱多市的组织者，她本人就曾遭受过神职人员的性虐待。"神父虐待案幸存者联盟"在托莱多市成立后，催生了一个特殊的教堂审查委员会，由五名天主教的非神职人员和一名非天主教人士组成，专门负责听审关于虐待行为的指控。

● 安妮·路易斯（化名）修女，29岁，是托莱多市及其周边城市的天主教学校里特殊儿童的老师。她开始怀疑，孩提时期，那些穿着奇怪袍服的神职人员们是不是一直都对自己实施着性虐待。她承认，她一直克制着，努力让自己不去触碰那些回忆。但如今，她已决定开始寻求某些咨询或指导。

● 当然，安妮·路易斯修女的那些"不愿意去触碰的回忆"

并非全都是真实的或正确的，某位善意的治疗师也许在不经意间就会在她头脑中"植入"某些想法。但在本案中，那些性虐待的细节慢慢地在这个可怜的女人脑海中浮现，主要施虐者的名字尤为清晰——切特·沃伦神父。除了她之外，另外还有五名妇女对这位神父提出了性虐待的指控，而他也已被圣方济格沙雷主教圣师驱逐出教。然而，安妮·路易斯修女还记住了另外一位施虐者的名字——杰拉尔德·鲁宾孙神父！她花了十多年的时间去确定这一切，最后终于鼓起勇气与维尔切洛蒂取得了联系。我们将在后文中详述安妮·路易斯修女的经历，但现在，在天主教内部对神父包庇纵容的大背景下，我们的苦主被带到了教堂审查委员会的六位委员面前，由他们来为其主持公道。

●在审查的前一天，安妮·路易斯修女向每一位委员提交了一份长达四页的报告。报告上密密麻麻地写满了她这么多年来在身心上所受到的双重折磨，并提到了鲁宾孙神父的名字。报告的开头这样写道："各位尊敬的教堂审查委员会的委员，你们好。我从两岁开始，就一直断断续续遭受到非人的虐待。在这份报告中，我将按照事情发展的先后顺序来告诉你们这一切。"

●审查会议持续了很长的时间，安妮·路易斯修女向审查委员会的委员们讲述了她所能记住的一切，情绪非常激动。委员会在当事人回避的情况下进行了评议。罗伯特·库利博士是一位专门研究性虐待的心理学家，也是审查委员会中唯一的一位非天主教人士。他强烈要求将安妮·路易斯修女的指控迅速交予警方，但委员会的其他四位成员都对此表示反对，该要求也就这样不了了之。

- 维尔切洛蒂说："我们怀疑有人努力想截住这条与鲁宾孙神父有关的消息……托莱多市主教辖区的负责人在得知这样的事情后，应当及时报警，但他们并没有这样做。"[137]

- 2005 年中，维尔切洛蒂的住所突然着火，原因不明。大火烧毁了 18 个装有研究资料以及内部文件的抽屉，其中绝大部分的文件都与神父虐待未成年人的案件有关。[138]

- 与此同时，托莱多警察局一位已退休的调查人员说出了警察局与主教辖区之间的关系。他在接受《托莱多刀锋报》（Toledo Blade）采访时承认："警察局里有主教辖区的人，我就曾经扮演过这样的角色。"[139]

- 《天主教官方指南》（Official Catholic Directory）上的职位排名似乎能告诉我们一些什么。玛格丽特·安·帕尔修女谋杀案发生后（1980 年），鲁宾孙被安排到不带教会学校的波兰教区担任神父。10 年以后，我们在《指南》上可以看到，鲁宾孙被任命为两个带教会学校教区的常驻神父，兼任另一个教区的管理人员。[140]这种变化似乎暗示，10 年前的鲁宾孙正处在风口浪尖上，待一切风平浪静之后再授予其"常驻神父"或"管理人员"的职位，似乎更能安抚人心。[141]

调查活动

本案的调查活动分为早期和晚期两个阶段——这一拖就拖了 25 年，真可谓名副其实的"晚期"。案件一发生，警方就介入了调查，那时，鲁宾孙神父曾一度成为众矢之的——主要犯罪嫌疑人。这一切都是由慈善医院教堂斯维尔特奇神父早期的些许言论造成的。当时，斯维尔特奇神父正在圣器室为被害人施行最后的仪式，他看到鲁宾孙神父走了进来，眼神空洞，面无表情。不久之前，医院的有线广播召集所有的医务人员马上赶到圣器室，说那里出现了紧急情况。多名住院医师、实习护士、修女等人迅速赶到了圣器室，唯独没见到鲁宾孙神父，医院的管理人员只好将他从二楼的宿舍中叫了下来。当时在场的人都认识鲁宾孙神父。正在为被害人施礼的斯维尔特奇神父突然站了起来，满腔愤怒地质问鲁宾孙神父："你为什么要杀害她？你为什么要杀害她？"[142]

早上 8 点 30 分，托莱多警方接到关于凶手的举报后，迅速派了多名警探和一名物证技术人员前往现场进行调查。警方按照常规，封锁了犯罪现场，并进行了勘查，还对多名可能的证人进行了询问，但没有一个真正的证人。

尸体解剖

当天下午，卢卡斯郡的助理验尸官雷娜塔·法泽卡斯博士对尸体进行了解剖。尸检报告（部分）如下：

> 死者为一名 71 岁的女性，重约 134 磅，身高为 62 英寸。死者身穿蓝色的无袖罩衫、白色的上衣、蓝色的衬裙、白色的胸罩、连裤袜、束腰内裤和蓝色的鞋子。连裤袜和束腰内裤缠绕在踝关节处。尸体旁边还有一条黑色的面纱。

> 死者的脖子上戴着一条有银十字架挂坠的银色项链，项链上的银十字架被人固定在了衣服的左侧。死者的第 4 根手指上带着一个十字架形状的银戒指。还没有形成尸僵，也没有出现尸斑。（尸斑是由于身体某个独立部分的血液停止循环，从而使得那个部位的皮肤颜色沉淀而形成的一种法医学现象。）

死者腹部右下方有一条做阑尾切除手术留下来的斜的疤痕，长约 3.5 英寸。

死者的左膝处有一条长约 1.5 英寸的、斜的疤痕，似乎也是医疗行为留下的。

死者的牙齿完好、正常。

尸体上有多处刺创。很明显，死者是被勒死的。左面部共有 6 道刺创，均为横向，角度倾斜，分别位于左嘴角处和左颌下方。最深的创口达 1.5 英寸。

死者颈部左侧有 15 道横向的、角度稍稍有些倾斜的刺创，是从前到后形成的。最深的创口约为 3 英寸。

死者的左胸部有 9 条横向、倾斜的刺创，位于左侧锁骨和乳头线之间，长度为八分之一英寸到二分之一英寸不等。这些刺创与上述颈部左侧的刺创很相似，都是从前到后形成的，其中有些创口呈现轻微不规则的轮廓。最深的创口约为 3 英寸。

死者颅腔内的左颈总动脉有一处裂口。喉部和气管有三处刺创，食道管上有一次性形成的穿孔。在第 4 节和第 5 节颈椎处分别发现了一条刺创。整个前颈和后颈部均有出血现象。

死者左侧肺部被刺过两次……第三个肋间的胸骨有刺创，创伤一直穿过右心室，延伸至肺动脉瓣尖点的下方。

[被勒死的证据]：面部（除前额外）和上下眼睑内面的结膜上有无数明显的出血点。锁骨上下方区域有即时出现的瘀青，瘀青面积大约为 10 英寸×4 英寸。脖子上有一条线形的、倾斜的瘀痕。

舌骨的两个小角均已断裂。断裂的地方均有出血的现象。

颈部下方和上胸椎区域的骨骼处（略微偏向左侧）有一块

3.5 英寸×2 英寸大小的即时出现的瘀青。身体的这个区域还有
3 条纵向平行的、线形的瘀痕，每条大约长 2 英寸。

[死亡原因]：死者玛格丽特·安·帕尔修女，71 岁，白种
人，死于面部、颈部和胸部的 31 处刺创。现场也有显示她是被
勒死的证据。

法泽卡斯博士还在尸检报告中提到了她对凶器的看法。她认为
凶器是一块大约 3 英寸长、半英寸宽的刀片。刀片有 4 个侧面，其
横截面的形状类似于风筝形或菱形。

此外，博士还着重强调了下列情形：第一，尸体上没有发现反
抗留下的伤痕；第二，死者阴道壁上有划伤；第三，处女膜完好无
损。（显然，耶稣受难像没有插得很深，还没触碰到处女膜。检查结
果还表明，死者的阴道、口腔和肛门处均未发现精液。）

但是，无论是法泽卡斯博士还是调查早期的警探均未提及，死
者心脏部位的 9 处刺创形成了一枚倒转过来的十字架的形状。[143]

关键问题

四天过去了，警方既没有发现任何实质证据（例如指纹、足迹、
纤维、毛发等），也没有找到凶器。后来，勤杂主管雪莉·卢卡斯向
警方描述了玛格丽特·安修女在得知鲁宾孙神父擅自简化了复活节
弥撒的程序后的强烈反应——如前所述，修女颤抖地紧握着卢卡斯
的手，愤愤之情溢于言表："他们凭什么剥夺天主接受人类祈祷和忏
悔的机会？"这时，基纳认为，本案出现了转机——难道鲁宾孙神父
因为自己的失职行为受到了玛格丽特·安修女的责难，所以就对她
痛下杀手？圣器室和医院的小教堂均未丢失任何财物，警方基本上
已经排除了抢劫的可能。此外，现场也没有强奸的迹象。

在调查的早期，有一些新进展值得我们关注。例如，基纳中尉对于本案的一些比较尖锐的看法；有证人回忆说，当时听到了一阵急切而忙乱的脚步声；查获谋杀案疑似凶器；住院医生的"目击证言"；虚假的供述；以及一份测谎证据。这些证据中的任何一份单独拿出来都无法证明鲁宾孙神父有罪，但将它们联系到一起，至少可以作为指控神父的间接证据。但这些是远远不够的——因为怀疑终究只是怀疑，再多的可疑行为也不能等同于犯罪。

下面，我们来逐一看看这些调查早期获得的证据。

首先，基纳中尉根据法泽卡斯博士的尸检报告，得出了这样一个结论：玛格丽特·安修女是被熟人谋杀的。

理由如下："凶手与被害人很熟，而且积怨颇深。因为只有这样，他才可能进入圣器室，并用如此残忍的手段将其杀害。如果凶手并不认识被害人，且只是临时起意对其实施抢劫或强奸，他只会捅一两刀，或者干脆一刀割破被害人的喉咙，绝对不会像本案这样，站在那里，从容地刺被害人 31 刀。"[144]

其次，案发一周后，慈善医院的接待员玛格丽特·沃伦对调查人员戴夫·温布雷特说，案发当天（周六）的早上 7 点 30 左右，她听到楼上传来一阵急促的脚步声，声音很大。在这之前，她在去服务台的路上遇到了门卫沃德尔·兰斯顿。兰斯顿说，他早上在清理主入口附近的露台下房屋的地毯时，也听到了奇怪的脚步声。

兰斯顿后来对调查人员说："听起来好像出了什么大麻烦事似的。"

沃伦和兰斯顿都认为，脚步声来自鲁宾孙神父卧室所在的方位。他们俩均没有听到楼上门廊尽头那个安全门闩被推开的声音（在紧急情况下，水平的门闩被推开，从而门会被打开），但脚步声似乎直到教堂大门附近才停下来。

温布雷特在报告中写道："沃伦回忆说，当时她听到了一阵急切而忙乱的脚步声。那些人应该是沿着门廊往西走，然后左拐，去往鲁宾孙神父卧室前面那条 L 形门廊的尽头。他们似乎很焦躁，那种脚步声给人一种惊慌不安的感觉，让我很害怕。"

听完了关于脚步声的描述，并且两位证人的内容描述一致，基纳对两位证人的证言非常重视。"这些人是在谋杀案发生前下的楼。这很重要。鲁宾孙神父的卧室和露台以及通往护士卧室的入口离得都很近，而兰斯顿也听到露台上传来忙乱的跑步声，沿着门廊，去往了神父的卧室。"[145]

案发两周后，鲁宾孙神父签署了一个放弃搜查令的文书，同意调查人员对他在慈善医院的两间卧室进行搜查。调查人员在桌子抽屉里发现了一把匕首形状的开信刀，大约 8 英寸长，刀片呈菱形，刀把手的底部有一个关节套。刀把手上有一个铜质、圆形的浮雕装饰物，还有一个美国国会大厦的浮雕图案。开信刀的所有细节均符合法泽卡斯博士对凶器的描述。

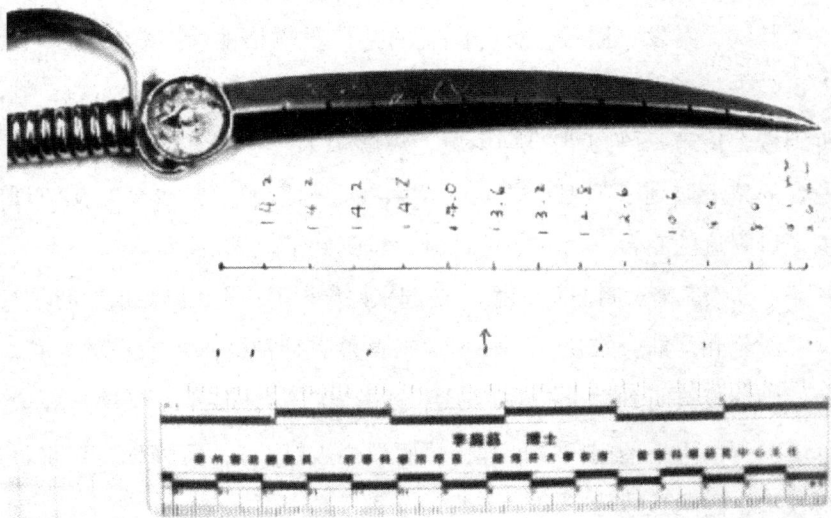

修女帕尔案中的作案工具——开信刀

几天之后，这把开信刀被送往托莱多刑事犯罪实验室，由资深刑事专家乔希·弗兰克斯对其进行检验。弗兰克斯表示："这把刀有点太干净了。刀上没有任何指纹、没有任何污点、没有任何痕迹，似乎被人擦过，这很有意思。"[146]

弗兰克斯对刀把手上的那个圆形的浮雕装饰物进行了仔细检查，在浮雕下的刀面上发现了一个小污点。他用酚酞试剂（一种检验血迹的化学试剂）对其进行了检验，结果呈阳性。但由于检材数量太少，无法进行确证实验，而如果仅将推定实验的结果作为证据，其证明力在法庭上将大打折扣。

调查人员丹·福斯特就该案对杰克·巴伦医生进行了询问。巴伦医生今年 32 岁，在慈善医院做了两年住院医生，他是听到医院的紧急呼叫后第一个赶到现场的人。巴伦医生说，听到广播后，他就飞奔着下楼，赶往圣器室。由于他从来没有去过教堂，所以拐弯拐错了。在折身回来的路上，他遇到了一个穿黑色法衣的神父。巴伦说，神父回头瞥了他一眼，眼神冷酷。那个神父的年纪大约在 35～45 岁之间，中等个头，棕色的头发——这些均符合鲁宾孙神父的特征。

警方总共对鲁宾孙神父进行过两次讯问。有一次，鲁宾孙神父突然说，杀死玛格丽特·安修女的凶手曾向他忏悔过，这令基纳和马克斯大跌眼镜。如果神父说的是真的，那么他就违反了天主教的主要教规，即一个神父必须对别人的忏悔或告罪绝对保密，如有违者，将被驱逐出教。

基纳回忆道："鲁宾孙神父说：'我来告诉你发生了什么。'他所在教区的一个居民去教堂向他做告罪，说是自己杀死了帕尔修女。神父也接受了那个人的告罪。"但在问及事情发展的详细经过，尤其是告罪者的身份特征时，鲁宾孙神父开始吞吞吐吐，最后不得不承认是为了给自己脱罪而编了这么一个故事。他还说他很累,只是希望能早点结束讯问,回家休息。

多年以后,马克斯解释道:"这个天主教神父没有对警方讲实话。他说:'哦,这一切都是我编出来的。'这一点至关重要。"[147]

案发两周后,鲁宾孙神父在调查局审讯室里接受了测谎检验,操作员为吉姆·韦甘德中尉。后来,鲁宾孙神父承认,他在检验的那天早上服用了安定。

韦甘德中尉在报告中写道,在询问的过程中,鲁宾孙有多处回答自相矛盾。他认为鲁宾孙在测谎过程中有可能撒了谎。他得出的结论是:"无法证明测试对象有没有说谎。测试对象对与玛格丽特·安·帕尔修女谋杀案相关的问题有特异心理反应。"[148]

中断

在接下来的一两周内,调查活动没有取得任何实质性进展,这意味着警方的工作已经搁置了将近一个月。调查人员对此议论纷纷:"整个调查活动已跌入了低谷""这是个不祥之兆""调查工作几乎已经陷入了停滞状态""压力太大了"……

调查早期通过警探人员的不懈努力和渐涨的悬赏金而获得的那些间接证据似乎都无果而终。调查活动又断断续续地持续了好几个月,进而又拖了一两年。这桩谋杀案最终变成了一桩悬案。但是,慈善医院传言,整个案件是撒旦崇拜仪式的一部分,鲁宾孙神父是本案的凶手。所有曾参与本案的调查人员曾一致认为,鲁宾孙神父既有作案的动机,也有作案时间和作案工具——而且他们对这个判断"坚信不疑"。

25年后,这个案子再度成为众人关注的焦点。在此期间,鲁宾孙神父恢复了他在慈善医院教堂的职位。案发六约 15 个月以后，鲁宾孙神父曾变更教职，被任命为三个波兰教堂（分别为圣安东尼教堂，圣斯坦尼斯洛斯教堂和圣诞堂）的神父。8 年后，他被派往希尔瓦尼亚的圣约瑟夫教堂担任副主任神父，但供职 6 个月后，又被调往花朵医院和湖滨公园私人疗养院担任兼职神父。当时，他居住在圣海德薇教区。

时任圣海德薇教区神父的保罗·奎亚蒂克沃斯基说："鲁宾孙神父在我的教区居住了 4 年。他是一个非常腼腆、沉默的人——有点像胆小鬼卡斯帕，性格软弱，摇摆不定。"[149]

后来，处于半退休状态的鲁宾孙神父为托莱多市多个疗养院和医院的病人提供宗教信仰上的辅导，对他们进行心灵治疗。每到周末，他都会去托莱多市的教堂布道。

20 世纪 90 年代初期的一个周日，马克斯在一个教堂里见到了这个昔日的谋杀案嫌疑人在主持弥撒。他回忆道："我没有靠近，早早便离开了。"[150]

重 启 悬 案

现代 DNA 技术为克利夫兰市谢泼德杀妻案翻了案，萨姆·谢泼德医生终于沉冤得雪。这件事让新上任的卢卡斯郡检察官朱莉娅·贝茨颇受震动。1997 年末，她决定运用这项新技术对其职权范围内早期发生的案件进行二次审定，并成功破获了多桩悬案。两年后，她和托莱多市警方联手组建了一个"终极悬案审查小组"，目标是，运用 DNA 技术和其他新技术对那些陈年旧案进行重新调查。小组成员包括：汤姆·罗斯警探，检察官办公室的资深调查人员；史蒂夫·福里斯特中士，托莱多警察局最优秀的警探之一；助理验尸官戴安娜·斯卡拉-巴尼特；世界著名的法医人类学家弗兰克·索尔和朱莉·索尔博士夫妇；来自鲍格林市刑事侦鉴局 DNA 组的各位精英。审查小组每个月开一次例会，7 年里，他们对 50 起案件进行了重新审查，破获了将近 30 件悬案。但玛格丽特·安·帕尔修女谋杀案尚未在其列。

随着安妮·路易斯修女对鲁宾孙神父提出指控，加上"神父虐待案幸存者联盟"的倡导者克劳迪娅·维尔切洛蒂坚持不懈的努力以及悬案审查小组福里斯特中士和罗斯警探的影响力，官方终于在 2003 年 12 月宣布对玛格丽特·安·帕尔修女谋杀案进行重新审查。这桩搁置了大约四分之一个世纪的悬案终于开始重新启动。

第一步是对保存在警察局的证据进行重新审查，大家把目光都集中在了那把匕首形状的开信刀和那块大圣坛台布上。两名警探打开圣坛台布，在上面发现了一块长形的、淡淡的、干了的血痕。他们将开信刀刀片和把手的形状与台布上血痕的形状一对比，发现非常吻合，便认为台布上的血痕是擦拭开信刀后留下的。随后，警探们就此事请教了俄亥俄州调查局的法庭科学家丹·戴维森。戴维森在报告中写道，他所能得出的最好的结论就是，既不能排除也不能肯定这把开信刀就是凶器。尽管这个结论让人有点小失落，但至少迈出了重新调查的第一步。

接下来，他们对安妮·路易斯修女进行了询问。在询问过程中，路易斯修女问及被害人身上的制创是否形成一个倒转的十字架的形状。他们意识到了这个问题的重要性，因为这种细节不可能是编造出来的。

托莱多警察局中关于本案的一些报告已经遗失，这是案件重新审查的过程中遇到的最大的困难。由于没有了鲁宾孙神父的讯问笔录，也没有了询问斯维尔特奇神父的记录（神父在 10 年前就已过世），整个重审过程再次陷入了被动。幸好基纳和马克斯还健在，尽管已年过八旬，但这两位正直、勤勉的警察还是与罗斯和福里斯特取得了联系，对他们的工作予以积极配合。模糊的记忆逐渐开始清晰。不久之后，四名警探和一名检察官代表参加了审查小组的例会，并发表了对本案的观点。

福里斯特说："我们与基纳和马克斯已经很熟了。那就闲话少说，直入主题吧。先向两位讲讲我们做过哪些工作和我们的目的，再请他们回忆一下当时的情形。"

基纳回应道："所有的相关材料都丢失了，我们只能凭借记忆来还原当时的情况。审查小组的介入是使本案水落石出的唯一希望，我们会把记得的所有事情全部都说出来。"[151]

现任主教迈克尔·比连也没能帮上太多忙。审查小组想让他提供鲁宾孙神父在主教辖区的人事档案，他送交了一份文件。后来，福里斯特写道：

> 文件中没有鲁宾孙担任神父期间的任何信息——既没有关于其工作情况的评价，也没有托莱多天主教区关于玛格丽特·安·帕尔修女谋杀案的内部审查报告。
>
> 总之，托莱多天主教区提供的关于鲁宾孙神父的信息仅包括他的照片、简历、任命为神父的日期以及任职期间的基本情况介绍。[152]

2004 年 1 月，悬案审查小组组织专人对玛格丽特·安修女的内衣进行了 DNA 检测。他们在修女的内衣上发现了少量 DNA，但 DNA 专家提醒调查人员说，在早期调查过程中，任何与死者接触过的人都可能对此 DNA 检材造成污染。

尽管如此，调查人员仍然一直保持着高昂的士气。

助理验尸官戴安娜·斯卡拉–巴尼特得出结论，死者身上的刺创是由开信刀形成的。

被分配到托莱多警察局法医和犯罪现场分队的特里·卡曾诺警探认为，在圣坛台布上发现的那块血迹的形状与开信刀刀片尖儿的形状和曲线相吻合。此外，他还指出了开信刀与圣坛台布上的血迹和穿刺孔相吻合的其他特征。他将就这些调查结果出庭作证。

悬案审查小组还得到了著名的血迹形态分析专家 T. 保莉特·萨顿和大主教管区大法师、神秘宗派方面的专家杰弗里·格罗布神父的帮助，他们为本案提供了许多宝贵的信息。

在经历了无数次的询问和科学实验后，罗斯警探终于在 2004 年 4 月 23 日指控鲁宾孙神父触犯了加重的谋杀罪，并于凶案发生 24 年后在其住处将其逮捕。罗斯带走神父后，福里斯特留下来对神父的住所进行了一次简单的搜查。他在卧室里发现了一个大纸箱，里面装了数百张躺在棺材里的尸体照片，有的照片是多年以前拍摄的，有的则是最近的。福里斯特还在书架上找到了一本名为"神秘学"的小册子，这本书是在谋杀案发生之前出版的。他大体翻了翻，发现书里的许多段落都被重点标出，其中有一段的内容让这位警探非常不能接受。这段文字描述了一场"追思弥撒"，在这场仪式中，一位无辜者被当作祭坛，施行者以撒旦之名对其施以酷刑，进行性虐待，最后将其杀害。

5 个小时后，鲁宾孙神父被正式起诉，并被押往卢卡斯郡监狱。逮捕令的内容非常简单：

> 被告人杰拉尔德·J. 鲁宾孙造成了被害人玛格丽特·安·帕尔修女的死亡，死亡原因为勒死。在被害人玛格丽特·安·帕尔修女的尸体上发现了多处死后形成的伤口，在杰拉尔德·鲁宾孙的所有物中发现了一种工具，该工具有多处特征与死者

伤口特征相吻合。[153]

鲁宾孙神父被逮捕后，各方迅速作出了回应。托莱多市的大部分波兰民众对此表示非常愤慨。全国各大报纸纷纷用大标题、大版面对该案进行了报道，三大电视台争相以该案作为早间节目的内容。一两天的时间内，包括英国的《每日电讯报》（*Daily Telegraph*）和法国的《世界报》（*Le Monde*）在内的世界各国的报刊均为此案开设了专栏。检察官们忙不迭地解释说，检控方现已有足够的证据起诉鲁宾孙犯有谋杀罪；调查人员对血溅痕迹进行分析后得出结论：那把开信刀就是凶器——而案发当时，那把开信刀正为鲁宾孙所有。

几天后，《托莱多刀锋报》上刊登了一篇有力的社论，对托莱多主教辖区处理本案的手法提出了批评，尤其提到了最近曝光出来的恋童癖神父问题：

> 主教辖区的行为不仅招致了公众的不满，还受到了媒体的鄙夷。同时，这种对自己人包庇纵容的行为也极大地损害了教区的威信。托莱多警方对鲁宾孙神父的逮捕正好说明了这一点。
>
> 20多年来，美国和西欧的天主教一直被性丑闻的阴影笼罩着，主教辖区对这些负面事件一直采取一种推脱、包庇和不负责任的态度。如果主教辖区想一改其在公众心中的形象，就应该坦诚相待，树立良好公民的榜样。[154]

由于众多的支持者为其交纳了保释金，鲁宾孙神父被关押不到一个月就被释放了出来。与此同时，多名已退休的警察开始公开谈论这起案件，他们声称，鲁宾孙之所以在1980年案发时没有被抓起来，是因为当地的主教辖区给调查人员施压，要求他们停止工作，从而阻碍了调查活动的顺利进行。

2004 年 5 月 3 日，卢卡斯郡检察官朱莉娅·贝茨正式对鲁宾孙神父提起诉讼。后来她解释道："我一直都把他看作是一个杀死了一名女性的男人……只是碰巧他是一名神父，而被害人又碰巧是一名修女。这是一起犯罪行为，仅此而已。我们不能这样想：'哎呀，我们最好不要起诉他，毕竟他是一名神父啊！'"[155]

在从起诉到庭审的这段时间里，有两件事情对后来的审判起了非常关键的作用：第一，将玛格丽特·安修女的尸体挖了出来，重新对其进行尸检；第二，我（李昌钰博士）同意加入检控方的团队，并为其进行现场重建。

最初与我取得联系的是弗兰克·索尔博士。他和他的妻子朱莉·索尔博士在多个案件中合作，并多次共同参与了南美洲人类学探索活动。我与他们已相识 30 余年，经常一起举办讲座，在法庭科学案件中共事，并多次在美国法庭科学大会中交换意见。这次，他们需要我的帮助。贝茨随后也给我打了电话，并通了信。我对她所讲的情况进行了仔细的考虑后，决定去会一会这桩悬案。

2004 年夏，我在威斯康星州举办了一个凶杀案调查高级课程班，卡曾诺警探和另一名助理检察官专门赶到那里与我见面，并带来了那块圣坛台布和那把开信刀。在一次午休时间，我们对这两件物证进行了检查。我发现，圣坛台布上的那块血痕因为年数太久，已经褪色了，但台布上还有很多血迹，值得我们进一步检验。2004 年 12 月，我飞往托莱多，与专案组成员和该案的专家们碰头，并组织开展下一步的检查工作，包括对犯罪现场和所有尸检照片进行详细的检查。随后，在福里斯特和卡曾诺的陪同下，我前往慈善医院的小教堂，对犯罪现场进行重建。在现场重建过程中，要用到医院的心脏复苏模拟人；此外，我还需要强调的一点是，虽然现场有不少家具已重新更换，但地板砖却没有换过，还和 1980 年时一样。因此，我们可以按照所占地板面积的大小和方位来对每一件证据进行复位。

在修女帕尔谋杀案中，任务组成员与李博士见面

第二天，我和几个外国专家和调查员（研究者）在验尸官办公室商讨，利用半放大的化学品四甲基苯胺，把图案喷洒在坛布上去放大血迹图案。

2005 年 7 月 17 日，我公布了本案的现场重建报告（内容如下）。虽然本书并没有将所有的照片都囊括其中，但我们在后文中还会继续提到这些照片，因为它们都是整个法庭科学调查工作不可分割的一部分。此外，对现场进行完整重建的报告细致地揭示了案件过程的本质。为了避免重复，同时也为了保证本书整体结构的均衡性，我们在下文中将忽略报告中的一些细节，而这些细节将会在涉及审判的那一部分内容中再进行详述。

现场重建报告

提交方： 朱莉娅·R. 贝茨

卢卡斯郡检察官

卢卡斯郡政府 250 号

托莱多市，俄亥俄州，43624-1680

被害人： 玛格丽特·安·帕尔修女

案件号： 俄亥俄州诉杰拉尔德·鲁宾孙神父案

CR 04-1915

托莱多市警察局，RS#020565-80

案发地点： 俄亥俄州托莱多市麦迪逊大街 2221 号

案发时间： 1980 年 4 月 5 日

申请重新审查日期： 2004 年 8 月 27 日

报告时间： 2005 年 7 月 17 日

应卢卡斯郡检察官朱莉娅·贝茨的请求，"法庭科学研究与培训中心"的李昌钰博士同意对 1980 年发生的玛格丽特·安·帕尔修女谋杀案的调查工作提供帮助。具体工作如下：①对现有的文件和材料进行复审；②进行犯罪现场重建；③对一些特殊的物证进行检验。

2004 年 8 月 27 日，李昌钰博士会见了卢卡斯郡检察官办公室的全体职员和托莱多市警察局中参与本案的调查人员。2004

年 12 月 28 日，李昌钰博士飞往托莱多市，对位于慈善医院小教堂的犯罪现场进行了勘查。2004 年 12 月 29 日，李昌钰博士检验了一些证据，其中包括那块圣坛台布和在调查过程中查获的那把匕首形状的开信刀。检验地点为卢卡斯郡法医官办公室，在场人员有托莱多市警察局证据组的成员。

○ **提交的材料**

‡卢卡斯郡验尸官办公室的尸检报告（日期为 1980 年 4 月 5 日）

‡地区法庭科学中心（位于田纳西州孟菲斯市）的报告

‡托莱多市警察局的报告

‡犯罪现场的黑白照片数张

‡第二次尸检的报告和挖掘尸体过程中拍摄的彩色照片（时间为 2004 年 5 月 20 日）

‡法医人类学家弗兰克·索尔博士和朱莉·索尔博士的报告（时间为 2004 年 6 月 8 日）

‡由地区法庭科学中心的保莉特·萨顿出具的报告（时间为 2004 年 7 月 16 日）

‡关于证据检验的报告，时间为 2004 年 3 月 23 日

○ **案情介绍**

1980 年 4 月 5 日，在俄亥俄州托莱多市慈善医院的小教堂里发现了玛格丽特·安·帕尔修女的尸体。死者仰卧在地板上，颈部和上半身有明显的刺创，右臂上缠绕着一块圣坛台布。雷娜塔·法泽卡斯博士对尸体进行了解剖，她认为，帕尔修女死于左面部、颈部和胸部的多处（31 处）刺创。现场还有修女被勒死的证据。

2004 年 5 月 20 日，帕尔修女的尸体被挖掘出来，相关人员对其进行了第二次尸检。斯卡拉-巴尼特博士认为，造成死者身上刺创的凶器是一把带有华盛顿特区标志的、匕首形状的开信刀，或是与凶器大小、形状相吻合的其他器具。弗兰克·索尔博士和朱莉·索尔博士也对尸体进行了检查，他们一致认为，那把开信刀（或其他具有相同特征的利器）与造成死者下颌、胸骨柄（胸骨的上部）和第 7 节颈椎处刺创的凶器具有相同的特征，可以进行同一认定。

○ 照片审查：

1 号照片拍摄的是帕尔修女的尸体所在地（慈善医院小教堂）的全貌，时间为 1980 年 4 月 5 日。2 号照片的内容也是小教堂全貌，时间为 2004 年 12 月 28 日，以证明地点的一致性。

3 号照片拍摄的是通往圣器室（案发地点）的门道。圣器室是一间小屋，位于教堂的旁边。教堂的门是开着的。照片上死者的双脚似乎朝着身体右侧的方向。4 号照片记录的也是那条通往圣器室的门道，时间为 2004 年 12 月 29 日。

5 号照片拍摄的是圣器室内的情况。6 号则是 2004 年 12 月 28 日圣器室内的照片。尽管屋里的家具有所更换，但基本的屋貌和地板仍保持原样。

8 号照片拍摄的是死者帕尔修女尸体的全貌。死者仰卧在地板上，右边有一件白色衣物，衣物跨过右小腿，搭在左腿附近。圣坛台布和死者的上胸部有一些类似于血的痕迹。

9 号照片是死者尸体的正面照。死者右手右侧的地板上有一副眼镜；衣服正面的上部有大块血迹；右臂上缠绕着一块白色的圣坛台布，上面有明显的类似于血的痕迹，离死者头部最远的地方量最多；右手上也有类似的痕迹。

10 号和 11 号是死者头部和上半身的近照。前额上有类似于血的痕迹，鼻子上有血滴形状的液体滑落。除了死者衣服的上部有大块血迹外，在衣服和圣坛台布上还发现了血溅痕迹。死者头部的下方还有一个类似于帽子的物件。左边脸颊上也有血污。

第 12 号是那块白色的圣坛台布的照片，台布覆盖在死者的右臂上，上面有许多组对称的小洞。

第 13 号和 14 号是尸检照片。13 号是尸体上半身的正面照，在脸部、颈部和胸部上方能看到多处刺创。14 号是刺创的近照。尸体上有一些很特殊的相互交叉的创口，很可能是由一种小而尖的利器造成的。

第 15 号和 16 号是圣器室地板的近照。这间屋子的地板一直都没有更换过，其地砖的表面是带花纹的。我们对当时的地砖表面做了非常仔细的检查，发现其与 1980 年拍摄的照片是一样的。因此我们能肯定，这些地砖就是原来的地砖，而且其位置也没有被移动过。

我们对死者头部周围的地砖的照片进行了进一步的检查。我们发现，那些地砖上有一些污点，这些污点不是地板的花纹，而像是血溅痕迹，有可能是当时凶手刺伤死者头部时溅到地上的。

○ **物证检验：**

蓝色罩衫

17 号照片拍摄的是被害人外衣的上半部分。衣服上的破孔已用白色的记号圈出，共 21 处。衣服上胸部的区域有一大块血迹，这块血迹右侧的底部有一些类似于喷溅型血迹的污点。衣服的里面、顶部和背面均有血痕。我们从血痕形状可以看出，要么就是在用刀刺被害人之前，有人将她的外衣往上掀起；要么被害人遇刺的时候是站着的，所以才能形成滴落血迹形态。我们使用交替光源（Alternate Light Source）对衣服进行了检查，发现有两个区域的污迹呈荧光反应。现在还无法确定这些污迹到底是什么物质。

类似于内衣的蓝色衬裙

第18号是死者所穿衬裙上半部分的正面照。裙上的破孔已用白色的记号圈出，共26处，多于外衣上的数量。我们发现，这条蓝色的衬裙被人折叠过，刺一次就能形成多个破孔。

白色的圣坛台布

19号和20号照片拍摄的是那块带有血迹和破孔的白色圣坛台布。台布上的破孔已用蓝色的记号圈出，共18处，记录在了第21号照片上。这18个孔似乎被分为2组，每组9个，且位置对称，这表明当时台布是折叠的，凶手一共往上面刺了9刀，所以形成了18个对称的孔。我们对台布上和蓝色外衣上的破孔的大小和位置进行比较后发现，有些破孔的位置呈直线型排列，有些则明显不是。因此，我们可以推断，凶手是隔着台布和外衣刺向被害人的上胸部的，而刺向其他部位时则没有接触到台布。此外，由于台布的破孔周围有相对少量的血迹，我们可以推断，被害人身上的刺创和衣服以及台布上的破孔是在其伤口大量流血之前形成的。我们还在圣坛台布上发现了一些血液的接触和转移形态，其中有的血痕是台布与流血物体以静态的方式接触时形成的，而有的则是与流血物体接触后移动时形成的。

22号是开信刀把手部分的近照。23号和24号是开信刀刀刃底部的近照。这几个部分都与圣坛台布进行过接触转移。我们使用了四甲基联苯氨（TMB）来增强台布上血痕的显现程度，

25 号和 26 号照片拍摄的就是使用 TMB 之后的状态。

27 号照片记录的是开信刀的全貌。我们可以看到，开信刀刀片的宽度是变化的，把手上有螺纹，在刀片和把手的连接处有一个圆形的装饰物。

○ 结论

被害人的尸体是在教堂附近的一间小房子（圣器室）里被发现的，这个地方符合第一犯罪现场的特征。最后见到帕尔修女的证人说看到她在教堂准备复活节守夜弥撒，因此，我们推断，最有可能的遇害地点就是那间小房子，而且被害人很有可能是在那间小房子的地板上受到攻击的。

第一次尸检报告表明，多处刺创和勒颈窒息是造成被害人死亡的原因。在被害人的面部左侧、颈部左侧和上胸部的左侧共发现了 31 处刺创。此外，眼睑和面部无数明显的出血点、颈部的瘀青以及舌骨的断裂均为被害人被勒死的证据。

在圣器室的门上以及通往圣器室的路上均未发现血迹，由此可以推断，死亡现场为圣器室，而不是教堂。

在圣器室的地板砖上、墙面上和家具上均未发现垂直降落所形成的血滴或血迹，这说明被害人遭受攻击之后便迅速处于一种无意识或不能动弹的状态。被害人的身体和衣物上均有喷溅型血迹，其头部周围的地板上还有一些中速血迹，这说明被害人是在地板上遭刺的。

在整个过程中，圣坛台布和被害人衣服摆放的位置或方向似乎并不是固定不变的。一开始，圣坛台布位于被害人的左胸部，创口是凶手隔着台布形成的。伤口都非常浅，几乎没有刺破皮肤，也几乎没有流血。这些伤口均呈十字形，这在刺死案件中并不多见。

　　而后，凶手将圣坛台布从被害人的胸口处移开，并继续刺伤被害人的身体。这时候形成的创口非常深，并流了很多血。一般只有非常疯狂的杀人案才会出现这种创口。

　　我们对被害人的各层衣物进行检查后发现，衣服上的许多破孔均呈直线型排列，由此可以推断在凶手刺伤被害人的过程中，被害人的位置几乎没有移动过；同时也可以断定，被害人当时躺在地板上，已经丧失了行动能力。在被害人蓝色罩衫内胆的上表面发现了一些喷溅型血迹，由此可以推断，在刺杀过程中，凶手很有可能将被害人的罩衫掀了起来。

　　用显微镜对被害人的衣服和圣坛台布进行检查后，我们推断，凶器应该非常锋利，但并不是那种普通的直刃刀具。这些创口的形状很特殊，能形成这种特殊创口的凶器的刀片一定是有弧度的，例如开信刀的刀片。

　　我们使用了四甲基联苯胺来增强台布上血痕的显现程度。当时，台布上出现了一个很常见的血液接触转移形态，呈圆形，类似于开信刀刀片和把手连接处那个圆形装饰物的形状。建议调查人员通过进一步的宏观检验和微观检验对二者进行更仔细的比对。

　　基于调查早期拍摄的犯罪现场的照片、尸检结果和实验室分析，再加上这次复审的结果，可以得出结论：被害人帕尔修女死于教堂附近的圣器室。被害人一开始受到了惊吓，接下来便被凶手放倒在了地板上，并丧失了行动能力。由于她的衣服被掀了起来，所以可以推断她当时很可能受到了性侵害。随后，凶手拿着工具刺向了被害人的身体。凶手最先刺伤的是被害人的左侧胸部。当时被害人的胸部（甚至包括脸部）被圣坛台布覆盖着，凶器隔着台布刺入被害人的身体。凶手所使用的凶器的刀片既锋利又狭窄，所以才能形成十字形的创口。然后，凶手将圣坛台布从被害人身体上移开，又多次将凶器刺入被害人身体。在整个过程中，被害人一直都是躺在地上的。

李昌钰博士：

一共有 5 种不同的锐器伤，分别为：刺创、切创、削创、砍创和刮创。其中，刺创的深度一般会大于其长度。

死者身上的刺创是本案的核心，因此我们要对下面的问题进行思考。大家首先要知道，一般在他杀案件、自杀案件和意外事故中会比较多地出现刺创，而我们今天只谈他杀案件中的情形。

一般来说，本案被害人身上的这种创口是由一种锋利而又尖锐的器具形成的，例如刀、改锥、碎冰锥或打开的剪刀；但有时候像火钳或两叶未张开的剪刀之类的钝器也能形成这种创口。在通常情况下，凶器的刃越钝，创壁就越不规则，所接触的皮肤上的伤就越严重。但也有例外。如果被害人当时缩成一团或凶手拿着凶器在被害人身体上转动，结果就不一样了。因为这两种情况都会产生巨大的冲击力，从而影响对凶器刃口锋利程度与伤口严重程度之间关系的判断。

最常见的能形成刺创的凶器是刀，它往往会在接触物的表面形成一条狭长的切口，双刃的刀（如匕首）尤为如此。而单刃的刀就不一样了——单刃刀形成的切口会逐渐变窄。我们从菲尔·斯佩克特一案了解到，火器伤形成的角度和射击残留物的沉积模式能帮助我们确定射击的方向。同样，我们也能从伤口形态推断出不同的致伤方式。例如，如果凶手是垂直刺向或捅向被害人，被害人的身体上便会形成一道比较深的创口；但如果是砍击被害人，伤口则比较长但是浅。在一个案件中，如果被害人身上有多处创口，一个有经验的法医病理学家应该能对当时形成创口的过程进行重建，并能判断出到底哪一处伤口才是致命伤。

如果能找到凶器，通过对凶器进行简单但仔细的检查，会发现很多重要的信息。例如，凶器上可能带有被害人的血液，有时还可能带有凶手的血液，从而能检验出血型和 DNA。此外，还能从凶器上提取到指纹。

刺创包括表皮创和内创。法医病理学家文森特·迪·梅约博士在其著作中对刺创作了如下诠释：

● 刺创最典型的特征就是创口底部无"组织间桥"（bridging tissue）。如果创口底部的连接组织依然存在，那么该创口就很可能是被钝器打击而形成的，而不是被利器刺伤的结果。因为利器伤一般会穿透连接组织，而不仅仅只是将其撕裂。所以，**裂伤**（laceration）和**刺创**（stab wound）是有区别的，不能互换着使用。

● 另外还要简单介绍几个与刺创有关的词：**刺伤**（puncture）、**盲管性刺创**（penetrating）和**贯通性刺创**（perforating）。所谓刺伤，是指物体的尖端刺破身体而形成的伤口，这种伤口的深度一般大于它的宽度，这一点也是刺伤和切割伤最主要的区别。凶器一旦刺穿了被害人的衣服，在接触到骨骼之前，都不会受到任何的阻力（这一点在本案的庭审证言部分再进行详述）。

● 刺创如果只有刺入口没有刺出口，则称为盲管性刺创；既有刺入口，又有刺出口的，称为贯通性刺创。刺创虽然外表创口比较小，但往往都能形成内脏破损，造成内出血，甚至是大量内出血。

● 从法医学的角度来看，不但需要关注被害人体表和体内的伤口特征，其伤口的形态同样重要。（很多时候，伤口形态也能告诉我们不少信息。但在本案中，被害人的胸部有9道呈反向十字形的伤痕，这种伤痕并不多见。）如果在被害人的手臂、双腿和躯干部位发现了瘀伤和撕裂伤，这些伤痕很可能是在扭打或被虐待的过程中形成的。**防卫型刺创**是被害人在保护自己免受凶手伤害时形成的创口，往往出现在被害人双手、前臂外侧或上臂外侧等部位。[156]

文森特·迪·梅约博士：

当凶手猛然将刀插入被害人的身体时，刀的护柄在与被害人接触的过程中，会在其皮肤上形成某种特定的擦伤或挫伤。刀护柄是垂直固定在刀刃上的一片独立的金属，位于刀刃和刀把手之间，它的作用是防止手在挥动刀的过程中尖刀刃所伤……当一把单刃的凶器刺入被害人体内的深度接近护柄时，其所形成的创口的末端将呈方形。因为大多数刀具靠近护柄处的两侧刀刃都不再锋利，都是不开刃的，所以刀护柄周围的创口会呈方形或类似于钝器伤……当刀或者其他的锐器碰触到骨头后，其尖端部位可能会折断并留在体内。所以，如果在被害人身上发现了多处刺创，或者在其骨头上形成了刺创时，应当在进行尸体解剖之前先进行X光检查。

……他杀案中刺创的特征：

● 通常会在被害人身上发现多处刺创。他杀案中绝大多数的刺击行为都会在被害人的体内形成伤口，而不仅仅只有体表伤。

● 绝大多数形成胸部致命伤的原因是心脏或主动脉受到了

创伤。如果心脏部位的刺创割断了左冠状动脉前降支，被害人便会迅速死亡。

● 腹部或胸部下方的刺创有可能伤及腹部器官。腹部的刺创一般不会致命，除非是伤到了肝脏或者主动脉。但如果因为腹部的刺创而导致了腹膜炎或者败血症，被害人仍然有生命危险。

● 刺创多分布于胸、腹部，少见于头、颈部。

如果颈部的刺创造成了颈部巨大软组织出血，被害人将会迅速死亡，死亡的原因为流血过多、气泡栓塞或因为压迫颈部器官而造成的窒息。

（因刺创而引发的）蜂窝组织炎（诸如皮肤、肌肉或其他软组织之类的蜂窝组织发炎）或动脉血栓形成而导致的脑梗塞都有可能造成迟发性死亡。

如果在死者的颈部发现了刺创，在进行尸体解剖之前应该先拍胸片，以确定是否形成了气泡栓塞。

头部的致命刺创很少见。如果发现了这种情况，一般是因为伤及颅骨或大脑而导致的死亡。[157]

审 判

这场审判一共持续了3个星期，共有41位证人出庭作证，其中包括30位检控方的证人和11位辩方证人。托马斯·奥索维奇法官的那间位于二楼的木质审判室每天都座无虚席。

2006年4月21日，星期五，卢卡斯郡检察官迪安·门德罗斯代表检控方作开庭陈述。他对陪审团说，他将不会为本案的凶手寻找一个动机，因为法律并不要求将证明动机视为证明谋杀罪的前提。

但是，他将向陪审团证明，在 1980 年复活节前一天发生的那桩残忍的谋杀案中，凶器是一把剑形的开信刀，而那把开信刀正为被告所有。刀刃的形状非常特殊，且与被害人创口的形状完全吻合。门德罗斯检察官还指出，鲁宾孙神父向警方谎报了他在案发当天早上的行踪，而有证人指认，谋杀案发生的时候，神父就在教堂附近。并且神父还说了其他谎言。

"当然，鲁宾孙神父的谎言远不止这一处"，门德罗斯检察官一边说，一边直视着神父，而这位神父一直闭着眼睛，仿佛睡着了似的，"他曾说他没有圣器室的钥匙，甚至还说他所在教区的一个居民去教堂向他做告罪，说是自己杀死了帕尔修女。但当问及事情发展的详细经过时，他却说这一切都是他编出来的，根本就没有这么一回事。"

接下来，门德罗斯检察官用一种专业而又科学的方式向陪审团描述了案发的经过。在这期间，鲁宾孙神父依然面无表情地坐在那里。

检察官说："当时，玛格丽特·安修女正在圣坛上工作。就是在教堂的圣器室里，有人用东西勒住了修女的脖子，由于用力过大，致使其脖子一侧的骨骼断裂。在她快要窒息而亡的时候，眼部的血管破裂，导致眼结膜出血。"

随后，鲁宾孙神父将修女放在地板上，用一块圣坛台布盖住她的身体，用利器在修女的胸部刺了 9 下，形成了 9 个类似于倒转过来的十字架形状的伤口。然后，鲁宾孙神父又往修女的身体上刺了 22 下。刺完以后，他掀起她的裙子，褪下她的内衣，让其半裸着躺在地板上。现场没有发现性侵害的痕迹。警方当时得出了这样一个结论：这次是熟人作案。

"如果是陌生人作案，一般会速战速决，而不会像本案这样，花这么多时间和精力，刺得被害人遍体鳞伤——通常只有对一个人恨之入骨时，才会下此毒手。"[158]

阿兰·科诺普律师代表辩方作开庭陈述。他将本案形容成一个无法完成的拼图游戏——这一切都要追溯到 1980 年，指控其委托人的证据根本就不充分。他强调，检控方所掌握的证据全部都是间接证据，无法达到排除合理怀疑的程度。例如，对玛格丽特·安修女内衣上的一处陌生物质进行了 DNA 检验，其结果并不与鲁宾孙神父的 DNA 分型相匹配。此外，在修女的手指甲里提取到了一个男性的染色体，也与鲁宾孙神父的不匹配。

科诺普律师说："在调查早期，也就是 1980 年案发后不久，你会发现很多证人的证言在关键之处有出入，甚至是相互矛盾。到了 2003 年，你会发现那些早期的证人居然在时隔 23 年和 24 年之后，又在自己的证言中增加了许多新的信息。"

他说，现已 68 岁高龄的鲁宾孙神父一直以来就被人们认为是本案最大的嫌疑人。在没有任何官方报告也没有对任何证据进行检验的情况下，警方就将他逮捕了。即使将玛格丽特·安修女的尸体挖出来，对其进行 DNA 检验后，检控方也无法认定神父就是凶手。

科诺普律师声称："这一切都是先入为主的结果。在没有证据的情况下，仅凭着主观臆断，便想当然地认为我的委托人是凶手，然后就将其逮捕了。这难道不是美国司法制度的耻辱和倒退吗？在这种情况下，又如何保证能给被告人一个公正的审判呢？"[159]

检控方证人

本次出庭的证人中，大多数我们都已在前文中提到过。

检控方证人中最先出庭的是菲利斯·安·杰拉尔德修女（79

岁，慈善医院的前任总负责人）和马德琳·玛丽·戈登修女（教堂风琴手）。

菲利斯·安修女说，当时她正在餐厅，突然，从教堂方向传来马德琳·玛丽修女刺耳的尖叫声，她便马上跑往教堂。她看到玛格丽特·安修女躺在教堂圣器室的地上，已经死亡。然后，菲利斯·安修女用人体模型向陪审团描述了被害人当时的姿势以及其衣服的位置。

门德罗斯检察官要菲利斯·安修女先向陪审团描述一下见到尸体的第一印象。修女说："太可怕了。我第一个念头就是'这一切太诡异了，马上救人'！但后来一想，不禁心生疑问：'为什么尸体在地上的姿势这么像某种仪式呢?'"她平静而又从容地说："尸体的姿势很特别，而且让人觉得很规整，没有任何凌乱的感觉。我当时就说，这是某种仪式。玛格丽特·安修女躺在屋子正中间的地板上，没有看见血。如果我没记错，她的双臂和双腿都伸得笔直，她所有的衣物，包括胸罩都被人褪到了双脚的位置。通常情况下，人死的时候，身体是不会这么直的。"[160]

马德琳·玛丽修女出庭作证的时候已年逾八十，她是第一个见到尸体的人。她先向陪审团描述了一个凡事追求尽善尽美的玛格丽特·安修女，而后对20多年前她所见到的那一幕进行了详细的叙述。她的情绪非常激动，以至于一时找不到适当的字眼来描述尸体的状态，这有点出乎陪审团的意料。她的证言几乎就是菲利斯·安修女证言的翻版。

除了这两位修女之外，检控方的证人还包括两名警探、一名验尸官、六名法庭科学专家、两位教堂管理人员、一名医院的门卫和一位神秘学的权威。大部分的证人我们都已在前文中提到过，就不再一一赘述。但下面还是要着重强调一下以下这六名证人的证言。

特里·卡曾诺是上述这些人当中第一个出庭作证的。他是托莱多市警察局科学调查组的成员，现场作证的经验非常丰富，他的作证时间长达两小时。卡曾诺使用了一个巨大的电子屏幕，一边放映图片，一边提醒陪审团注意那些血迹的形状与开信刀的形状高度吻合。他指出，开信刀刀刃上端的那个突起物的形状很像一枚橡树的果实。他还指出，有些线性的血迹似乎与开信刀把手脊背的线条相吻合。

在征得奥索维奇法官的同意后，检察官将那块10英尺长的圣坛台布铺在了陪审席前方的地板上，以便陪审团成员能够来到台布旁边，对台布上残余的血痕和无数的刺孔进行近距离的观察。同时，卡曾诺在一旁就刺孔的特征进行了详细的描述。

"圣坛台布上一共有18个孔，分布于台布中间的位置。"他解释道。

卡曾诺说，当时他很快就意识到，被害人遭受刺击的时候，她的衣服是折叠着的，所以才会在衣服上形成9对完全对称的小孔，这些小孔排列成呈倒转的十字架形状。

"这让你们很吃惊，对吗？衣服上的这些孔不但呈十字形，而且位置对称、形状精确，好像是用模子比着刺出来的。"

接着，卡曾诺将话题转移到了开信刀上。那把开信刀有着一个菱形的刀刃，手柄处还带有圆形的装饰物，其形状和结构都非常罕见。"破孔的形状很少见，开信刀刀刃的形状也很罕见，但二者是相匹配的。"

"我做刑警这么多年来，看到过无数种衣服上的破孔，但这种形状的还真是头一次见。一般情况下，凶杀案中被害人的衣服常常会被凶手划破，所以衣服上的破口往往呈狭长形。即使是比较宽的刀刃，也会形成扁平的狭长切口。但这种'Y'字形破孔真的很少见。"[161]

接下来作证的是助理验尸官戴安娜·斯卡拉-巴尼特。她迄今为止一共做过大约 7000 件尸体解剖，经验非常丰富。本案的第一次尸检是由雷娜塔·法泽卡斯博士做的，斯卡拉-巴尼特博士承担了本案的第二次尸检工作。她对陪审团说，有人从玛格丽特·安修女的身后用诸如衣服之类的软织物勒住了她的脖子，使其窒息，因为她的项链和项链上的十字架吊坠在其脖子上形成了一道勒痕。

"由于再也没有在被害人的颈部发现任何别的伤痕，所以我们推断凶手用的是软织物。"

接下来，斯卡拉-巴尼特博士向陪审团详细解释了舌骨在勒颈窒息的过程中是如何骨折的，以及她认为剪刀不可能是本案凶器的原因。

检察官问道："现场有没有迹象表明，被害人在遇刺的过程中仍然活着并且可以活动呢？"

"没有，现场没有任何被害人曾活动过的痕迹。如果她还活着并且能动，一定会在其身体上发现防卫型刺创。如果她意识尚存，肯定会反抗的，会试图保护自己或者夺过武器。"

"在被害人的尸体上发现了防卫型刺创吗？"

"并没有。"

随后，斯卡拉-巴尼特博士向陪审团讲述了第二次尸检的情况。"不管你们信不信，时隔 24 年，居然还能在被害人的皮肤和软组织上看到刺创。"

在第二次尸检过程中，斯卡拉-巴尼特博士不但从被害人尸体上提取了 DNA 样本，还取了几块骨骼，包括下颌骨。接下来，她和法医人类学家朱莉·索尔博士一道向陪审团演示，那把开信刀能否与下颌骨上的那个"小的菱形的伤痕"吻合。

"结果是完全吻合。"她宣布。

检察官问道："基于你的知识和经验，你能不能告诉陪审团，这块下颌骨上的伤痕到底是什么器具造成的？"

"我的结论是，正是这个凶器（一边举起那把开信刀）或与这个凶器有着相同特征的其他器具造成了那些伤痕。"[162]

随后，著名的血迹形态分析专家 T. 保莉特·萨顿作为检控方的证人出庭作证，她的整个证言都是围绕那把开信刀展开的。她借助了许多照片、表格和图画，向陪审团展示了多种血迹转移形态及其与开信刀之间的关联性。她特意放了一张幻灯片，在那张幻灯片里，她将开信刀刀柄上那个仿美国国会大厦的圆形装饰物和圣坛台布上的血痕重叠在了一起，以确定血痕能在多大程度上与装饰物上的大厦圆形屋顶相吻合。此外，她还在被害人的前额处发现了一块半圆形的血痕，并指出，这块血痕是开信刀的另外一个部分与被害人的前额接触时留下的。她声称，凶手当时必然将那把沾满鲜血的刀手柄按在了被害人的前额上。

在对萨顿博士进行交叉询问的过程中，辩方律师指出，萨顿博士得出的结论是有失偏颇的，因为检控方只给她提供了一件可能的凶器让其进行检验，没有别的参照物进行对比。辩方律师让萨顿博士画出一幅剪刀的草图，并将这幅图与其认为和开信刀相吻合的那块血痕进行比对。

萨顿博士说："嗯，这块血痕也有可能是台布与带血的剪刀相接触时留下来的。"案发后不久，教堂确实也遗失了一把剪刀。但当被问及其是否见过哪把剪刀上带有华盛顿的景物轮廓线时，萨顿博士回答说她从未见过。[163]

庭审第五天，我作为检控方的专家证人出庭作证，总时长为45分钟。想起克里斯多夫·安德森检察官要求我对几张犯罪现场的黑白照片进行检查，于是我从包中把随身携带的放大镜拿了出来。

"博士，您经常随身携带一个放大镜吗？"

"是啊。放大镜是我的基本工具之一。因为我们随时都有可能被叫去现场检查证据，总不能时时刻刻带着一个显微镜跑吧。"陪审席里传来一阵窃笑。

我向陪审团展示了很多圣坛台布上血迹的照片，并提醒他们注意血迹转移形态与开信刀之间的相似之处。"每一个血痕图像都有多处能与开信刀刀柄上的那个国会大厦浮雕装饰相吻合。尤其是当我们使用了四甲基联苯氨来增强台布上血痕的显现程度后，更能确定这一点。"

"我不能说台布上的这些血痕绝对就是那把开信刀留下来的，只能说'很有可能'。我只是强调这种可能性。"

我认为，玛格丽特·安修女是遭到意外袭击身亡，在被凶手刺伤以前，很可能就已经被勒死了。"在遇袭受害的整个过程当中，她一直都是躺在地上的……如果她曾站起来过，我们应该能看到鲜血垂直滴落下来的痕迹。"

史蒂文·赛米斯博士，著名的法医人类学家，专门研究骨骼上的刀伤，他也是检控方的专家证人之一。赛米斯博士向陪审团成员解释了被害人身上菱形或星形的创口是如何与开信刀的形状相匹配的。

大主教管区大法师、罗马天主教神秘仪式方面的专家杰弗里·格罗布神父也作为检控方的专家证人出庭作证。他说，被害人是被一个精通宗教仪式和符号的人杀死了，也就是说，凶手是一位神职人员。犯罪现场的种种迹象（包括圣坛台布的使用以及凶手用被害人的鲜血来施行涂油礼）体现出了凶手对天主教教义透彻的理解，而不仅仅是一场仪式。

检察官让格罗布神父指出本案中哪些方面体现出了宗教仪式的特征。

神父叹了口气："让我从何说起呢？"他说在宗教仪式中，修女是献给上帝的纯洁的新娘。凶手脱去了玛格丽特·安修女的衣服，这是对上帝的一种玷污。而撒旦崇拜仪式的特点就是对那些神圣、纯洁的东西进行亵渎和玷污。

"凶手并不认为自己在犯罪，凶手认为自己只是在进行某种破坏或模仿。"他说。

格罗布神父进一步解释道，在撒旦崇拜的仪式中，常常会将十字架倒转过来，视为"对该圣物的侮辱"。凶手将修女的道袍刺破，表达了一种用邪恶穿透神圣的意愿。在天主教的仪式中，神父要为临终或重病的人施涂油礼。格罗布神父认为，被害人前额上的那个半圆形的血印就是鲁宾孙神父施行"涂油礼"的结果。

"这是一种逆转。通常情况下，现代的涂油礼只是将圣油涂在即将去见主的人的前额之上，这只是一种简单的仪式，一种模仿。而鲁宾孙神父却真正是用鲜血来为被害人施涂油礼——用被害人自己的鲜血。"[164]

庭审第二周，检控方的关键证人出庭作证，包括莱斯利·克纳，前任 EKG 技术员；格蕾丝·琼斯，前任图书馆工作人员；杰克·巴伦医生，案发时慈善医院的住院医生。他们主要是指认案发时鲁宾孙神父在教堂附近。

检控方的最后一位证人是汤姆·罗斯警探，他向陪审团展示了被告人证言的前后矛盾之处——被告人之前和警察说的与在后来进行讯问时的证言不一致。罗斯警探放了好几段证言录音来证明他的主张。

最后，门德罗斯检察官作了一个简单的总结。整整七天里，检控方一共传唤了 31 名证人出庭作证，这个数字与被害人身上的创口数完全一致。也许这仅仅只是一个巧合吧。

辩方证人

辩方共传唤了 11 名证人，人数为检控方的三分之一。第一位出庭的证人是史蒂夫·福里斯特警探，他将对检控方那三位证人作出的指认案发时被告人在教堂附近的证言进行反驳。辩方的大部分证人都是曾参与过本案的警察，这正中了检控方的下怀。门德罗斯说，他曾作了一个战略性的决策，那就是不传唤太多案发时（1980 年）参与过本案的警探出庭作证。这无疑是一个正确的决定。

门德罗斯说："当时我们知道，如果我们不用那些警察，辩方就肯定会用。其实这对我们来说是一个契机。因为如果那些曾参与过本案的警察是我们的证人，我就只能对他们进行直接询问，并且不能提出诱导性问题。但如果警察是对方的证人，我在对他们进行交叉询问的时候就可以提出诱导性问题了。如果是这样，我在整个庭审过程中就占有绝对主动的地位。其实，交叉询问是法庭给律师的最好的机会。"[165]

这个策略在福里斯特、马克斯和维特这 3 位警探作证时取得了非常好的效果。在对他们进行交叉询问的过程中，检控方一次又一次占据了上风。

轮到凯瑟琳·赖克斯博士作证时，她的证言似乎产生了适得其反的效果。赖克斯博士是美国著名的法医人类学家，犯罪学畅销书的作者，热播电视剧《识骨寻踪》中女主角的原型，也是我的一个很好的朋友。在本案中，她被宣传为辩方最关键的证人。

赖克斯博士说，她对下列文件都作了非常认真的研究：1980 年的警方报告、法泽卡斯博士所作的第一次尸检报告、斯卡拉-巴尼特博士所作的第二次尸检报告、弗兰克·索尔博士和朱莉·索尔博士所作的骨骼分析报告以及被害人上颌骨和其他骨骼的照片。然后，辩方律师约翰·底比斯向她提问，问她对开信刀的尖端插入被害人上颌骨这一情况有何专业意见。

赖克斯博士回答道："我觉得，你没有必要这样问。"

底比斯问道："你没有看被害人的上颌骨吗？为什么？"

"只要有东西刺入过人的上颌骨，哪怕只有一次，对此所作的任何分析都是没有意义的。因为上颌骨上只要有伤口，就必然是有东西刺入过。所以，对于我来说，有没有看过被害人的上颌骨并不重要。"

不出所料，安德森检察官趁热打铁，对赖克斯博士进行了交叉询问。他问她是否对本案的第一手证据进行过调查。她承认说没有这么做过。

安德森检察官继续追问："按照人类学的方法，每当你遇到一个问题时，先要弄清楚这个问题究竟是什么，然后再一步一步对其进行分析，最后得出结论，对吗？"

"是的。"

"在这个过程中，是不是也需要对实际的材料进行仔细观察或对其进行操作？"

"大部分时候是，"赖克斯回答说，"但也不是每次都需要这样做。有的时候只需要进行思考和想象。"

"那当你出庭作证的时候，有多少次是只依赖想象的结果作证的呢？"

"不，我从来没有那样做过。"

"这是第一次吗？"安德森迅速扫视了一下陪审团，问道。

"我是依照法医人类学的方法和程序得出的结论。"她回答道。

"你没有对你的结论进行证明，对吗？"

"是的，我没有。"

辩方证人出庭完毕以后，庭审出现了一边倒的态势，整个局势对检控方非常有利。[166]

结案陈词

双方的结案陈词中都没有出现新的信息，也没有出现任何出乎我们意料的桥段。门德罗斯检察官说，尽管法律并没有规定检控方必须证明被告人的动机，但他认为，鲁宾孙神父之所以会将刚愎自用的玛格丽特·安修女置于死地，有以下三个方面的原因：第一，积怨太深；第二，他一直都没有机会被擢升为随军神父，心中郁闷；第三，他确实对自己在复活节守夜弥撒上所要做的工作和安抚病人的工作深恶痛绝。

门德罗斯检察官坚持认为："他受够了。鲁宾孙神父觉得自己受够了。这么久以来，他承受了太多，他不愿意再这样下去了。"

不知为什么——也许从法律的角度上来说，这是一种策略吧——检控方似乎刻意回避了本案中涉及宗教的那一面，并没有提到玛格丽特·安修女是凶手奉献给魔鬼的祭品。

"这是邪教徒的残暴行为吗？不是。这是所谓的'追思弥撒'吗？也不是。这是一起典型的他杀案件，一个男人对一个女人的满腔怒火无处发泄，于是便对那个女人下了毒手。唯一比较特殊的是这个男人是一位神父，而那个女人又是一名修女，仅此而已。"

"至于那个倒转过来的十字架、袒露修女生殖器的行为以及修女前额上那个貌似涂油礼留下的印记，这些都只是鲁宾孙神父厌恶主持复活节守夜弥撒的一种投射，他故意用这种方法（门德罗斯检察官边说边提高了音调）来贬低她、嘲弄她、羞辱她。"[167]

门德罗斯检察官接着说:"有的东西是不会随着时间的流逝而改变的。比如,本案的关键点依然和1980年4月5日时一样,没有改变。再比如,那把开信刀虽然在警察局的物证室里保存了24年之久,但它依然是1980年的那把开信刀。那块圣坛台布以及台布上的血迹也是如此。"

然后,检察官对本案的物证和鲁宾孙神父的测谎结果进行了一个简单的回顾,还提到了神父所作的虚假供述。

"事到如今,我们依然不能想象一个神父会杀人,对不对?但是我们谁又曾想过,一个神父会在一桩杀人案的调查期间对警方撒谎呢?试问谁会在调查期间对警方撒谎——最有可能的就是凶手。"

接下来,门德罗斯检察官向陪审团非常详细地分析了鲁宾孙神父的心理状况,将1980年的神父描述成了一个生活在"黑暗和死亡"中的人。

在结案陈词中,门德罗斯检察官将重心放在了1980年复活节前的那个星期六,他一步一步地向陪审团描述了那天早上发生的情形。

最后,检察官转身走向被告席,鲁宾孙神父依然面无表情地坐在那里。"如果那身神父的装束对他来说还有什么意义,他一定能料想到,终究有一天,他是要为自己的所作所为付出代价的。所以这么多年,他一直在等。善有善报,恶有恶报,不是不报,时候未到——今天,他终于等到了你们。"[168]

辩方的结案陈词分成两个部分:前一部分由底比斯律师进行陈述,后一部分则由科诺普律师负责。一开场,底比斯就单刀直入,一口咬定鲁宾孙神父无罪,因为检控方并不能排除合理怀疑地证明那把开信刀就是凶器。此外,他还认为,检控方有先入为主的思想,先把鲁宾孙神父视为凶手,再依照这个来组织证据。在接下来的40分钟里,他对检控方专家证人的证言一一进行了反驳,认为那些证言都不具有客观性，所以都应视为无效。

底比斯在陪审席前一边踱步，一边说："法庭科学证据有很多，我们一般可以把它分为四大类。在本案中，我们有血迹转移形态证据，有法医病理学证据，有法医人类学证据（骨骼），还有 DNA 证据。所有的这些专家以及专家证言都具有很强的主观性。"

底比斯坚持认为凶器不是开信刀，而是教堂遗失的那把剪刀。他提醒陪审团成员，雷娜塔·法泽卡斯博士后来发现，死者身上的刺创与剪刀的特征相一致。"但斯卡拉–巴尼特博士却对其同事的结论提出质疑，认为刺创只可能是由匕首造成的。"

前面我们提到，底比斯将 DNA 证据也归为主观性证据的范畴，但他后来却推翻了自己的主张。他对陪审团说，DNA 证据是客观的，但当检查结果表明在被害人的内衣上没有发现鲁宾孙神父的 DNA 时，警方却对此"视而不见"。

辩方结案陈词的最后 80 分钟是由科诺普律师作出的，他主要强调了以下两个方面的内容：第一，认为检控方所掌握的证据全是间接证据；第二，对前期（1980 年）的调查工作进行了批判。他说，警方没有及时对犯罪现场进行勘查，除了一些痕迹证据的样本外，没有搜集到任何其他的证据，连指纹都没有提取。检控方的证据太少，只好把矛头指向了天主教。

"他们感到很绝望，只能孤注一掷，将这一切归咎于教会。其实他们应该好好反省一下自己，这一切都是前期的调查工作做得不到位而造成的。"

由于时间太长，陪审团开始烦躁不安。科诺普最后说道："现在，你们行使神圣权力的时间到了。当看到鲁宾孙神父以及他的亲人朋友的时候，你们可以走上前，对他说：'鲁宾孙神父，我是维护正义的陪审团成员。而所谓的正义就是——要求证明刑事指控的罪行达到排除合理怀疑的程度。但是检控方并没有做到这一点。我们作为法律威严的捍卫者，必将执法如山，依法宣告你无罪。'"[169]

陪审团裁决

陪审团只用了 6 个半小时的时间，就一致认定被告人鲁宾孙神父有罪，这是美国历史上第一次认定一个天主教神父谋杀修女的罪名成立。奥索维奇法官当即宣布了监禁 15 年的确定性判决*。宣判时，鲁宾孙神父没有什么反应，但他的亲戚朋友似乎很吃惊。一名法警给神父——现在的杀人犯——铐上手铐，将其带离了法庭。

没过多久，托莱多教区主教伦纳德·布莱尔发表了一份官方声明。声明表示："希望审判结果能给该案画上一个完满的句号，让所有受到本案影响的人以及我们当地的教会能够接受这一切。在该案审判的过程中，托莱多主教辖区及全体神职人员恪尽职守，始终如一。过去是这样，现在是这样，未来也是这样。"[170]

后　记

这是一起有着多种"可能性"的案件，有可能是个人恩怨酿成了这起惨剧，有可能对魔鬼撒旦的崇拜才是本案的始作俑者；托莱多天主教辖区有可能对自己人包庇纵容，托莱多市警察局有可能与教会勾结；也有可能有目击证人可以直接指认凶手……但是，这起案件确实给了我们一次难得的机会，可以近距离地观察，在美国，一起陈年旧案是如何被翻出来，又是如何被最终破获的，美国的执

---

* 所谓确定性判决，又称强制判决，是指法律对某种犯罪规定了明确的刑罚，法官在量刑时没有自由裁量的余地。——译者注

法部门是如何持之以恒、坚持不懈的，法庭科学和法庭科学家们是
如何创造奇迹的。

就本次审判来说，许多评论员认为，门德罗斯检察官给陪审团
放映鲁宾孙神父被逮捕后的讯问录像是本案最具戏剧性的一幕。镜
头中，鲁宾孙神父一个人在房间里，他不知道那时仍然有摄像镜头
对着他。神父低垂着头，似乎有眼泪从他的面颊留下来。他喃喃自
语："我主耶稣。修女，求求你，不要来找我。求求你，千万不要来
找我。"[171]

这一幕，您想到了吗？

第四章

警察枪击案与公众信任

作为一名警察，最常遇到的危险有以下几种：①在执行公务的过程中遭到枪击；②突然向犯罪嫌疑人开枪；③与犯罪嫌疑人持枪对峙。第三种情况就是下面这个案子的核心。这桩枪击案于 1999 年 4 月 13 日发生在康涅狄格州首府哈特福特市，当时，我正担任康州的公共安全委员。

案 情 简 介

"我这是要死了吗?"

这可能是年仅 14 岁的阿奎·萨蒙生前所说的最后一句话。临终前，他 15 岁的朋友埃利斯·托马斯在他身边。萨蒙是被哈特福特市警察局的一名叫罗伯特·艾伦的警察开枪打死的。当时，萨蒙和另外两个少年被视为抢劫嫌疑犯，他们开着一辆白色的凯迪拉克在前面跑，艾伦开着巡逻车在后面追。萨蒙死后，他的三个同伙——托马斯、丹尼斯·菲尼尔（14 岁）和罗伯特·戴维斯三世（15 岁）——因持枪抢劫一名哈特福特市妇女而被起诉犯有一级抢劫罪和二级企图伤害罪。萨蒙·托马斯·菲尼尔和戴维斯均为非洲裔美国人，而当时追逐他们的警察艾伦是一位白人。

哈特福特市警官艾伦的巡逻警车跟在一辆白色凯迪拉克后

关于 4 月 13 日凌晨在哈特福特市最北端的空地上究竟发生了什么，有两个不同的版本：一个是托马斯版本，一个则是艾伦警察的版本。托马斯说，当时艾伦开着警车追他们，所以他和他的三个朋友才会逃跑。他们花 15 美元租了辆凯迪拉克（但有报告说，傍晚时分，康州新不列颠市有一辆凯迪拉克被盗了），托马斯是司机。凌晨 2 点多，他拐入了恩菲尔德街的一块空地，艾伦开着巡逻车紧随其后。托马斯是最先从车里爬出来的，他说他从车里出来后，翻过铁丝网围栏，躲在一个非常隐秘的角落里目睹了枪击案的全过程。第二个从车里出来的人是菲尼尔。他仓皇逃出车后，跑到一个朋友家附近躲了起来。接下来出来的人是萨蒙，而戴维斯则一直留在车里没有动。下面是托马斯版本与艾伦版本不相同的地方。

托马斯对调查人员说："当时我在跑，手里没有拿任何东西，阿奎也没有。那个警察在追我们，他什么也没对我们说。我翻过围栏，躲了起来，听到警察在喊：'我要开枪啦！'同时，见到阿奎将双手举过了头顶。阿奎想转身面朝警察，但那个警察没等他转过身来就已经朝他开枪了……阿奎随即便被子弹撂倒在地。这时，警察回到了他的车上，用无线电向总部报告了这场枪击事件。他和另外一名警察又回到萨蒙身边，萨蒙问道：'我是不是要死啦?'警察回答说：'你会没事的。'"[172]

随后，警察叫来了救护车。在去医院急救室的途中，萨蒙就断气了。在他左肩胛骨末端发现了一处枪伤，就是这处枪伤要了他的命。

艾伦警察的版本与托马斯的版本有很大的出入。他说，他从巡逻车里出来，一手拿着手电筒，一手拿着枪。他当时听到了一声枪响，并看见有人从他的右后方跑了出来。他叫那人站住，那人非但没听，还将手伸向自己的腰间，似乎是要去摸枪。艾伦在报告中说，他担心自己有生命危险才开枪防御。后来，调查人员在现场发现了一把仿真玩具枪和一个手枪形状的打火机。

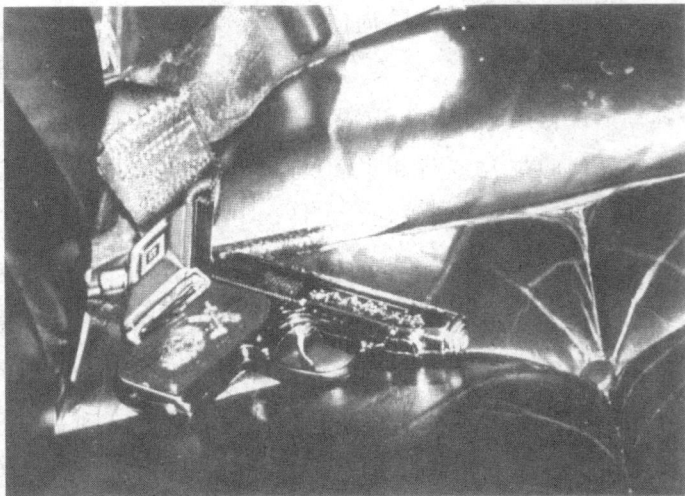

在哈特福特案中手枪式的香烟打火机

公 众 反 应

公众很快对此事作出了反应——有的人很愤怒，有的人则无动于衷，但大部分人还是很谨慎的。案发后不久，康州首府及周边的黑人社区非常明确地表示，萨蒙是被警察从背后开枪打死的，好像是在对其执行死刑。有的黑人领袖在回应时比较控制自己的情绪，只就如何帮助年轻人避免麻烦提供了一些建议。有的则口无遮拦，要警察学员暂时搬到黑人或西班牙人居住区去生活，以提升他们的文化敏感度。有的言词则更为犀利，提到了 4 个月前的一起相类似的案件，即一位 27 岁的康州非裔富兰克林·里德在新米尔福德（康州西北部的一座靠近纽约州界的城市）被一名叫斯科特·史密斯的警察枪杀了。而有的人则以此为契机，号召人们推进黑人民权运动的发展。

"哈特福特市非裔美国人大联盟"的小诺拉·怀亚特牧师说："有色人种正丧命于白人警察手中，但白人警察手刃白人的情况却是少之又少。"[173]

康州众议员玛丽·柯克利–贝要求对警察使用致命性武器进行严格的控制。她说："没有人有权在一念之间决定别人的生死。"[174]

政治家、执法人员和大部分群众都很快意识到，某些地区的种族关系已达到了剑拔弩张的地步，有些人对这个问题甚至已经趋近狂热。有观察员公开表示，他们害怕这起案件最终会演变成种族暴动，而这个后果将极具煽动性。

在位于哈特福特市执法委员会前面的立法办公大楼里举行了一场公众听证会，执法委员会希望借此机会就如何规范和加强本案的调查工作听取一些意见和建议。我在这次听证会上出庭作证，并发表了一份公开声明。我认为，警察并不是从背后枪击萨蒙的。因为调查结果显示，警察射出的子弹是从距萨蒙脊柱 3.5 英寸的左侧肩胛骨进入体内，穿透右胸后飞出体外。（换句话说，子弹是以一种倾斜的角度击中萨蒙的。）我深知这起案件的敏感性，我所要强调的是，在本案中，子弹并不是以直线进入被害人体内、穿透身体后再飞出体外的。明确以下几点很重要：第一，子弹是从被害人的左后侧进入体内，再穿透身体从右前侧射出的；第二，尸检报告表明，入射的角度为 45 度。（这只是入射角度，并不能表示枪口和目标物之间的方位。）我们从入射角度可以推测，艾伦开枪时并不是在被害人的正背后，而是在其斜后方。

我常常接受康州新伦敦市州检察官凯文·凯恩的委托，为各种刑事案件进行犯罪现场重建。在本案中，凯恩检察官将对艾伦警察的行为是否合法进行裁决。约翰·罗兰州长就本案专门发表了一份书面声明，要求哈特福特市警察局对本案的调查工作进行回避。州检察长杰克·贝利依照州长的指示，任命凯恩为特别检察官，负责本案的调查工作。一部新近颁布的《致命性武器法》规定，为了避免案件中诸如警察是否有权使用致命性武器之类的可能的利益冲突，州长有权要求相关利益部门回避。

罗兰州长在那份声明中写道："为了能对艾伦警察的行为作出一个公正的评判，我相信，将本案的调查工作交由一个局外的、无偏见的执法机构是最符合哈特福特市全体市民和市警察局的利益的。"[175]

《致命性武器法》规定：只有当一名警察有合理理由认为必须向他人使用致命性武器时，才可以使用致命性武器。这包括以下两种情形：①出于自卫，或保护第三人免受致命性武器的袭击或紧迫的危险；②在执行逮捕或阻止嫌疑人逃脱时，有合理理由相信对方是重罪犯或企图犯重罪（主要指造成或可能造成严重人身伤害的行为），并提前警告对方将对其使用致命性武器的。[176]

就凯恩的新使命，美国东北大学的刑事司法教授、著名的警察枪击案专家迈克尔·伯格认为："检察官也是人。在某些情况下，政治的衍生物能对裁决结果起到一定作用；在有陪审团审判的案件中，陪审团也能对裁决起到一定的作用。但这些毕竟都不是最关键的因素。"

伯格教授曾在新罕布什尔州做过警察，他还补充道："但问题是，当时确实存在着明确而又即时的危险吗？当时萨蒙对艾伦警察造成了确定的威胁吗？"[177]

与此同时，黑人和拉丁人的后裔在哈特福特市教堂举行集会，对本案中警察的行为进行谴责。他们声称，本案只不过是冰山一角，警察随意使用致命性武器是警察部门长期存在的一个问题。他们提醒凯恩和他的同事们回想一下1973年联邦法院作出的一个判决。在1969年，哈特福特市警察局的一名警察开枪打死了一位年仅19岁的拉美男孩，因此引发了一场集体诉讼。这个案件的判决为警察人员使用致命性武器的培训、监督等问题制定了一套规范。

著名的刑辩律师约瑟夫·莫尼兹宣称："如昊1973年的那个判决能够被严格贯彻执行，阿奎·萨蒙也就不会死了。"两年前，纽黑文地区也发生了一起警察枪击案，被害人叫马利克·琼斯，莫尼兹作为琼斯家人的代理人出庭参加了诉讼。诸如"波多黎各人"之类的社会组织曾问过莫尼兹，哈特福特市警方是否违反了1973年判决的规定。他没有正面回答，转而敦促凯恩思考这样一个问题：1973年判决的内容和《致命性武器法》的规定并不一致——1973年判决禁止警察向16周岁及以下的青少年开枪，但《致命性武器法》中并没有相关规定。

哈特福特市警察协会会长迈克尔警官却对 1973 年判决中的这条规定表示强烈反对。他说："问题是，在黑夜中，罗伯特·艾伦如何能判断那个袭击他的人是不是未满 16 周岁？"

州法的制定者、司法委员会主席、前任检察官迈克尔·劳勒则认为 1973 年的判决与本案没有什么相关性，可以不予考虑。他说："凯文·凯恩的职责就是裁决艾伦警察的行为是否符合康州法律的规定。"他还补充道，美国司法部有可能会提起一场民权诉讼，但他同时又强调，那份经双方当事人同意的判决书（consent decree）* "并没有取代州法中关于致命性武器的规定"。

大部分的人都同意这样一个观点，即凯恩的主要职责就是确定艾伦在开枪时是否有合理理由相信自己的生命正受到威胁。在这一点上，有人引用了纽黑文市州检察官迈克尔·迪林顿的观点。迪林顿在马利克·琼斯一案中为那个开枪的警察洗脱了罪名。他曾在报告中说，美国联邦最高法院曾在判决中明确规定，是否"合理"，是"从当时现场的那个理性的警察的角度来评判的，而不是基于人们的事后之见"。[178]

有人则援引了 1989 年的一个案例。在那个案例中，美国联邦最高法院在判决中写道："在确定警察开枪时是否基于合理的相信时，必须考虑到这样一个因素：犯罪现场的情况往往非常紧急，而且充满不确定性，随时都可能出现各种各样的意外情况，所以警察一般都没有时间犹豫，只能在一瞬间作出是否开枪的决定。"[179]

---

　　* consent decree，双方同意的判决，指在衡平法诉讼中经双方当事人同意的判决，它不是严格意义上的判决，而是经法庭核准的和解协议，对双方有约束力且不能复审，除非判决因欺诈或双方错误而取得。该判决对法庭无约束力。——译者注

　　警察枪击案不同于一般的刑事案件，它们存在一些特殊的问题。如果不能对这类案件进行及时有效的调查并作出正确处理，相关的警察部门、涉案的警察以及整个刑事司法系统都有可能遭到严厉的批评，并可能丧失公众对他们的信任，还有可能要承担重大的民事责任。因此，一旦出现这类事件，警察局长、地方检察官和政府领导人一定要认真对待，谨慎处理，以期平稳过渡。其次，他们还要确保能有独立、公正的第三人来承担调查工作。此外，他们还必须意识到，在这个过程中，会面临诸多困难（如缺少证人等），这些困难将使案情进一步复杂化。

　　警察枪击案往往最受媒体的关注，也往往最能引起公众的兴趣。一般在调查初期，公众对案件的印象就已确立。在那时，并不需要警察部门耗费太多心力。因此，通过一个有组织的公共信息平台及时而准确地向媒体提供相关信息就显得相当重要了。有时，一位警察部门的代言人就足以与新闻媒体进行周旋。如果警方没能对媒体所提出的基本问题作出回应，公众可能会认为警方是在袒护自己人。但是，在发表言论或作出某种结论时，一定要慎之又慎。随着调查工作的深入开展直至终结，调查人员不但要会见枪击案所涉及的警察以及被害人的家属和律师，还要会见一些公众领袖、团体和媒体的代表，这些工作都是非常必要的。

　　在整个过程中，警察局长和其他领导必须明确一点：一切都要用事实来说话。如果可能，整个案件的调查工作都应当由另一个警察机构进行，自己则要回避。地方检察官将对该警察的行为是否合理合法作出最终的评判。但是，犯罪现场的处理工作和调查活动将由警方或刑事犯罪实验室的工作人员进行。如果其他警察机构由于地方资源不足而不能履行犯罪现场处理和调查的相关职能，有关的监督人员必须确保参与调查工作的所有人员都不得与涉案警察有密切的关系。这里所考虑的显然是一个利害关系问题。此外，由于此案必定会受到严格的监督，并将以某种公开的方式（如进行民事审判）为公众所知，所有可采的证据都将在法庭上出示，所有涉案专家都将出庭作证。如果法庭科学实验室或犯罪现场小组中有枪击案现场重建或相关领域的专家，就应当尽可能吸收他们加入到调查活动中来，尤其是参与原始犯罪现场的调查。

警察枪击案有一些共同的特征，或者说会面临一些共同的困难。例如，在调查初期可能会缺少证人，因为很多时候那些愿意出庭作证的证人往往都对被害人或警察存有偏见，不能客观地作证。此外，被害人到最后不是死就是伤，无法对其进行询问。尤其是在那些警察和受害人有着不同种族背景的案件中（本案就是一例），更是会滋生出一些敏感的问题，必须对其谨慎处理，只有这样，才能维护当地的种族关系，使其不至于破裂。

涉案的警察常常会选择运用宪法性权利对自己进行保护，并于案发后在律师的陪同下接受调查机关的讯问。因此，犯罪现场小组手头所掌握的关于案件背景的信息资料非常匮乏。但这些背景资料也并不是非常重要，因为他们会得到所有的犯罪现场照片、尸检报告和尸检照片、现场录像、测量结果、调查记录、犯罪现场报告、物证检验的实验室报告等，并对这些材料进行非常认真仔细的研究。和所有枪击案一样，只要条件允许，就应该在第一时间对犯罪现场进行勘查，并收集相关的证据，这一点是最重要的。除此之外，还应当对勘查和收集的结果进行全面、精准的记录。对物证进行直接检验，从而发现任何损伤、痕迹和其他特殊情况，这将为后期的现场重建工作奠定坚实的基础。大家必须明白一点，完全的现场重建几乎不可能，但部分的重建工作也是非常有意义的。将当时可以确定必然会发生的片段一点一点拼凑起来，有助于日后组合成一幅更完整的画面。在第一时间通过部分现场重建所获得的信息，加上日后的整合和完善，就能对警察开枪的行为是否正当合理作出一个正确的判断。

现场重建是各方面人员通力合作的结果。当然，我们不能过分强调调查人员和刑事犯罪实验室工作人员（包括为命案进行尸检的法医）必须对犯罪现场的每一个重要方面都进行详细的记录，不是要求他们对每一个发现或提取的物证都要进行分析，也不是要求他们要对案件进行彻底的、毫无偏见的调查，更不是要求他们要为现场重建工作提供所有相关信息。换言之，无论涉及警察与否，每一个枪击案的犯罪现场重建都是一个团队合作的结果。

上文是关于本案的补充知识。此外，本案中体现出来的种族主义问题非常值得我们关注。非裔青少年被白人警察开枪打死，如何才能对案件进行公正、彻底的调查以平息民愤，本案确实给我们提供了一次很好的思考和学习的机会。如果能用一种谨慎的态度、公正的手法，迅速而有效地处理这个事件，一场潜在的种族暴动就能得以平息。但这并不意味着能对警察枪击案（或殴打案）掉以轻心。

罗德尼·金案

1991 年，黑人司机罗德尼·金被四名洛杉矶警察逮捕后，不但遭到了严重殴打，还受到电击枪电击。大部分的事件经过被一位附近的居民从他的公寓拍摄下来，并迅速在电视台播放。这起殴打事件演变成了一桩在洛杉矶，甚至是全世界都非常有影响力的案件。

那四名殴打罗德尼·金的警察（三名非拉丁裔白人和一名拉丁裔美国人）说，金当时可能吸食了一种名叫 PCP 的有麻醉作用的致幻类药物。金曾有过企图伤害罪和殴击罪的前科，最近又被判抢劫罪，刚刚假释出狱。当时，他与巡逻警力在高速公路上发生追逐，并且连闯多个红灯，最后终于被警方逮捕。

随后，洛杉矶地方检察官起诉这四名警察在逮捕过程中过度使用武力。一年以后，也就是在 1992 年 4 月 29 日，陪审团（由十名白人、一名拉美人和一名亚裔组成）判定这四名警察中的三名无罪，对另外那名警察是否有罪未能达成一致意见。这次警察殴打事件先是被一位附近居民拍摄下来，总长为 1 分 31 秒，后被一家电视新闻台剪辑成 13 秒，陪审团的裁决则部分是基于这个片段中的前两秒的内容作出的。从这两秒的画面中我们可以看到，金从地上爬起来，对其中一名警察发动攻击。金随后就被制服了，被按在地上一顿拳打脚踢。这几名警察作证说，在这之前，金就曾对他们进行攻击，他们试图制止，但不是金的对手。尽管陪审团裁定那几个警察无罪，但仍有许多人认为金的行为并没有达到暴力的程度。公众大多都没有意识到证言以及那段被编辑过的录像之中存在的问题。

案件一宣判，即引发成千上万的民众（以年轻的黑人和拉美男性为主）在洛杉矶举行了一场长达 6 天的暴动，这就是著名的"1992 年洛杉矶暴动"，又称"罗德尼·金起义"。电视台几乎对这场暴动进行了直播，甚至动用了采访直升机全程跟踪报道。这场暴动透过媒体震撼了整个世界，世界各地的人眼睁睁地看着这个城市陷入战火之中——枪弹声不绝于耳，还爆发了大规模的纵火和掠夺事件。一位名叫雷金纳德·奥利弗·丹尼的白人货车司机被一个黑人暴徒从车里拖出，并遭受了残暴的攻击，随后昏死在街头。

这场暴动共造成 53 人死亡（大部分是被谋杀的），大约 2000 多人受伤，起火 3600 余处，毁坏建筑 1100 多处，共造成了 8 亿至 10 亿美元的财产损失，逮捕了 10 000 多人。除了洛杉矶市警察局之外，大约 10 000 名加州国民兵和数千名美国陆军和海军陆战队也被部署用来镇压这些群众。除了洛杉矶外，美国一些其他的城市也受这场暴动的影响，发生了小规模的战乱，例如，拉斯维加斯、奥克兰、纽约、芝加哥、西雅图和菲尼克斯等。

事后，有一些人认为是罗德尼·金案不公正的判决引发了此次暴动，但还有一些背后的原因同样不容我们忽视：全国经济的不景气造成了洛杉矶地区的高失业率；洛城警局在当地民众心中留下了种族歧视的印象；人们对之前韩裔店主射杀黑人女青年一案的不公正判决心存不满等等。

从众人皆知的罗德尼·金案以及由此引发的洛杉矶暴动，到 1969 年、1997 年和 1999 年连续发生的康州案，这些事件在我们头脑中仍然记忆犹新。有了那么多的前车之鉴后，哈特福特市当局更应该审慎对待阿奎·萨蒙案。因此，他们必须迅速行动，平息弱势群体的过激反应，才能最终阻止一场全方位的暴动的发生。

"哈特福特守护者"是一个警民联谊组织，32 年来，这个组织一直是哈特福特警局与弱势群体之间沟通的桥梁。这一次，他们立下重誓对本案的调查活动进行监督。他们宣称，警察局长已经承诺让他们最先获得调查人员的调查结果。

"哈特福特守护者"组织的主席说："这意味着让我们来守护全体民众的利益。"

作为一名法庭科学家，同时也作为康州的公共安全委员，我有责任也有义务维护本案调查工作的顺利进行。于是，我在第一时间发表了公开声明，向公众公开了"萨蒙不是被警察从背后射杀的"这个不容置疑的事实，试图缓和那些为死者鸣冤叫屈的弱势群体的激动情绪。此外，案发当天，我和我所在的法庭科学实验室的同事们受哈特福特市警察局和州检察长办公室之托，对本案进行调查，并在事后提交了犯罪现场重建报告。（我将在后文中对这份长达20页的报告进行详述。）

案发后，哈特福特市警察局给予了警察艾伦带薪离职的处分。"国家有色人种发展协会"主席罗格·韦恩呼吁人们反对警察局的这种做法。

他说："很明显，事情远远比我们看到的要复杂。我们并不想此案就这么草草了事，只是希望有关部门能采取正确的行动。"[180]

调查报告

下面是艾伦警察、被害人的朋友埃利斯·托马斯以及哈特福特市警察局物证部门所作出的与本案相关的询问笔录、供述和书面报告。为了既能表述清楚又可避免重复，本书对这些官方文件进行了一定的修改。

艾伦警察的报告

1999 年 4 月 13 日（星期二）上午，罗伯特·C. 艾伦警察就 13 号凌晨所发生的情况作了一份书面报告。艾伦警察，生于 1971 年 8 月 16 日，于 1996 年 5 月 2 日在哈特福特市警察局宣誓就职。1999 年 4 月 13 日凌晨，他正在哈特福特市北端的地段巡逻。凌晨两点左右，在附近巡逻的同事通过无线电和他联系，有人报警说一名女性被三四名黑人男性持枪抢劫，那些劫匪手中至少有两把枪，开一辆两开门的白色凯迪拉克，车牌号码为 397KRZ。他的同事还说，有许多市民曾打电话来报警，说自己被开着同样的白色凯迪拉克的三四名黑人男青年持枪抢劫过。于是，他决定开着警车去追捕那几名劫匪……大约在凌晨 2 点 10 分，他在卡彭街附近看到前方有一辆白色的凯迪拉克以 100 码的速度向南行驶。他随即提速缩短了与那辆车之间的距离，在看清了车牌号码后，向总部报告了车牌号和车的具体方位，并描述了车的特征。他还看到车上坐着四名黑人男性……在恩菲尔德和格林菲尔德街道相交的十字路口处，他看到坐在驾驶员右后方座位上的那个人转身看着他……这时，劫匪将车速提高到每小时 35 英里至 45 英里，朝恩菲尔德街的南面驶去，然后在没有打转弯灯的情况下急转弯，驶向恩菲尔德街 25 号……他随即向总部报告了那辆车的方位，并装上警灯，拉响警报，想要拦住那辆车。同时，他也意识到自己进入了犯罪高发区域——恩菲尔德街的这一块地方犯罪率很高，枪击、贩毒、偷车等案件层出不穷。

艾伦警察说，当时除了那辆凯迪拉克的车灯和警车的远光灯外，没有其他别的光源。那辆车急转弯后不久，司机突然从还在行驶的车上跳了下来，其他人却都还坐着没动……他随即将警车开到那块空地停下，打开大灯。他看到嫌疑人 1 号（托马斯）朝空地边上的一个铁丝网围栏的方向跑去，右手里握着一把枪。他一遍又一遍地朝托马斯发出警告："警察！不许动！不然我就开枪啦！"随后，他收起佩枪，打开手电筒开始寻找托马斯……他看到托马斯穿着一条宽松的蓝色牛仔裤，上身穿着件蓝色套头的毛衣，里面穿了件衬衫。托马斯很快就消失在黑暗中。这时，他听到右后方传来一声枪响，马上通过对讲机向同事报告了这个情况……他没有再看到有人从那辆凯迪拉克里出来，但当时他的视线被右前方的一棵树给挡住了，而且他一边要分辨枪声到底是从哪个方向传来的，一边还要密切注视铁丝网围栏附近那个拿着枪的嫌疑犯的动静……艾伦警察左手打着手电筒，右手举着枪对着围栏的方向……他蹲下来，迅速回头扫了一眼枪声传来的方位，一边再一次大声地警告托马斯："我是警察！不许动！不然我就开枪啦！"但托马斯并没有停下来，继续想爬过围栏逃离现场……这时，艾伦看到托马斯的右手中依然握着那把枪。与此同时，他听到从枪声传来的方向传来一阵跑步声，踩得树枝和树叶沙沙作响……他一边继续拿枪对着爬围栏的托马斯，一边用手电照向脚步声的方向——他看到一个穿着黑色裤子、绿色夹克的人向他跑来。嫌疑人 2 号（萨蒙）从一棵大树后面飞奔过来，艾伦说他当时在一排树苗的南面，身后就是那棵大树，从他的那个位置正好看不到萨蒙的右侧。他举着手电筒照向萨蒙，并大喊："警察！不许动！不然我就开枪啦！"——当时他和萨蒙之间的距离只有10英尺。萨蒙并没有停下来，继续朝托马斯爬的那个围栏奔去。这时，艾伦看到萨蒙的右手从右到左摸了一下自己的腰带，然后抬起右手指向他，随即又换了一下手，抬起左手指向他。他说萨蒙侧着左身走进自己，并位于他南侧的位置。艾伦说，他的经验和接受的训练告诉他，萨蒙这样做是"为了拔枪并瞄准目标物"。

艾伦说："这时，我怕他向我开枪。"当他"看到萨蒙举起手臂"时，一边向北移动自己的身体，一边朝萨蒙开了一枪。他开枪后，看到"萨蒙向右迈了一两步，然后往后退了一下，继续向那个铁丝网围栏跑去"。随后，艾伦追上前，右手抓住萨蒙脖子后侧的夹克衣领，左手抵在了他的双肩中间的部位，将他面朝下按倒在地。与此同时，艾伦还在低头观察托马斯的情况。这时，托马斯已经翻到了围栏的另一侧，蹲在地上，面朝着艾伦……他们俩隔着围栏，中间只有大概 6 英尺的距离。

艾伦解释说，从他听到他的右侧传来枪声到他开枪，中间间隔了大约 2 到 3 秒。他之所以命令嫌疑人 1 号（托马斯）"站住"，是因为他看不到托马斯的手。当托马斯往南跑向马瑟街的时候，他命令托马斯把手拿出来放到身体前面，托马斯照做了。艾伦说，直到他返身检查嫌疑人 2 号（萨蒙）的身体时，见到有血从他的嘴里流出来，他才知道萨蒙中弹了，然后马上叫了一辆救护车。接下来，他又见到第三个嫌疑人从凯迪拉克车里出来，往西跑向芒格洛里斯街。他随即呼叫马斯格雷夫警探，让他去捉捕他。随着越来越多的警察赶到现场，马斯格雷夫也过来帮着救萨蒙。艾伦说他不知道第四个嫌疑人的下落。后来，乔布斯警官解除了艾伦的武器，并给了他停职的处分。

对埃利斯·托马斯的讯问笔录

埃利斯·托马斯，生于 1984 年 1 月 10 日。1999 年 4 月 13 日（星期二）下午 2 点 30 分到 4 点 30 分，埃利斯·托马斯在哈特福特市警察局接受讯问，他因与他人共同实施了抢劫行为和二级企图伤害行为而被警方逮捕。

托马斯说，周一（4月12日）晚上，他和罗伯特·戴维斯、阿奎·萨蒙、丹尼斯·菲尼尔一起在外面闲逛。大约在晚上10点左右，一个白人女性开着一辆白色的、双开门的凯迪拉克，停到他们面前。车上坐着一个叫厄尔的人，这个人是他们的邻居。托马斯说他曾见过这个女人两次，因为她常常将她的车租给别人以换取毒品……那个女人问罗伯特有没有毒品，罗伯特说没有，于是就给了她15美元换了车钥匙。那个女人和厄尔坐上厄尔的车走了。托马斯和他的三个朋友（戴维斯、萨蒙和菲尼尔）都上了这辆凯迪拉克，托马斯当司机。他们有三把银色或铬合金的"打火机枪"，这是一种形状和.25口径手枪一模一样的打火机，是他们于星期一下午5点在位于花园街和马瑟街拐角处的波多黎各商店买的，每把花了7.5美元，丹尼斯、萨蒙和托马斯一人买了一把。

他们在马瑟街和芒格洛里斯街附近发现了一名穿着非常酷的黑人女性，这个人曾向他们砸过酒瓶，所以他们今天想报仇。换由罗伯特当司机后，将车开到那个女人身边停了下来，然后他们四个人都下了车。萨蒙来到那个女人身后，用"打火机枪"击打她的后脑勺。那个女人一边挥舞着她的包，一边大声呼救，还说要去报警。他们四人见势不妙，便匆匆离去。在恩菲尔德街处，开始有警车在后面追赶他们。罗伯特将车开进恩菲尔德街的车道上，大家准备一起跳车。当时，托马斯坐在罗伯特的后面，菲尼尔坐在副驾驶的位置上，萨蒙则坐在他的后面。当他们把车开到车道上，罗伯特准备夺窗而逃的时候，警车打开了车大灯。然后托马斯打开驾驶员那侧的门跳下车，萨蒙和菲尼尔则从乘客座位的那侧门跳下车。托马斯说，罗伯特说他自己当时并没有下车。托马斯跑向空地边上的铁丝网围栏，并翻了过去，萨蒙紧随其后。警察拔出枪，命令萨蒙停下，但萨蒙非但没有停止前进，还猛然转身，面向警察；这时，警察肯定以为萨蒙要向他开枪。托马斯当时正躲在围栏那边的灌木丛里，不敢出来。他看到警察俯身靠近萨蒙，对他说："我来帮你，你会没事的。"大约两分钟以后，救护车赶到现场接走了萨蒙。托马斯在灌木丛里躲了将近一个小时，直到警犬找到他，他才出来。

哈特福特市警察局物证部门的报告

1999 年 4 月 13 日，哈特福特市警察局物证部门的工作人员赶到了位于恩菲尔德街 25 号的案发现场，用摄像机、照相机和手绘图对现场进行了记录。同时前来对现场进行仔细检查的还有重案组和警局巡逻队的成员。

嫌疑人的车是在一小堆沥青旁被发现的。那是一辆 1984 年产的凯迪拉克·弗利特伍德白色双开门轿车，车牌号码为 397KRZ。发现时车的前灯没有关，车门都打开着，车头朝着西方。在恩菲尔德街往西大约 100 英尺、白色凯迪拉克往东大约 25 英尺至 30 英尺的地方发现了一辆哈特福特警局的巡逻车（第 21 组的）。在凯迪拉克的驾驶员那侧车门南面大约 15 英尺的地方发现了死者的衣服。在哈特福特警局巡逻车的南边发现了一枚 .45 口径的弹壳。在凯迪拉克车的前座上发现了一把青铜色的、枪状的丁烷气体打火机。在铁丝网围栏（位于马瑟街 224~226 号）南面树后的地上，也就是埃利斯·托马斯被逮捕的地方，发现了另一把青铜色的、枪状的丁烷气体打火机。

哈特福特警局的帕特里克·乔布斯警官在犯罪现场没收了罗伯特·艾伦警察的配枪。这是一把 .45 口径的、半自动的史密斯·维森手枪，型号为 4506-1。经检验，该枪已发射了一枚子弹。艾伦警察有 3 个装满了子弹的弹匣，里面共装了 8 颗 .45 口径的子弹。子弹和手枪均已找到。该手枪装了 8 颗子弹，其中 1 颗在弹膛中，剩下的 7 颗在弹匣里。

死者（阿奎·萨蒙）被送往了医院，他的 3 个同伙（罗伯特·戴维斯三世、埃利斯·托马斯和丹尼斯·菲尼尔）被哈特福特警方拘留，进行射击残留物测试。四名嫌疑人的衣服均作为证据被警方存留。

1999 年 4 月 13 日凌晨 2 点 27 分，这名受伤的黑人男青年被送往圣弗朗西斯医院进行治疗。大约在凌晨 2 点 56 分，克里斯蒂医生宣布这名男性死亡。死者的脚踝上带着一个黑色的监控脚镯，编号为"4685980695"。[181]

尸检报告摘要

1999 年 4 月 13 日，由首席法医官办公室（位于康州法明顿市）的副主任法医师马尔卡·B. 沙哈对死者阿奎·萨蒙的尸体进行解剖。尸检报告的关键部分摘录如下：

尸检表明，死者死于一次枪弹伤。射入口位于胸部背面的左侧，具体为头顶正下方 16.5 英寸、再往左侧水平地移动 3.5 英寸的位置。该贯通性创口的直径约为八分之五英寸。

弹道显示，子弹穿过皮肤和软组织，进入胸部背后左侧的区域。子弹穿过第 7 处肋间肌，擦伤了第 8 根肋骨的上部，然后进入左胸廓，再穿过左肺下叶的上部，从左肺下叶的内侧穿出。随后，子弹进入心包膜（包住心脏的膜囊），进入左侧肺下静脉下端的左心房，穿过左心房，穿过心脏房间隔（将两个上心房隔开的膜壁），从心耳前端的右心房的侧面穿出。随后，从心包膜的前端穿过，从右肺叶的内侧进入右肺中叶，再从右肺叶的前端穿出。最后，子弹穿过右胸前的第 4 根肋骨，从前胸右侧面穿出，形成射出口。

子弹的方向是从后至前、从左至右，稍稍向上倾斜。

子弹穿透了左下肺叶、两边的心房和房隔以及肺右中叶。

死亡原因为胸部枪伤，死亡方式为他杀。[182]

现场重建报告

最后，我还想向大家强调一份官方文件：现场重建报告。这份现场重建报告是我应哈特福特警局和州检察长办公室之托（时间为1999年4月13日）所作，于1999年5月21日完成，共16页。现摘录如下：

实验室分析和审查所用之材料/设备：

‡犯罪现场的照片

‡犯罪现场报告（含7份图表）

‡阿奎·萨蒙的尸检报告

‡.45口径的史密斯·维森手枪，型号为4506-1

‡一枚弹壳

‡一枚类似于子弹的投射物

‡"阿奎·萨蒙"的衣服

‡进行射击残留物鉴定（GSR）的装备

‡一块砖

‡类似于武器的物体

‡显示潜在指纹的仪器

在对上述证据进行详细分析检验后，分成三个部分（枪击现场的照片、尸检记录和与枪击案相关的其他信息）分别对检验结果进行报告。

○ 对枪击案现场照片的检验

1号照片记录了1999年4月13日枪击案现场的全貌。

2号照片是枪击案现场的近照。在照片中，我们可以看到一辆哈特福特警局的巡逻车（车牌号码为596HPD），在这辆警车的前面是一辆白色的凯迪拉克。

3号照片拍摄的是凯迪拉克车后部的全貌。从照片上我们可以看到，两边的车门都是打开的，车牌号码为397KRZ。

4号照片是凯迪拉克车后排乘客座位的近照。后排的地板上有许多物件，包括一个纸袋、一个杯子、一个车内装饰物等。车的点火装置上还有一串钥匙。

5号照片是凯迪拉克车副驾驶座位的近照。座椅上有一个类似于手枪的物体。6号照片是那个枪状物体的特写。枪状物体的手柄是微红色的，表面有一个金色的骷髅状的装饰物，枪筒的底部镶嵌着闪亮的金属。在照片中，我们还可以看到前排乘客座位上的其他物品。

7号照片记录的是死者周围的一堆衣物。死者身上还盖着一块白色的裹尸布。从8号照片上我们可以看到，在那块裹尸布和周围的衣物上有许多类似于血的痕迹。

从9号照片上我们可以看到，死者附近的地面上有一大摊血迹。10号照片是这摊血迹的近照。我们可以看到，在那一大摊血迹的周围还有很多小的点状血迹。这些血迹都是直接接触而形成的血迹形态。

11号照片拍摄的是弹壳的发现地点。照片12是该弹壳的近照。在发现了弹壳后，便随即将其送往了实验室进行检验。

在13号照片中我们可以看到，铁丝网围栏附近还有另一个类似于手枪的物体。这个物体位于围栏的内侧，对面就是那辆凯迪拉克和枪击案现场。照片 14 是这个物体的近照，枪柄底端呈黑色。

15 号照片拍摄的是凯迪拉克前部的全貌。在车的前方有一堆沥青状的物质，车头似乎粘在了这堆物质上。16 号照片是车辆保险杠前面的区域以及车辆与沥青状物质接触部位的近照。这堆沥青状物质的高度几乎和车辆保险杠的底部平行。

17 号照片是从北面对枪击案现场进行的记录。绿地上有一个铁丝网围栏，将这块空地分成两块。照片的左侧是那辆凯迪拉克。空地的地面上散乱着许多物体以及碎片。18 号照片是从南面对枪击案现场进行的记录。照片的右侧是一桩类似于车库的建筑。地面上有许多类似于石头的物体以及碎片。

○ 对尸检报告和尸检照片的检验

阿奎·萨蒙的尸检报告是由首席法医官办公室的马尔卡·沙哈博士作出的。现将对本次尸检报告和尸检照片的检验结果公布如下：

1. 从第 41 号照片可以看出，死者的伤口在背部，位于大约距头顶 1 英尺 4.5 英寸、距中线 3.5 英寸的位置。从第 42 号照片可以看出，创口略呈椭圆形。该创口符合射入口的特征。

2. 从第 43 号照片可以看出，死者前右胸、略高于乳头的位置还有一个伤口，大约距死者头顶 1 英尺 4 英寸，距中线 4 英寸。第 44 号照片是该胸前创口的近照。该创口符合射出口的特征。

3. 我们可以推断，子弹是从死者左后部进入身体、从右前胸射出的。死者身体内的弹道轨迹为从左至右、从后至前，略微有些向上倾斜。

4. 从第 45 号照片中可以看到，死者的右脚踝上带着一个电子监控装置。第 46 号照片拍摄的是将该装置从死者脚踝上取下来以后的样子。

○ **现场重建**

1999 年 4 月 14 日，实验室工作人员接到哈特福特市警察局局长约瑟夫·克罗夫维尔的命令，赶往枪击案现场。前往现场的人员有公共安全委员李昌钰博士、实验室副主任肯尼思·B. 泽尔西、刑侦专家罗伯特·奥布赖恩、刑事专家托马斯·奥布赖恩、爱德华·杰契莫维克兹、尼古拉斯·扬、珍妮弗·辛茨以及法医摄影师马克·纽思。一同前往现场的还有哈特福特警局的警察、州检察长办公室的代表、沙哈博士和首席法医官办公室的其他工作人员、死者家属以及哈特福特社区的领导。哈特福特警局重案组的工作人员对本案的现场重建工作提供了协助。

按照现场绘图和哈特福特警局的原始现场照片，确定了凯迪拉克车的大概位置，并用绳索标出（见第 47 号照片）。

根据原始的现场信息，确定了那枚 .45 口径弹壳的大概位置（见第 12 号照片）。

根据枪击现场重建的结果确定了射击者的位置，并用黄色的记号标出（见第 48 号照片）。第 49 号照片记录了射击者与现场其他物体的相对位置。

根据射击者的位置，确定了他的视线范围。现场的一些物理障碍物不但限制了射击者的视野，还阻碍了死者的行动。从第 50 号照片中我们可以看到，现场的北面有一棵树，位于射击者的右侧；从第 51 号照片中我们可以看到，射击者的左侧有一个车库和一个铁丝网围栏。因此，事故最可能的发生地点就在这45度的范围内（见第52号照片）。

在沙哈博士的协助下，我们使用了一个人体模型对死者身上的弹道进行了重建（见第53号照片）。我们把这个模型放在了死者在遭受枪击时最可能存在的位置，并用标尺记录了死者身体上的弹道位置（见第54号照片）。

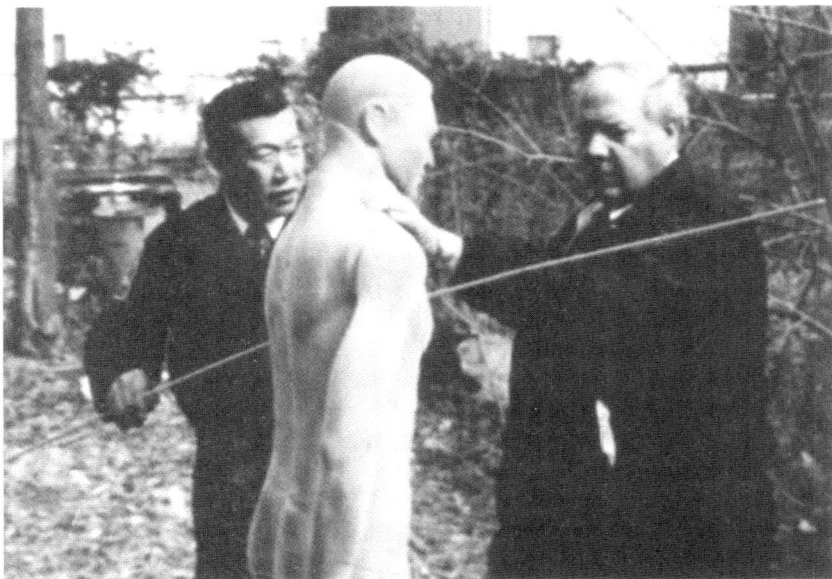

在哈特福特案中，李博士与州警察实验室助理肯尼思主任在重构子弹弹道轨迹

根据死者生前最后的位置和激光对子弹穿过身体后的轨迹的确定，我们对子弹射出死者身体后的弹道进行了重建。随后，哈特福特警局的E.索托警探在一栋位于木兰大街160~162号的建筑后面发现了一颗铅弹。第55号照片拍摄了这个区域的全貌。这颗铅弹位于一辆灰色的克尔维特车前部左侧车轮的后方（见第56号照片）。第57号照片是这颗铅弹的近照。

按照弹头和射击者的位置，我们用绳子（将其拉成直线）

来重建弹道现场。从第58号照片中可以看到，我们用了一根粉红色的绳子将人体模型和弹头所在的建筑背面连接了起来，标记为弹道。子弹依向上倾斜10度左右的角度，从东向西运行。因此我们推断：**死者中弹的时候应该是侧身朝南。**

随后，我们将艾伦警察带到现场，让他描述一下他开枪时所在的位置，并与重建的结果进行了对比（见第59号照片）。

○ 结论

1. 枪击案现场为位于哈特福特市恩菲尔德街25号的一块空地上。该现场符合第一现场和户外现场的特征。

2. 将1999年4月13日拍摄的枪击案现场的照片与1999年4月14日所勘查的现场情况相比较后发现，在这期间，现场情况有了一些改变——有一些植物和垃圾被清理了；新添了一个石头状的神龛，上面还插着蜡烛。但这些细小的变化不会对现场重建工作产生任何影响。

3. 1999年4月13日凌晨，哈特福特警局的艾伦警察开着巡逻车追赶一辆白色的凯迪拉克（车牌号码为397KRZ），从恩菲尔德街一直来到这块空地。凯迪拉克因为撞到一堆沥青和一些石头，所以停了下来。

4. 从原始的现场照片中我们可以看到，那辆凯迪拉克的车门（包括驾驶员那侧的车门和乘客那侧的车门）都开着，车灯也亮着。这说明车里的人在慌乱之中想弃车而逃。

5. 我们在凯迪拉克前排的乘客座位上发现了一个类似于手枪的物体，在现场的围栏附近发现了另外一个类似于手枪的物体（见第14号和第15号证据），枪械部门的专家检验后认定其为仿真手枪，实为枪状的丁烷气体打火机。

6. 阿奎·萨蒙死于一次枪伤。验尸官的尸检报告表明，弹道为从左到右、从后到前，略微有点向上倾斜。

7. 哈特福特警局在现场发现了一个弹壳，经枪械部门的专家检验，该弹壳是从艾伦警察的配枪（.45 口径的史密斯·维森手枪，第 2 号证据）中射出的。

8. 依照 1999 年 4 月 14 日的现场弹道重建工作的结论，在现场找到了一颗铅弹。该子弹的类型和口径与哈特福特警局警察所用子弹的类型和口径相一致也与艾伦上交的武器一致。

9. 在铅弹上发现了微量纤维证据。实验室微观检验和工具分析的结果显示，该织物纤维与死者上衣表层的纤维构造一致。

10. 根据枪械部门的检验结果、纤维分析结果和血液测试结果，我们可以断定，该铅弹是从艾伦警察的配枪中射出来的子弹的铅芯的一部分。

11. 根据现场照片以及 2 号证据（艾伦警察的配枪）射击模式试验的结论，艾伦警察是在被害人的右后方开的枪，两人之间的距离约为 12 英尺。

12. 根据弹壳的位置以及射击模式测试的结果，可以确定射击者在开枪时的位置。通过现场重建所确定的射击者在开枪时的位置和射击者自己回忆的位置之间只有一点点的偏差，但基本上是在同一个位置上。

13. 在阿奎·萨蒙的衣服上没有检测出射击残留物。这表明，在射击时，死者和枪口之间的距离超过了 48 英寸。

14. 根据凯迪拉克车的位置、现场的物理障碍物、死者衣服上没有射击残留物的情况以及死者最后所在的位置，我们可以推断：阿奎·萨蒙应该在射击者的西北方大约 26 英尺、西南方

12 英尺的区域内活动。根据子弹和弹壳的位置，我们可以推断：子弹由东向西运行，略微向上倾斜，倾斜角度约为 10 度。

15. 根据重建的弹道、射入口和射出口的位置以及死者衣服上没有射击残留物的情况，我们可以推断：阿奎·萨蒙中弹时应该在艾伦警察前方 10 英尺的位置，站立着，面朝南。子弹应该是从其左侧的斜后方进入身体的，从左到右、从后到前，再射出体外。子弹与身体接触的角度为锐角。

16. 现场重建的结果表明，通过现场重建所确定的射击地点和艾伦警察回忆的地点之间有一点出入，但死者的位置和重建的弹道与艾伦警察描述的情形相符。[183]

那么，那天晚上到底发生了什么呢？

大约凌晨 2 点左右，一位在哈特福特市北面巡逻的警察接到无线电通报：一名女性被四名黑人男性抢劫，还遭到持枪威胁，后嫌疑人开着一辆白色的凯迪拉克逃离了抢劫案现场。在附近巡逻的其他警察纷纷报告说，有多位市民报警，说自己遭到四名黑人男性持枪抢劫，他们开着同一辆车，好像是同一伙人干的。10 分钟左右，那名警察看到四名黑人开着一辆凯迪拉克从他眼前驶过，便开车进行追捕，最后跟到了该市犯罪高发区域的车道上。这个地区枪击案频发，毒品贩卖案件和汽车偷盗案件屡禁不止。

按照艾伦警察的说法，那辆凯迪拉克驶到一块黑暗的空地上后便开始减速，但并没有停下来。这时，司机跳下了车，右手里拿着一把枪。另外两个人也迅速爬下了车，其中一个就是阿奎·萨蒙。司机冲向空地边上的铁丝网围栏，企图翻越围栏逃走。艾伦收起枪，蹲在地上，一遍又一遍冲那个司机大声警告："不许动！我是警察！"就在这时，他听到右面传来一声枪响。阿奎·萨蒙突然从大树后冲出，奔向铁丝网围栏。艾伦见到萨蒙似乎有拔枪并瞄准目标物的动作，为了自保，便在萨蒙奔向围栏的途中开枪击中了萨蒙。

问题出现了：萨蒙究竟是不是被人从背后枪杀的呢？这个问题很快成了两大对立阵营争议的焦点。有的人同情被害人，认为如果萨蒙的后背上有弹孔，那就一定是有人从正背后朝他开的枪。而有的人则主张用证据说话，因为子弹的射入口在被害人背部的左侧，靠近肩胛骨的位置，子弹进入身体时的角度为锐角，最后是从被害人前胸的右侧射出。这说明，当时最有可能的情况就是：被害人在遭到枪击时，身体向左转动了。案发当时，现场非常黑，手电筒是唯一的光源。艾伦警察的第一反应就是萨蒙从左侧转身，要向自己开枪。他朝萨蒙大喊："警察！不许动！否则我要开枪了！"但萨蒙不予理会，仍然从腰间举起右手，并将身体转向左侧。艾伦认为他是从腰间拔了枪，要向自己射击。

裁　　决

案发 10 个月后，州检察官凯文·凯恩才作出最后的裁决。在此期间，执法部门所做的与办案相关的一切都意图让公众相信，本案的调查工作是全面而彻底的，所有的工作人员都是认真而公正的。但黑人和西班牙裔的愤怒情绪却一再升级。许多政府领导人一直在力图消除紧张局势，如果凯恩宣布艾伦无罪，还要为可能发生的最坏的情况做准备。

哈特福特市警察局局长约瑟夫·克罗夫维尔在案发后不久因压力过大，出现了心脏方面的问题，由代理局长德博拉·巴罗斯接手整个工作。巴罗斯是一个非裔美国人，以冷静著称。她花了大量时间进行社区外展服务并支持受害者，被人称为哈特福特警局最优秀的外交家之一。

　　滥用药物方面的顾问、哈特福特市北端基督教会牧师康奈尔·刘易斯说："阿奎·萨蒙案发生后，一直是德博拉·巴罗斯和她的团队在抚慰市民的情绪。无论发生了什么，她都能从容面对，并能获得民众的支持。"[184]

　　克罗夫维尔也非常看好德博拉·巴罗斯。他说，萨蒙案发生后，巴罗斯积极组织社区领导人并对其进行动员，悉心探望并慰问萨蒙的家属，主动与萨蒙的朋友进行沟通，这些都有助于警局和整个城市平安地度过此次危机。

　　与此同时，萨蒙案直接催生了"冲突协调中心"在哈特福特市的设立。该中心的管理层由不同种族的人构成，并且每一个管理者都受过冲突调停方面的训练。

　　2000 年 2 月 15 日，也就是宣布裁决的前一天，哈特福特市警察协会会长迈克尔·伍德警官说："没有一个闹事的，一切都非常正常。"

　　作为本市的公共安全委员，也作为一名州警察，我发表了下列声明——这是我的职责所在。"多名警察都已严阵以待。但只有在哈特福特警局有特殊要求的时候，我们才会行动……在向公众宣布裁决之前，会先告知萨蒙的家人……我保证，每个人都在尽自己最大的努力，来保护萨蒙一家和整个社会民众的利益。"[185]

　　第二天，也就是 2 月 16 日，这是我和凯恩永远都无法忘怀的日子。那天，我凌晨 4 点就从家里出发，与凯恩和州检察长杰克·贝利碰头，然后向州长简要地汇报了一下我们的调查结果。早上 8 点，我们会见了阿奎·萨蒙的祖母及其他的家庭成员和他们的律师，告知了他们主要的调查结果和最后的裁决。尽管这个裁决是萨蒙的家人最不愿意接受的，但他们还是对我们所付出的努力、我们的坦诚以及我们在向媒体宣布最后裁决之前先行告知他们所表现出来的尊重表示感谢。随后，我们又会见了哈特福特市种族团体的领导和宗教领袖，向他们解释了裁决背后所依据的科学证据。大部分的人都对这个结果表示接受，但还是有一小部分人认为我们心存偏见、办事不公。我们都意识到了社会对此类案件的整体反应的重要性，也知道有一些动乱分子会以此为借口挑起暴乱，这是大家最不愿看到的。所幸的是，最后并没有人这样做。在此，我必须要对某些领导人在这方面所做出的努力表示感谢。

上午9点钟，我们在当地一座教堂召开新闻发布会，那里聚集了成百上千名哈特福特市居民和媒体代表。我现在依然能清晰地记得，当我和凯恩、巴罗斯穿过大量的电视台采访车和摄像机进入会议室时，四周充斥着的那种紧张的气氛。电视台摄像机一台紧挨着一台地立着，人们把这间屋子挤得水泄不通，几乎没有可以立足的地方了。凯恩先对整个案件作了一下简单的介绍，然后向公众播放了艾伦和报警电话接线员之间的谈话录音。接下来，我对死亡现场的调查工作和枪击现场重建工作进行了详述，并用PPT向大家展示了现场照片、物证和与本案相关的科学事实的一些画面。然后，凯恩详细讲述了调查过程中的种种细节，他还为此专门制作了一个长达200多页的附录。最后，他向公众宣布了他的裁决：艾伦警察的行为没有违反法律。

后　记

我们最后再来对本案作一个剖析——这是我们科学家的通病。在本案中，以下几个重要的问题值得我们关注：第一，警察逮捕违法者所需警力的种类和程度；第二，需要迅速对情势作出准确的评价判断，在涉及不同种族时尤为如此；第三，在解决潜在的暴动的过程中，州和联邦的政府机构应该通力合作，才能取得好的效果。

人们普遍认为，在一个如此艰难的局面下，警方的工作是可圈可点的。一方面，尽管一直都有批评的声音，但绝大多数人都认为，社区领导人在安抚民心方面还是做得很不错的；另一方面，很多人都表示，康州法庭科学实验室和康州警局重大罪案调查署在枪击案调查和现场重建方面起到了至关重要的作用。在本案的裁决宣布以后，尽管有一些人仍然心存抱怨，希望联邦警局能对此案进行进一步的调查，但我希望本案能成为其他执法部门处理同类案件的典范。

对于凯文·凯恩的表现我们该如何评价呢？这让我想到了20世纪40年代一个非常经典的广播节目《检察官先生》。每次节目开始时，都会响起一个声音："作为一个检察官，不但要在法律的范围内对违法行为提出控诉，还要用同样的热情来维护全体民众的利益。"[186]凯恩做得非常好。

2004年，康州州长M.乔迪·雷尔任命凯恩为康州检察长。我已经第三次请辞在康州的职务，但州长仍执意挽留，希望我能继续出任法庭科学实验室的名誉主任。你们猜一猜我的年薪是多少？答案是：1美元。

第五章

波斯尼亚和克罗地亚大屠杀

接下来，我们要对一起特殊的谋杀案进行调查。之所以说它"特殊"，是因为在这起案件中，有成千上万个生灵惨遭荼毒。我们先要向大家介绍一下波斯尼亚和克罗地亚这两个地方盘根错节的历史。当然，对于历史部分，我们不会交代得特别详细，因为在这个案件中，主要向大家描述的是我在惨案发生地（即波斯尼亚和克罗地亚）进行调查的经历。另外，再向那些对南斯拉夫惨案有所耳闻但对整个过程不甚清楚的朋友详细介绍一下当时的情况。让我们先从背景介绍开始吧。

背　　　景

南斯拉夫：彼时，今日

公元 6 世纪，斯拉夫人开始成群结队地向巴尔干半岛地区迁徙——这是一个位于欧洲东南面的半岛，地处亚德里亚海和黑海之间，从匈牙利一直延伸至希腊。他们被叫作南斯拉夫人，他们从现在的俄罗斯和南波兰迁徙出来。随后，各族人马迅速圈地为王：塞尔维亚人成立了塞尔维亚国，克罗地亚人创建了克罗地亚国，斯洛伐克人建立了斯洛文尼亚国。但到了1400年，外族入侵，几乎占领了他们所有的土地：奥斯曼帝国（也就是今天的土耳其）吞并了塞尔维亚，匈牙利统治了克罗地亚，奥地利兼并了斯洛文尼亚。当时，奥斯曼帝国还一并把波斯尼亚和黑塞哥维亚纳入了版图。

400年以后，斯拉夫统一行动拉开了序幕。1809年，法国皇帝拿破仑·波拿巴统一了克罗地亚和斯洛文尼亚，但6年后，克罗地亚和斯洛文尼亚的统治权又重新落入了奥地利和匈牙利之手。1878年，塞尔维亚从奥斯曼帝国独立。那时，克罗地亚和斯洛文尼亚仍然没有摆脱奥匈帝国的统治。而奥匈帝国在当时又附属于波斯尼亚和赫塞哥维纳。这便成了一个谁在什么时候统治谁的游戏。

到了20世纪初，统一南斯拉夫的声势日益加强。1914年，奥匈帝国皇储弗朗茨·斐迪南大公在波斯尼亚和黑塞哥维亚的首府萨拉热窝视察时，被一个塞尔维亚人暗杀。"萨拉热窝事件"成了第一次世界大战的导火线。1918年，奥匈帝国战败，南斯拉夫宣布独立。巴尔干半岛的另外三个政治实体也先后成功独立。

"南斯拉夫"，意为"斯拉夫南部的土地"。1918年，塞尔维亚人、克罗地亚人和斯洛文尼亚人联合起来，成立了南斯拉夫王国。这是第一个以"南斯拉夫"命名的国家。1941年，南斯拉夫王国遭到了二战轴心国的入侵，于1945年沦亡。

第二个以"南斯拉夫"命名的国家经历了三次更名：1943年，该国被命名为"南斯拉夫民主联邦"；1946年被更名为"南斯拉夫联邦人民共和国"；1963年则改国号为"南斯拉夫社会主义联邦共和国"。当时，构成"第二南斯拉夫"的共和国有斯洛文尼亚共和国、克罗地亚共和国、波斯尼亚和黑塞哥维亚共和国、黑山共和国、马其顿共和国和塞尔维亚共和国（包括它的一个自治省，即后来的科索沃共和国）。但后来，这些共和国中的绝大多数都相继宣布独立。1991年，南斯拉夫社会主义联邦共和国正式解体。

历史上第三个以"南斯拉夫"命名的国家是南斯拉夫联邦共和国。该国于1992年成立，由塞尔维亚共和国（含自治省科索沃）和黑山共和国组成。不久以后，该国再一次更名，改称为"塞尔维亚和黑山联盟"。从此，"南斯拉夫"作为国名正式退出了历史舞台。1996年，塞尔维亚共和国和黑山共和国分别宣布独立，这标志着南斯拉夫王朝的终结。

我们都知道，南斯拉夫是一个具有多样性的国家。数个世纪以来，这个地区的民族、语言、宗教和文化就冲突不断。但是，正如我们开篇所说，在这个案件中，主要是要向大家讲述20世纪90年代中期我在波斯尼亚东部山坡上挖掘和认定成百上千具尸体的经历。正是因为有了这些挖掘工作和相关的物证，国际战犯法庭才能于日后将那些刽子手作为战犯进行起诉，包括斯洛博丹·米洛舍维奇、拉特卡·姆拉迪奇和拉多万·卡拉季奇。

但在我向大家讲述我的经历之前，需要更多地追述一下这个地区的历史。让我们先来了解一下该地区在第一次世界大战前后的情况吧。1918年，第一次世界大战结束，德国、保加利亚、奥匈帝国和奥斯曼帝国溃败。塞尔维亚、克罗地亚和斯洛文尼亚借机迅速成立了一个松散的联盟——"塞尔维亚人、克罗地亚人和斯洛文尼亚人王国"。10年之后，亚历山大一世将其更名为南斯拉夫王国，以抑制分裂分子的情绪，但他最终还是失败了。当时，随着纳粹党和法西斯主义掌权，德国和意大利国力迅速增长；同时，约瑟夫·斯大林逐渐成长为苏联的独裁者。后来，亚历山大一世在法国马赛被一名马其顿革命党人刺杀身亡。

到了第二次世界大战时期，也就是 1941 年，轴心国（德国、意大利、匈牙利和保加利亚）向南斯拉夫王国发动全面进攻，并迅速占领了它。超过 30 万南斯拉夫士兵被捕入狱，南斯拉夫王国土崩瓦解。随后，德意轴心国在此建立了一个纳粹傀儡国家——"克罗地亚独立王国"。这里迅速成了反法西斯主义者、共产主义者、塞尔维亚人、犹太人和吉普赛人的集中营。

许多抵抗组织如雨后春笋般涌现。如切特尼克，这支由支持南斯拉夫王国政府的南斯拉夫人（主要是塞尔维亚人）组成的著名的二战时期抵抗力量，后来成了美国军队在欧洲的盟军；再如，由克罗地亚人约瑟普·铁托领导的共产主义南斯拉夫民族解放军。随着切特尼克游击行动在塞尔维亚的蓬勃发展，纳粹德军对平民展开了疯狂的报复。众所周知，德国人对游击行动使用了残忍的惩罚措施：每杀死一个德国国防军士兵就要 100 个塞尔维亚平民偿命，每打伤一个德军则要 50 个平民偿命。尽管损失异常惨重，但是南斯拉夫民族解放军依然在继续战斗。南斯拉夫官方统计结果显示，战争中的伤亡人数达到了 170 万，其中大部分是住在波斯尼亚和克罗地亚的塞尔维亚人，还有一小部分是犹太人和吉普赛人。

1944 年，已发展到近百万人的南斯拉夫民族解放军与苏联红军配合，解放了贝尔格莱德，将轴心国军队赶出了塞尔维亚。贝尔格莱德战役结束后，苏联红军撤军回国。1945 年，南斯拉夫的其他地区也得到了解放。不久，模仿苏联，新的南斯拉夫联邦人民共和国宣告成立，定都于贝尔格莱德。

如前所述，组成南斯拉夫联邦的共和国和自治省包括：波斯尼亚和黑塞哥维亚社会主义共和国、克罗地亚社会主义共和国、马其顿社会主义共和国、黑山社会主义共和国、塞尔维亚社会主义共和国[187]和斯洛文尼亚社会主义共和国。

在这些共和国中，除了波斯尼亚以外，每一个国家都代表着自己的民族，有自己独特的语言和文化。但这并不简单，1980 年铁托逝世后，这些民族矛盾逐渐开始激化，整个地区民族主义快速增长：斯洛文尼亚和克罗地亚试图与南斯拉夫联邦缓和关系；塞尔维亚试图获得对南斯拉夫的绝对统治权；科索沃的阿尔巴尼亚人主张要独立的共和国的地位；克罗地亚的诸多塞尔维亚人则起兵造反，试图脱离克罗地亚的统治。

斯洛博丹·米洛舍维奇

让我们来了解一下斯洛博丹·米洛舍维奇其人。米洛舍维奇曾就读于贝尔格莱德大学法律系，毕业后成为一名成功的商人和银行家。这期间，他一直蛰伏着等待时机。直到 1984 年，米洛舍维奇成了贝尔格莱德市共产党领袖。三年之后，他又成了塞尔维亚南共联盟总书记，在此期间他转向塞尔维亚民族主义。这段时期是他的幸运期，随着柏林墙的倒塌和苏联共产主义的崩溃，塞尔维亚民族主义的风头日益强劲。凭借其独特的平民主义风格和其所倡导的社会主义政策，米洛舍维奇在党内选举中赢得了成千上万人的支持，当选为塞尔维亚南共联盟新一代的领导人。他前往科索沃平息了一场阿尔巴尼亚矿工的罢工，稳定了当地塞尔维亚人的情绪，一夜之间成为了塞尔维亚人的英雄。在那场著名的电视演讲中，他对愤怒的广大塞尔维亚民众说："以后你们再也不会受欺负了。"事实上，塞尔维亚人当时在科索沃基本上不会受到压迫，但这样的态度和言论对当地的塞尔维亚人来说很受用——饱含历史冤屈的 800 万塞尔维亚人需要这样一个强硬的角色来维护他们的历史地位。1998 年，米洛舍维奇取代了科索沃和伏伊伏丁那原政党领袖的地位，并于一年以后当选为塞尔维亚总统。

在纪念科索沃战争（中世纪，塞尔维亚王国被奥斯曼土耳其人攻占）600周年的仪式上，米洛舍维奇在当时（1389年）的战争发生地科索沃普奥杰主持了一个庞大的集会，有超过100万的塞尔维亚人参加。会后，他所做的第一件事就是废除了科索沃的自治权，并对其进行了军事管制。塞尔维亚民族主义开始大行其道。科索沃的阿尔巴尼亚人纷纷失业，他们的学校被关闭，被剥夺了进入公立医院看病的权利，同时也丧失了对科索沃的行政控制权。这场运动使得巴尔干半岛南部地区陷入了长达10年的黑暗之中。米洛舍维奇和其他的塞尔维亚极端民族主义者掀起了一场推行"大塞尔维亚主义"的运动，他们要对所有非塞尔维亚人进行灭绝性屠杀——美其名曰"种族清洗"，[188] 从而使全体塞尔维亚人生活在一个统一的国家。

在执政期间，米洛舍维奇反对进行政治经济改革，拒绝多党选举和现代联邦政策。显然，他想废除联邦制，而南斯拉夫联邦也没能支撑太长的时间。日趋紧张的局势最终导致克罗地亚和斯洛文尼亚在1991年宣布独立，克罗地亚人和穆斯林也于1991年从波斯尼亚和黑塞哥维亚脱离。随后，米洛舍维奇又支持塞尔维亚叛乱者发动了一场持续三年的内战。

米洛舍维奇的晚年充满了危机和政治动乱：

> 在经受了经济危机和制裁的影响后，米洛舍维奇于1995年签署了一份和平协定，为波斯尼亚内战画上了一个句号。1997年，他成了南斯拉夫联邦共和国（由塞尔维亚共和国和黑山共和国组成）新一任总统。1997年和1998年间，科索沃的大多数阿尔巴尼亚人住的地区的种族暴力和动乱依然存在，非暴力不合作运动似乎已经偃旗息鼓，取而代之的是用游击队的方式来反抗塞尔维亚的统治。

塞尔维亚人对阿尔巴尼亚人的镇压越来越严厉。1999 年 3 月，塞尔维亚族和阿尔巴尼亚族代表的谈判破裂以后，北约开始对南联盟的军事目标和基础设施进行大规模空袭，成千上万的阿尔巴尼亚人被南联盟的军队用武力赶出了科索沃。6 月，米洛舍维奇终于同意从科索沃撤军，由北约维和部队接管科索沃。1999 年下半年，民众举行游行示威，反对米洛舍维奇，迫使他辞职，但没有成功。与此同时，黑山共和国试图在联盟内谋取更多的自主权，并已开始展开行动。

2000 年夏，米洛舍维奇要求参加早期选举，希望借此彰显其民主的一面。但是，他的计划产生了适得其反的效果。最后，在野民主阵营的候选人沃伊斯拉夫·科斯图尼察——一位宪法律师——赢得了选举。一开始，米洛舍维奇拒绝承认选举的结果，直到数十万塞尔维亚人涌向街头举行大规模反米洛舍维奇集会，要求他下台，他才被迫辞职，结束了其长达 13 年的统治。

2001 年 4 月，这位已经失势的国家领导人受到了更大的羞辱——在一场 26 小时的短暂对峙后，警方在其位于贝尔格莱德的家中将其逮捕，罪名是在执政期间贪污受贿并偷盗国家财产。在南斯拉夫政府官员向他保证会给他一个公正的审判并不会马上将其移交位于海牙的联合国战犯法庭后，米洛舍维奇宣布认罪。2001 年 6 月，米洛舍维奇被送交海牙，被控在科索沃和克罗地亚犯有反人道主义罪行。11 月，联合国战犯法庭指控他于1992 年至 1995 年在波斯尼亚战争期间实施了种族灭绝行为，米洛舍维奇成为历史上第一个被送上国际战犯法庭的前国家元首。2002 年，审判正式开始，米洛舍维奇在庭审中为自己进行辩护。2006 年 3 月，米洛舍维奇因心脏病死于海牙羁留中心。他的死亡使得这场延续了四年的审判被迫终止，使得这个暴君逃脱了法律的制裁，使得那些在波斯尼亚战争中因他而亡的 20 多万民众永远都不能瞑目。[189]

这场审判被称为继纽伦堡审判之后最重要的一场战犯审判。虽然米洛舍维奇在宣判之前就暴病身亡，但他却留下了许多问题。据说，他对非塞尔维亚人的残酷剥削长达数十年之久，有 25 万民众、超过 300 万难民死于波斯尼亚。起诉书中这么写道："在对科索沃阿尔巴尼亚民众的恐怖暴力行动中，米洛舍维奇集计划、煽动、命令、执行等各种角色于一身。"而这些只是这位"巴尔干屠夫"[190]一生所犯罪行的一部分。

但是，除了那些罄竹难书的罪行之外，这个人还是有一些东西值得我们去关注的——这才是在审判第一天真正吸引检察长卡拉·德尔·庞特的地方："除了民族主义者的名头和种族清洗的恶行，除了那些花言巧语和陈词滥调，对权力的追寻才是斯洛博丹·米洛舍维奇真正的兴奋剂。"[191]

战争犯罪的范围

任何关注 20 世纪 90 年代波斯尼亚和克罗地亚局势的人，一定都不会对同一时期发生的科索沃暴行感到陌生。德尔·庞特向联合国安理会报告说，有超过 11 000 名民众在科索沃惨遭杀害，分别被埋葬在了 500 个不同的地方。但还应该将许多其他的受害者纳入这场人类大屠杀的范围，这些包括：①还有我们没有找到的万人坑；②在大部分的地方都无法查实死者的数量；③有许多被害人的尸体被塞尔维亚武装力量埋葬或毁坏。众所周知，这些武装力量会用尽各种办法来毁灭其在科索沃甚至是塞尔维亚境内制造过大屠杀的证据，因此，我们永远都无法得知被害人的确切人数。有人预计，大约有 10 000 名阿尔巴尼亚人在科索沃惨遭塞尔维亚武装力量的荼毒，这可能是迄今为止最保守的估计。

1999 年，美国国务院发布了一份题为《科索沃种族清洗统计》的报告，这份报告由难民报告、联合国非政府组织的文件、新闻报道以及政府和国际组织已解密的情报编辑而成。该报告指出，在科索沃，除了大屠杀外，还有其他违反人权和人道主义的暴行。[192] 当时，有超过 150 万的科索沃阿尔巴尼亚人——其中 90% 都住在科索沃，后被武力强行赶出自己的家园。此外，1200 多座城市、乡镇、村庄中的成千上万处住宅被拆毁或损坏。在那期间，塞尔维亚的武装部队和准武装力量执行了一场高度有组织的"种族清洗"运动。

"种族清洗"的多重含义

对于什么是"种族清洗"，从这个词被创造出来起，就一直争议不断。它是一个类概念——不可能将某一种具体的犯罪行为称作"种族清洗"，它是多种犯罪行为的总称。但我们至少可以确定一点，它不是一个新生事物。下面我们回顾这段历史，会清楚明了这一点。

"种族清洗"最基本的概念是：某一个民族的先进武装力量占领了其他民族的城镇和村落，并将那里的民众赶出他们的家园，只允许自己的族人在那里生活的过程。但在有的时候，实施"种族清洗"的民族的首领会强迫那些外族难民必须住回自己已被清洗的"家园"。那些心中充满了仇恨的难民时常会采取一些所谓的报复行动来进行反抗，但这些行动往往都以失败而告终。这样一来，就为实施"种族清洗"的民族提供了一个很好的继续实施战争犯罪的借口。

仅仅在波斯尼亚战争期间（1992~1995 年），种族清洗行动就制造了 200 多万难民和无家可归的民众。而且，这个数字还在攀升——

为了将塞尔维亚人赶出克罗地亚境内，波斯尼亚武装团体攻击塞尔维亚人居住区，造成塞尔维亚男女老幼多人牺牲。此外，塞尔维亚人对科索沃的大部分阿尔巴尼亚人施行了残忍的大屠杀，尽管有北约的空袭。塞尔维亚人是迄今为止"最成功的种族清洗者"。其实，在战争中，各方都会采用这种手段来达到自己的目的。

根据大量文献记载，以下五步构成了"种族清洗"的全过程，尤其是塞尔维亚人采取得多：

●**集中**。包围目标区域，然后对当地居民施以警告，命令他们离开或至少在自己的房屋外挂上白旗以示投降。如有不从，便会持枪威胁，甚至杀一儆百。然后，再将这些民众赶到大街上集合。

●**斩首**。对当地的政治首领和其他可能会对侵略者的统治造成威胁的人处以死刑，例如律师、法官、政府工作人员、作家、教授等。

●**隔离**。将妇女、儿童和老人与 16 岁至 60 岁的男壮丁分离开来。

●**转移**。将妇女、儿童和老人运至该地边界，将他们驱逐至邻近的区域或国家。

●**清洗**。对 16 岁至 60 岁的男性进行屠杀，并销毁其尸体。

巴尔干战争中所有大规模的种族灭绝事件都各不相同，[193]但都有向一个性别屠杀的主题——针对有战斗力的男性。这是继 1945 年和 1946 年铁托的游击队对上万名解除了武装的敌军进行屠杀后，在欧洲发生的最惨烈的大屠杀行动。例如，在克罗地亚的东部城市乌科瓦发生了一幕骇人听闻的惨剧。塞尔维亚人将数百名受轻伤的敌军和医院工作人员赶出医院，他们之中有的胳膊上还挂着吊瓶，将他们全部杀死以后，把尸体埋在了乌科瓦边境。

1992 年，塞尔维亚入侵波斯尼亚-黑塞哥维亚城市布尔奇科时，施行了一起鲜为人知的种族清洗事件,涉及范围之广、杀害人数之多远甚于前。尽管关于这场事件的许多细节不为人知,但这个地区似乎一直是种族灭绝的目标,而这场大屠杀事件也是三年以后发生的斯雷布雷尼察屠杀事件的先兆。马克·丹纳在为《纽约书评》(*New York Review of Books*)撰写的一篇文章中这样写道:

> 1992 年春末夏初之际,塞尔维亚军队将大约 3000 名穆斯林赶至一座废弃的仓库,对他们施以暴力,随后将其杀害。美国一枚用来监视前南斯拉夫的卫星拍摄下了这一切。一位不为美国政府工作但看到了这些照片的人对我们说:"那些敞篷车驶入布尔奇科时,车上站了很多人;驶出布尔奇科时,堆满的尸体像堆积的轻木一样。"这些照片至今也没有对外公布。[194]

巴尔干战争中最严重的一次性别灭绝行动发生在 1995 年。亚当·琼斯这样描写道:

> 自 1992 年的暴行和 1993 年的战争之后,斯雷布雷尼察被称作在联合国的保护下"最安全的五个区域"之一,成千上万名心生绝望的穆斯林投奔到这块贫穷、肮脏但相对安全的地方来寻求庇护。只可惜好景不长,1995 年 7 月,尽管当时有荷兰维和部队镇守,但塞尔维亚武装力量仍然对这块土地发动了侵袭。他们把男人与妇女儿童分离开来,将男人押到户外,将其全部杀害后埋葬在万人坑之中。估计这场大屠杀造成了 8000 名穆斯林男性死亡。此外,他们还将成千上万名手无寸铁的非穆斯林男性赶至附近的森林里,对其进行屠杀——塞尔维亚首领拉特卡·姆拉迪奇称其为大屠杀的"盛宴"。

琼斯还写道：

> 我们无法宽恕那些刽子手们（绝大部分是男性，偶尔也有一两名女性），是他们残杀了那些手无寸铁的被害人并将其埋在万人坑中，是他们在平民家中或街道上肆意屠杀生灵。众所周知，克罗地亚、波斯尼亚-黑塞哥维亚和科索沃的确有极端民族主义存在。塞尔维亚政府要在穆斯林、克罗地亚人和科索沃人的尸骨和坟墓上建立起所谓的"大塞尔维亚"，然而，在这场运动中，为政府提供了最强有力支持的却是那些普通的塞尔维亚民众。[195]

有一个关于"种族清洗"的更明确的定义。获奖的记者罗杰·科恩在一篇文章中引用了联合国专家委员会所下的关于"种族清洗"的定义：运用武力或其他威胁的手段，将特定的一个或者若干个民族的所有成员强行迁出某一地区，从而使得这个地区实现民族单一化的过程。专家委员会在1993年呈交给联合国安理会的一份非常全面的报告中表示，前南联盟用多种方式施行了种族清洗，包括谋杀、虐待、肆意拘留和逮捕、非法处决、强奸和性侵害、关押和监禁平民、对平民和平民区发动军事进攻或袭击、强行掠夺或破坏财物等。专家委员会在1994年作出的最终报告中增加了下述罪行：大屠杀，虐待战俘和普通犯人，把平民当作人体盾牌，破坏文物，抢劫个人财物，攻击医院、医护人员和当地的红十字会或红新月会。该报告还表示，要对犯罪者追究个人刑事责任；谋划或执行了上述犯罪行为的政治或军事首领"除了会被控违反《日内瓦公约》和其他国际人道主义法之外，还会被指控犯有种族灭绝罪和反人类罪"。[196]

20世纪90年代中期，南斯拉夫战争的评论者们发明了一个词——"无声的种族清洗"。他们认为，在对南斯拉夫战争的报道中，西方媒体把焦点都放在了塞尔维亚人所制造的暴行上，而忽视了那些针对塞尔维亚人施行的暴行，没有将这些以塞尔维亚人为目标的战争及时而准确地呈现在读者或观众的面前，因此他们把针对塞尔维亚人而施行的屠杀称为"无声的种族清洗"。[197]

从那时起，这个词被一些团体广泛运用以达到他们的目的，比如北爱尔兰问题的冲突双方以及反对从二战期间及二战后德国占领地区驱逐德国人的人。

最后，科恩为"种族清洗"作出了一个非常生动的解释：

种族清洗是南斯拉夫战争中最为重要的一段史实，它是指运用武力或其他威胁的方式，将特定的一个或者若干个民族的所有成员强行迁出某一地区的过程。

恐怖主义是其唯一的方式。在施行了种族清洗的地区，空气中弥漫着难民尸体的恶臭，到处都是残垣断壁，一片荒凉。这些施暴者烧杀掠夺，无恶不作，所有的这一切都是为了达到一个目的——让这些外族人永远都无力回天。[198]

巴尔干半岛之行

在美国关怀基金会（康州的一个国际人道主义援助组织）的资助下，多名美国法庭科学家于1995年10月8日抵达克罗地亚和波斯尼亚，在那里开展了为期6天的调查（10月8日~13日）。我便是其中一员。和我一同前往的还有纽约州警察局法医调查组负责人迈克尔·巴登博士，纽约州奥尔巴尼郡验尸官办公室的法医病理学家芭芭拉·沃尔夫博士，科罗拉多州丹佛市的DNA专家莫斯西·詹菲尔德和康州大学医学院儿科教授戴维·罗博士。

在此期间，一同参与调查的还有克罗地亚的多位同仁——来自克罗地亚斯普利特医学中心的法医病理学教授们：席缪·安德里洛维克博士、玛利亚·蒂芬妮斯-郭嘉诺薇卡博士和基贡·普里莫拉茨博士。我和普里莫拉茨博士以前就认识。他在斯普利特大学拿到医学学位后，便前往康州大学医学院攻读人类遗传学博士学位，随后便到康州警察局法庭科学实验室实习，同时在纽黑文大学师从于我进行人类组织和骨骼的 DNA 分型研究。我还清晰地记得我们第一次见面的情形：一个高高大大的帅小伙走近我位于康州梅里登的法庭科学实验室，伸出手来自我介绍说："我是来自克罗地亚的基贡·普里莫拉茨。"

李博士和安德里洛维克博士抵达波斯尼亚

我以前是一名警探，侦查工作使我练就了用本能和第六感识人的能力。同时，作为一名科学家，我还具备运用逻辑和事实来判断分析一个人是否可靠、是否值得信赖的能力。在漫长的职业生涯中，我建立起了一套洞察人性和人际关系的可靠而又有效的系统。在这个系统的帮助下，我无须利用诸如测谎仪或各和心理测试之类的工具，就能准确地刻画出一个人的性格。所以，见到基贡第一眼，我就断定，这是一个聪明、勤奋、充满活力、雄心勃勃的年轻人，有朝一日，他一定会成为克罗地亚法庭科学方面的领军人物。果不其然，获得人类遗传学博士学位后，基贡·普里莫拉茨便回到了祖国克罗地亚，很快就被任命为科学、教育和体育部部长。他在任职期间勤勤恳恳、兢兢业业，为祖国做出了许多贡献。

我们的第一次见面原本只安排了 30 分钟，但没想到一聊就一发不可收拾，从 30 分钟延长到了 1 个小时，从 1 个小时延长到了 2 个小时，从 2 个小时延长到了 4 个小时……最后，我们一共畅谈了 6 个多小时。整个谈话过程涉及了许多话题——从 DNA 谈到种族清洗，从空手道谈到克罗地亚的生活，从科学谈到巴尔干半岛的历史，最后，从种族大屠杀的万人坑谈到我对这次战争犯罪调查活动的参与。这期间，我获得了很多灵感和启发。

正是基贡·普里莫拉茨和席缪·安德里洛维克让我熟悉了在巴尔干半岛发生过的那些暴行，也是他们最终说服我，让我和其他美国的法庭科学家一道，来到这块历经风霜的土地上，对大屠杀事件进行调查。

其实，我对于南斯拉夫的这段历史还是比较熟悉的，而且，从某种程度上说，我也对可能遇到的一切做好了思想准备。但没有想到的是，这短短 6 天的时间竟对我的人生产生了这么大的影响。万人坑的图景是如此触目惊心，家破人亡的故事是如此让人痛彻心扉。那时，我甚至觉得，我并没有完全做好准备去面对这一切。昨天一家人还在一起其乐融融，共享天伦之乐，今天却已撒手人寰，阴阳两隔。那些曾经精致温暖的房宅，现已是断壁残垣，荡为寒烟。这场暴行破坏的力度之大、范围之广，令人难以置信；这里的人们经历的苦难之深，受到的打击之大，让人不忍触碰。所有的这一切让我明白了一个道理：人生苦短，只有生命才是最宝贵的。名誉、财富、金钱，都是浮云。现在，我更加珍视我的工作。

我们的工作主要是运用现代 DNA 鉴定技术来确定大屠杀万人坑中尸骨的身份，以帮助受害者的家属能如愿认领。在这个过程中，我们了解到，尽管过去两三年或更久，有许多家庭一直心怀希望，祈祷他们的家人尚在人间；而有的家庭则误以为他们的亲人在监狱服刑。面对真相，他们反而不能接受。因为在这其中，有很多人并不是为战争而亡的——他们被人残忍地杀害，不是因为他们做过什么，只是因为他们的种族。由于长年累月埋于地下，有许多尸体已经腐烂、分解，无法辨认。但我们从来都没有忘记，他们每一个人都曾是某人的儿子或女儿、兄弟或姐妹，将他们的尸体挖掘出来，也能给其亲人们带来一丝丝的慰藉。我相信，我的那些美国同事和克罗地亚同事应该会和我有相同的感受，不但在挖掘尸体的时候感到很自豪，在用 DNA 鉴定技术确定出死者身份时觉得很自豪，甚至在与克罗地亚科学家共事的时候都会感到很自豪——因为只有这样，他们才能在我们离开后，还能继续用 DNA 鉴定技术来对剩下的尸骨进行辨认。

在这次调查活动中，最重要的工作之一就是辨认被害人的身份。

○ 个人识别

在我们这个社会中，亲人的遗体对于我们来说具有非常重要的意义。如果发生了什么事故，需要先对被害人的遗体进行辨认，然后再将遗骸交给其亲人保管。如果是一具完整的尸体，辨认起来会相对容易一些。在这种情况下，进行个人识别的方法如下：

1. 直接辨认法，即请死者的亲戚、朋友或熟人前来辨认尸体，以确定尸体身份。

2. 指纹鉴定，将死者的指纹与已有的指纹记录进行对比，或录入指纹自动识别系统（the AFIS database system）进行搜索比对。

3. 通过伤疤、文身或胎记等体表形态特征进行识别。

4. 可以通过死者身上安装的人造器官来识别其身份。现在很多人造器官都是有编号的，以心脏起搏器为例，每一个心脏起搏器都有一个编号，每一个编号都对应一个患者。所以，如果死者身上装有人造器官的话，便很容易通过这种方式来辨认其身份。但死者如果只戴有隐形眼镜或装有乳房假体的话，则不太好辨认了。

5. 对比医疗记录。医院的外科手术记录以及使用过 X 光或其他技术的记录都可以用来识别死者身份。

6. 通过被害人的随身物品来对其身份进行辨认，如衣物、首饰、身份证、照片等。这是一种间接辨认的方法，很容易出错，所以很多专家并不会单独依赖这一种方式来辨认死者身份。例如，上次在 "9·11 事件" 中，我们在废墟中发现了一具尸体。当时，我们凭借死者脖子上的金项链和其曾拍过 X 光片的记录初步认定其为老消防队员乔斯·瓜达卢普。但后来 DNA 分析的结果显示，这其实是另外一位名叫克里斯托弗·桑托利的消防队员。

如果是因为火灾或其他创伤性事件，死者的尸体遭到了破坏或不完整，上述 6 种辨认的方法就不太可行了。在这种情况下，法庭科学家们一般会采用以下方法来进行身份的同一认定：

1. 请法医人类学家来对尸体或残骸进行检验。法医人类学家可以根据骨骼特征来推断死者的种族、性别、年龄、身高及其他个人特征。仅有这些法医人类学家的检验结果，还不足以准确鉴别尸体身份，但将这些检验结果与能高度识别个人身份的医学手段相结合时，就会很有价值。此外，法医人类学家还可以帮助确定死亡原因、死亡方式以及其他相关事项。

2. 通过牙齿来进行个人识别。法齿学家可以通过某人齿系的 X 光照片得出其生前的诸多信息，从而来确定这个人的身份。当然，通过牙齿进行个人识别建立在遗体口腔内牙齿完好的基础上。

3. 通过组织或骨骼的遗传标记来进行个人识别。几十年来，法庭科学家一直用组织和骨骼中的 ABO 血型来进行身份识别。在那些只有一具尸体或尸体数量确定的案件中（如在一场空难中有 4 人丧生或某个墓穴中有 2 具尸体），ABO 血型分型或红细胞同工酶多态性分型都能为同一认定提供信息。但是，如果是万人坑或者是死者人数太多无法确定时，就无法用遗传标记来进行身份的同一认定了，只能用其来缩小目标范围或排除对象。

4. 通过 DNA 分型来进行个人识别。近年来，DNA 鉴定技术得到了迅速发展。无论是在刑事案件的调查过程中，还是在发生了天灾人祸需要确定死者身份时，都要用到 DNA 技术。可以从组织或骨骼样本中提取细胞核 DNA 和线粒体 DNA，为个人识别提供信息。只有在确定了死者的身份范围，并有其他技术辅助的情况下，才能用线粒体 DNA 来进行个人身份的同一认定。因此，要成功地进行 DNA 鉴定，就需要事先明确死者的身份范围，或者从死者的家属或 DNA 数据库中提取已知的 DNA 样本。

我们先从纽约飞至克罗地亚西北部城市萨格勒布，与克罗地亚的法庭科学家会合，然后在军队的护送下乘车来到波斯尼亚，最后乘坐一架俄罗斯生产的军用直升机到达万人坑。沿途所有的村庄全部都被战火摧毁，没有一座幸免！有的村落甚至还在冒烟。我不得不承认，所有的人都有点望而生畏，不知道接下来等着我们的会是什么。也许什么都有可能发生。有戴着绿色贝雷帽的克罗地亚特种部队在身边陪护，让人觉得安心了不少；同时，基贡·普里莫拉茨和席缪·安德里洛维克也一直在身边给我们安慰和勇气。尽管如此，心中还是隐隐地有一些不安，尤其是听到新闻说附近时常有地雷爆炸，还有狙击手袭击，就更加心神不宁了。

我们乘坐的俄产直升机是 1950 年的老款，残破不堪，看上去就像是用橡皮筋和管道胶带将其捆绑起来才不至于散架一样。但我们还是怀着一颗惴惴不安的心登上了飞机，踏上了飞往万人坑的旅程。一路上引擎轰轰作响，飞机在云层中上下颠簸、左摇右晃。30 分钟后，终于到达了目的地，那一刻，所有人都在欢呼，庆祝飞机平稳落地。随后，我和席缪、基贡还有一位指挥官打开地图，寻找万人坑可能存在的具体位置。迈克尔、莫斯西、戴维和飞机上的其他人则与士兵们在聊天，回味刚刚经历的那趟凶险的旅程。

飞过塞尔维亚人控制的领土上空时，我听到了枪炮声和爆炸声。我回忆起了 21 岁那年，当时我刚从警察学院毕业，被选派到军队服兵役，任少尉。1959 年，我们的部队驻扎在一个名叫金门的小岛上。那时，台海局势异常严峻，两边的军队每天都会交火，战事一触即发。从那时起，我便对大炮、火箭和机枪的声音非常敏感。

指挥官肯定了我对声音的判断，他命令大家在自己的座位上坐好。每一个人都竖起耳朵，试图从直升机旋翼叶片轰隆隆的噪音中分辨出炮弹的声音，机舱内顿时鸦雀无声。从窗户往下看，地面上兵荒马乱，战火连连。我们在沉默中渐生出了些许恐慌。

我向指挥官提了一个问题，以缓解一下当时紧张的气氛。"您为什么不命令飞行员飞高点呢？"

他回答说："这个高度已经是飞行的极限了。"他向我们保证说，他从这个区域上空飞过很多次，从来没有被击中过。大家听了之后才勉强松了一口气。

席缪转身问我："李博士，您害怕吗？"

我回答道："不，我并不害怕。中国有句古话叫'生死有命，富贵在天'。但是，如果我的死期还没到的时候，阎王却派人来索坐在我身边的那个人的命，让我眼睁睁看着别人死，这样的事情是我最不愿意看到的。"大家的笑声打破了这场沉默。

我们在一块受联合国军队保护的区域降落，一辆军用大篷车过来接我们，然后护送我们经过一条乡间小路，到达万人坑。

我们工作的地点在库帕瑞斯，位于波斯尼亚境内，距克罗地亚边境12英里，1992年曾被塞尔维亚军队占领。我们和来自克罗地亚斯普利特医院的法庭科学小组一起工作，并对他们提供帮助。为了完成总的任务，我们不但帮他们将尸体从万人坑中挖掘出来，进行尸检，还和他们一起会见死者家属，帮助死者家属认领亲人的遗体。只要我们有时间，便会到他们一年前建立起来的那座DNA实验室中和他们一起工作。他们遇到问题便会向我咨询，我也必然倾囊相授，告诉他们如果不能用传统的人类学方法来进行个人识别时该如何处理。

Dr. Lee, Dr. Baden, and Dr. Andelinovic at one of the mass graves in Bosnia.

　　有的墓穴中的尸体已经被挖了出来，并且被清理得很干净了；而有的墓穴则还没有动过，需要我们自己亲自动手。比如，我们在一个位于帕特润基的墓穴中挖出了 3 具尸体，在它附近的一个墓穴中则挖出了将近 50 具，其中绝大部分是老人，既有男性，也有女性。我们还要将死者的骨头、衣物和其他带有死者个人特征的证据从一堆腐烂的尸体中分离开来，这是掘尸过程中最令人毛骨悚然的一项工作了。此外，塞尔维亚人还喜欢把地雷和被害人埋在一起，或者在墓地旁设置诡雷陷阱。就在我们到达之前，一条狗经过这里时被地雷炸飞。我们真是太幸运了！新闻媒体报道，数小时之前，在这个地方探测出了 3 枚手雷，可能是塞尔维亚军队为了防止有人挖尸而埋在这里的。这些地雷和手榴弹真的让我们心惊胆战。

波斯尼亚的其中一个乱葬岗坟址

　　我们得知，这个万人坑是 1991 年形成的。一方面，由于时间太长，尸体早已腐烂；另一方面，因为塞尔维亚军队将尸体胡乱掩埋，所以坑中的尸体大多都只剩下了一副白骨或部分白骨，惨不忍睹。在对尸体进行检查的过程中，当地官员告诉我们说，附近一直都有暴行发生。附近的验尸房是军用的，以备为在战争中丧生的士兵进行尸体解剖。在以前，一般都是在万人坑旁边搭建一个临时的验尸台，能像这样提供一个军用的验尸房给我们用已经是一件很奢侈的事情了。由于待检的尸体数量巨大，我们不可能对每具尸体都进行非常仔细的检查。在这里，最常用的是直接辨认法（即请死者的亲戚、朋友或熟人前来辨认，以确定尸体身份），仅在少数情况下会使用一些传统的识别方法。我们将尸体摆到桌上后，常常会对其进行一定的遮掩或修饰，尽可能减少对家属的刺激。记得有一次我们就将一名士兵的头盔放到他胸前，遮住了他胸口上的那个因炮弹造成的大窟窿。

我们一共连续工作了四天四夜，对 30 名死者的身份进行了辨认。与万人坑中庞大的尸体数量相比，这只是九牛一毛，但这已经是我们工作的极限，至少是同一认定工作的极限——这是一个漫长而黑暗的过程，在这四天四夜里，每一个人无不满腔愤怒、满腹悲鸣。

我依然清晰地记得库帕瑞斯当地人民对我们的感激之情，尽管我们带给他们的都是坏消息。伊万妮卡，乌阿提库·库科之女，去世时年仅 32 岁。她曾是一名教师，加入克罗地亚民主党后，被塞尔维亚政府开除了公职。随后，她成了克罗地亚报刊的一名记者，塞尔维亚政府对此耿耿于怀。在我从万人坑中辨认出伊万妮卡的身份前，她的家人一直不知道她的下落，不知道她到底是被关进了塞尔维亚政府的大牢，还是早已不在人世了。她那淳朴的父亲说："李博士，感谢您……我们只是想要知道她现在到底怎么样了。"

李博士、普里莫拉茨博士、斯堪菲尔德博士在一个乱葬岗中检查子弹

　　在整个身份认定的过程中，只有 13 例使用了 DNA 基因检验技术。这一点是我们始料未及的。原因有二：第一，大多数被害人要么就是没有已存的血液样本可供比对，要么就是那些能为他们提供血液样本的亲人早已离开库帕瑞斯，到很远的难民营避难去了。总之，没有血液样本可以用来进行 DNA 鉴定。第二，被害人的尸体已高度腐烂，无法从中提取可供使用的 DNA。（我们在前面已经说过，要进行 DNA 鉴定，必须要有检材和样本，二者缺一不可。）在这种情况下，克罗地亚科学家们只能根据被害人家属提供的信息来推断死亡时间，并用其他法医人类学的方法来推断死者的身形、身高和体重。因此，在很多时候，我们作了一些假设，或者可以称其为"推断"。在当时那种情形下，这也是无奈之举，因为缺乏有价值的识别信息——牙齿或指纹记录，这些是我们工作的基础。所有的医院都被炸毁了，根本就找不到任何出生或病历记录；没有任何临死前的记录，以至于许多个人识别的技术都无法使用；既没有在任何死者的身上发现家人的照片，也没有可供辨别的文身。我们只能根据死者的体重、身高、随身佩戴的珠宝首饰和衣物来辨认其身份。其中，死者的衣物非常重要。记得有一次，一位被害人家属说她儿子当时穿了一双耐克的袜子，我们凭这一条线索就找到了那个人。

　　当地的牙医帮了我们很大的忙。尽管他们没有死者的牙齿诊疗记录，但他们记得曾给谁做过牙根管手术或帮谁拔过牙。因此，他们需要扒开死者的嘴，一个一个查看。可想而知，这是多么的可怕。

　　在有的万人坑中，尸体是乱堆着的：士兵的尸体和平民的尸体堆在一起，男人的尸体和女人的尸体搭在一起，成年的尸体和小孩的尸体扔在一起。当时我们并没有试图去寻找具体的死因，但似乎大部分的人都是多处受伤而死，包括枪伤和刺刀伤。当时为了迅速掩埋尸体，塞尔维亚军队动用了推土机，因为推土机的土铲一次能运送多具尸体至万人坑中。在这个过程中，会对被害人的身体造成创伤，且他们尝试过用火烧尸体，以至于我们无法准确判断出被害人的真正死因。

我们的克罗地亚同仁悟性真的很高，一点就通，进步非常快。尽管在如此恶劣的环境下工作，他们依旧能保持高昂的斗志。我从他们身上也学到了不少东西——学会了如何在万人坑这种极差的条件下工作，学到了更多关于尸体腐烂的知识以及腐烂对人体的影响。这些经验对我来说都是非常宝贵的财富。在我的职业生涯中，这并不是见到尸体最多的一次，比如空难造成的伤亡情况就比现在要严重。但诸如空难之类的事故发生后，我们一般都是第一时间就赶到了现场，尸体都是新鲜的，辨认死者身份时相对要容易一些。但这次，大部分的死者都是 1991 年至 1992 年间就被埋入了万人坑，尸体基本上都腐烂了，这给个人识别工作带来了很大的困难。

在这次调查之前，碰巧有几位克罗地亚的法庭科学家前往我在康州的法庭科学实验室进修学习，时间为一个月到几个月不等。

这次调查结束大约 10 年之后，《国际先驱论坛报》（*International Herald Tribune*）报道，一支在波斯尼亚农村寻找万人坑的团队日前透露，他们发现了一些地貌特征，这些特征有利于日后确定万人坑的具体位置。这支名为"国际失踪人口委员会"的团队在一个叫堪卡里（位于萨拉热窝东北部大约 60 英里）的地方发现了一个万人坑，他们在那里公布了这个消息。这个团队的总部设在波斯尼亚，他们利用卫星影像技术、地质学和法医考古学的知识发现了 16 个万人坑，这只是其中的一个。

这个团队的主任约翰·亨特说："我们对一系列技术进行了研究，这些技术有一个共同的特点——将它们结合起来，也许就能发现万人坑的位置。在这里，我们并不是要谈论什么神奇的坟墓探测器，而是要向大家介绍一个技术系统，通过这个系统，我们能发现一些特殊的地貌，在这种地貌下也许就会有万人坑。我们的工作就是去寻找有着这些特殊地貌的地方。"[199]

这个团队集中了多名来自美国和英国的科学家，他们发现，这些万人坑所在的位置有一些共同的特点，基本上都是位于山涧河谷、牧场草地的边缘、距某公路330英尺范围内的土地下或某公路附近的斜坡上。而且，这些地方一般都长有很深的野草。此外，土壤电阻率测试仪也有助于发现万人坑，并能测出这些万人坑的深度和构造。

就像在伊拉克一样，在寻找万人坑的过程中还要用到卫星影像技术和光谱分析技术（能测出地表构造的变化）。这些技术不具有破坏性，因此不会对证明这里曾经发生过大屠杀的证据（万人坑）造成任何破坏。

"波斯尼亚失踪人口委员会"挖掘和检验部部长乔恩·斯德瑞伯格说："将这些方法结合起来能够帮助我们发现万人坑的位置，同时，也让那些恶魔们日后更加难以掩盖自己的罪行。"[200]

除了这些科学知识外，我还发现了很多有意思的事情，有的是在与当地政府官员沟通时学到的，有的是在与后来结识的科学家朋友交流时学到的。从某种意义上来说，这趟巴尔干半岛之行变成了一桩互惠共赢的美事——不仅他们如愿以偿地从我们这里学到了很多技术，我们也从他们身上获得了不少知识。

- 我们了解到，巴尔干半岛之行当时，在克罗地亚至少有44个万人坑，波斯尼亚则多达143个。在这其中，至少有100个万人坑是血淋淋的种族屠杀的证据。
- 人权专家预计，在这些墓坑中，埋有100具至500具尸体的约为100个，埋有500具尸体以上的约为13个。这个数字大得惊人！欧洲最严重的一次种族屠杀行为发生在斯雷布雷尼察，它位于波斯尼亚的东部。当时，斯雷布雷尼察是受联合国保护的安全区域，后遭到了塞族军队的侵袭。那个万人坑就位于斯雷布雷尼察附近的一个优美的山谷中。居然在联合国保护的地区发生了这么大的屠杀事件，事发之后，马上引起了国际上的广泛关注。以前这一切都只是听说，只有当你身临其境地站在这块土地上，并与这些因战争而妻离子散、家破人亡的人亲身交谈的时候，才会被深深地震撼。斯雷布雷尼察大屠杀之所以会为人们所广泛关注，有两方面的原因：第一，这次暴行的严重性是前所未有的。（据说，塞尔维亚军队发动大屠杀时，国际社会无动于衷，联合国维和部队则袖手旁观。）第二，国际战犯法庭后来对该起大屠杀事件的领导者和组织者（塞尔维亚军队的指挥官拉特卡·姆拉迪奇和塞尔维亚政治领袖拉多万·卡拉季奇）提起了诉讼。

●当地观察者担心，在斯雷布雷尼察进行的挖掘和尸体认定工作将会在其他战区一次又一次地重演。寻找万人坑是一项缓慢而又成本巨大的工程，而且，因为现实的和政治的因素，要找到所有的万人坑几乎是不可能的。但这些工作，包括我们日前在波斯尼亚和克罗地亚所做的努力，会给人们提供一个新的视角，去充分了解那数以万计的平民是如何在战争中丧生的。大部分的百姓都是在自己居住的城镇或乡村中被杀的。多少年来，他们在那里安居乐业，与身边的斯拉夫人和谐共处，一起上学，一起玩乐，有的甚至还相互通婚。昔日的静谧和欢愉居然在一夜之间就被血海深仇取代，真是让人难以想象。

●有官员称，与其行动，不如选择遗忘——因为进一步

的调查只会让局势变得更加紧张。但是，另外一种观点则认
为，彻查巴尔干半岛暴行的真相是非常必要的，一方面是为
了寻求一种公平正义，另一方面则是为了创造一种恒久的和
平。联合国也持后一种观点，他们认为，如果不能为受害者
主持正义，那么复仇的欲望在日后必定会演变成为另外一场
战争。

● 人权观察员认为，万人坑的掘尸工作具有非常重要的意
义——因为它是人类潜藏和现存的兽性的记录。自50年前的纽
伦堡审判以来，这种要将战争犯绳之以法的呼声之高，是前所
未有的。

● 我们了解到，南斯拉夫分裂以后所发生的种种暴行，就
其影响力来说，是不及阿道夫·希特勒的杀人机器的。此外，
南斯拉夫种族屠杀事件与第二次世界大战期间纳粹对犹太人的
大屠杀也不完全一样，其对象的范围要小一些。南斯拉夫暴行
的施行者并不想把每一个异族的男人、女人和小孩都杀光。很
显然，对万人坑的调查也让世人了解到南斯拉夫暴行真实的
一面。

● 我们了解到，万人坑中的绝大多数被害人都是惨死于塞
尔维亚军队之手的穆斯林。但联合国的调查员也承认，克罗地
亚和波斯尼亚的穆斯林也同样制造了多起暴行。

当我回忆起这段往事的时候，脑中依然浮现的是大面积惨败的
景象。当地的人们不仅要面临着随时可能丧失生命的危险，还要在
恶劣的条件下生活，诸如水、电之类的基本设施都无法保障。但是，
尽管他们经受了如此巨大的灾难，对待我们依然非常礼貌，照顾得
也很周到，言谈举止之间丝毫不带任何情绪。有一次，我记得非常
清楚，村民们杀了一只羊款待我们，那一顿，我们喝了很多酒。并

不是我们想喝醉，只是想通过酒来取暖——隆冬时节没有任何供暖设备，实在是太冷了。时至今日，我一直对这件事心怀愧疚，觉得我们做得不对。所以，我们这几个志愿者一定要尽自己最大的努力为他们提供医学和科学技术方面的帮助，鼓励他们重建家园。其实他们的设备和技术已经很不错了，但我们这个团队的到来，能够让他们觉得很温暖。我们的到来能让他们感觉到，这个世界与他们同在，美国人民与他们同在。我想，这也许就是此行最大的价值吧。

种族灭绝、性别灭绝与人性温情

巴尔干半岛的故事并不是体现人类兽性的特例，在"性别灭绝观察"（Gendercide Watch）中能发现许多类似的例子。在这个网站里，世界各地的观察员网罗了多个国家的真实案例，包括伊拉克、亚美尼亚、孟加拉国、印度、东帝汶、德国、中国、卢旺达和苏联。

1988 年，萨达姆·侯赛因领导的伊拉克政权发起了反对库尔德人的"安法尔"行动，这是一场集种族灭绝和性别灭绝为一体的暴行，达到"战争年龄"的男性都成了"安法尔"行动的首要目标……在伊拉克库尔德斯坦省，虽然在某些特定的区域，妇女和儿童也成了屠杀的目标，但所有被抓起来的成年男性没有一人能够幸免……很显然，"安法尔"行动的主要目的就是要将伊拉克库尔德斯坦地区所有达到服兵役年龄的男性全部消灭，只有极少数人幸存下来了。

亚美尼亚大屠杀（1915～1917 年）是人类历史上针对手无寸铁的平民实施的最大的种族灭绝事件之一。1915 年正值第一次世界大战，土耳其政府（奥斯曼帝国的统治者）下令对大多数的亚美尼亚男性公民实施有系统的大屠杀，同时用武力将剩下的大部分妇女、儿童和老人驱逐出境。但这场驱逐最后也变成了屠杀——负责押送的奥斯曼军队不仅纵容其他人抢劫、杀害及强奸那些亚美尼亚人，甚至自己也参与其中；奥斯曼政府在驱逐过程中没有向亚美尼亚人提供任何补给设施或物资，即使抵达目的地后也是如此。[*]

发生在 1971 年的孟加拉国（前东巴基斯坦）大屠杀持续了 9 个月之久，被认为是 20 世纪屠害平民最集中的暴行之一。当时，为了镇压孟加拉国的独立武装力量，西巴基斯坦的军事政权掀起了一波可怕的屠杀狂潮，造成了大约 300 万左右的民众死亡。大屠杀的主要对象为年轻的孟加拉男性，被强奸并杀害的孟加拉妇女也数不胜数，同时惨遭毒手的还有孩子和老人。

如果要对 1999 年 9 月的东帝汶大事件进行研究，最值得关注的也许就是东帝汶在那一时期究竟有没有发生过性别灭绝的暴行这一问题了。确实，直到现在都还无法确定当时在东帝汶是否发生过以及在多大程度上发生过真正意义上的性别灭绝事件。但是，有的人认为，人们有理由相信，在东帝汶独立大选后不久确实发生过大屠杀，而且，这是一场覆盖面很广、有组织、有计划、有系统的大屠杀，并具有很强的性别灭绝的特征。[201]

---

[*] 这是一个灭绝全部亚美尼亚人的计划！最后，当那些精疲力竭、饱受煎熬的幸存者到达邻国的难民营时，人数只剩下了不到全亚美尼亚人口的四分之一。——译者注

毫无疑问，第二次世界大战期间纳粹政权对欧洲犹太人的大屠杀是人类历史上最系统、最惨烈的种族灭绝事件，造成了大约600万犹太人、同性恋者和吉普赛人死亡。由于纳粹军想要踏平所谓的"劣等种族"，所以，所有的犹太人，不论男女，不分长幼，均成了他们屠杀的对象，未被屠杀的则变成奴隶劳工。

1937~1938年发生的南京大屠杀，也被称作"南京梦魇"，是人类历史上同时对男性和女性进行性别灭绝的另一特例。这场大屠杀以日本侵略军对中国妇女的残暴行径而著名——成千上万的中国女性被日本兵轮奸后惨遭杀害，好几万中国女性身受重伤。此外，日本军队还将大约25万手无寸铁的中国男性作为战俘抓捕起来，并全部屠害。大规模的屠杀方法有机枪扫射、用做毒气实验、集体活埋、集体焚烧等。

1994年发生在非洲中部国家卢旺达的种族灭绝事件是人类历史上最集中的一起大屠杀。但是，很少有人意识到，这起种族灭绝事件还包含着明显的性别灭绝的因素——它是一场有选择的、以图西族男性和一些同情图西族的胡图族男性为目标的大屠杀。在大屠杀过程中和大屠杀结束之后由图西族游击队发动的报复性杀戮行动中，也能明显地看到性别灭绝的影子。

在1941~1942年间，入侵的德国军队通过饿死、冻死和即刻处决的方法对苏联战俘施行了长达8个月的大屠杀，造成了大约280万人死亡。虽然这起鲜为人知的大屠杀与第二次世界大战期间纳粹对犹太人的大屠杀相比，死亡人数要少得多，但它与卢旺达种族灭绝事件被并称为人类历史上最集中的大屠杀。

在约瑟夫·斯大林的独裁统治下，数以百万计的平民被关押或处死在类似于纳粹集中营的劳工营之中。任何有倾向性的政治观点或意图都足以将某人投入大牢。

李昌钰博士对种族灭绝和性别灭绝事件的概述让我们对人类历史上最可怕的梦魇有了一个更深入的了解。但是，当回到南斯拉夫大屠杀的故事中，我们会发现，这个世界也不乏人性的温暖和关怀。下面的文字节选自斯蒂芬·塔尔伯特的大作——《斯雷布雷尼察：战时暴行记录》（*Srebrenica: The Video of a Wartime Atrocity*）。[202]这些言词是如此压抑、如此深刻、如此尖锐，给人带来深深的震撼。

（匿名）

作为一名记者，我是一个战后创伤的见证者……对于我们这些亲身体验过这一切的人来说，波斯尼亚永远不会消失。那段时光，那场经历，已经深深地烙在了我们的记忆之中，无法抹去了……它就像带有腐蚀性的脓包一样，一口一口吞噬着我们的思想和灵魂。像这样的脓包，必须用刀切开，将脓血水挤出，才能够慢慢痊愈——虽然很痛，但这是康复的唯一办法。

基普·莱茨——乔治亚州哥伦布市

我是一名美国陆军，1999年，也就是斯雷布雷尼察暴行发生4年后，被派往了那里……一路上，我一直在问一个问题，为什么到了21世纪，人类还没有学会如何兼容并包，和谐共处？我知道，在这个世界上，再也没有哪一个物种会像人类一样，死到临头了还会如此不顾一切。也许，这就是人类永远都无法改变的本性吧。

（匿名）

波斯尼亚人、塞尔维亚人和克罗地亚人背井离乡，去异国寻求庇护，即使有国家接纳了他们（如澳大利亚），他们仍然无法和谐相处。这一点是令人悲哀的。在澳大利亚，塞尔维亚人和克罗地亚人甚至不能在一起参加体育活动，因为他们只要在一起，就会打起来。

（匿名）

我们必须要回过头去看一看，究竟是什么原因引发了这些暴行？我们原本都是神的孩子，却被标上了一个个不同的标签：穆斯林、基督徒、印度教徒……正是这些标签，把我们与其他人割裂开来——只认为自己所信奉的神是对的，其他的神都是错的。

（匿名）

我曾在南斯拉夫待了很长一段时间……一谈起南斯拉夫大屠杀，人们往往会把责任推到别人身上，认为这是别人的耻辱，是别人的问题。全都是借口！归根结底，这是战争的耻辱……这是一场血淋淋的战争——狙击手横行，田地家园被毁，烧杀淫掳，无数平民百姓丧生……这不是那些所谓的英雄和爱国者标榜的荣耀之战。

最后的思考

数月之后，我们重回这里，受到了市长和政要们的亲切接见。市长对所有参与这次调查的法庭科学家们所作出的努力表示了高度的赞赏和由衷的感谢。

作为美国法庭科学家的代表，我首先对他们的热情款待表示了感谢。其次，和他们分享了上次巴尔干半岛之行的一些感受。我说，这个世界在慢慢变小，地区与地区之间的距离也在日益缩短——几个小时前我们还在美国，现在却又再一次站回到了战场之中。这次的公众演讲让我觉得很轻松，因为我有很多话想说，有很多情感想要表达。

但不幸的是，由于宗教信仰的不同、政治立场的对立以及地区疆界的差异，大屠杀事件一直层出不穷。为什么我们就不能从历史中吸取经验教训呢？为什么各地各族的人们就不能和谐共处呢？虽然不同的民族、不同的国家有着各自不同的语言，但这个世界上有一种语言是相通的，那就是"爱和关怀"，为什么人们不能去找寻它、接纳它、信奉它呢？如果所有的人都能去这样做，那些令我们痛心疾首的悲剧终有寿终正寝的一天——这一天指日可待。

注　释

第一章　菲尔·斯佩克特案

1. "Phil Spector", Wikipedia, http://en. wikipedia. org/wiki/Phil_ Spector.

2. Ibid.

3. "Wall of Sound", Wikipedia, http://en. wikipedia. org/ wiki/Wall_of_Sound.

4. "Phil Spector", Wikipedia.

5. Ibid.

6. Associated Press, February 3, 2003.

7. Kurt Loder, "Phil Spector: Mad Genius", MTV News, February 4, 2003, http://
www. mtv. com/news/articles/1459844/ 20030204/spector_ phil. jhil. jhtml.

8. Ibid.

9. Associated Press, February 4, 2003.

10. *Los Angeles Times*, February 4, 2003.

11. Ibid.

12. Ibid.

13. Alhambra Police Department, Crime Report Narrative, February 3, 2003.

14. Autopsy Report, Los Angeles County Department of Coroner, February 4, 2003.

15. *Los Angeles Times*, February 5, 2003.

16. Ibid.

17. CourtTV. com, May 11, 2007.

18. FoxNews. com, February 4, 2003.

19. MTV Networks, March 12, 2003.

20. MTV Networks, June 4, 2003.

21. CourtTV. com, September 19, 2003.

22. CourtTV. com, November 15, 2004.

23. Ibid.

24. CourtTV. com, January 7, 2005.

25. CourtTV, com, May 24, 2005.

26. CourtTV. com, January 31, 2006.

27. CourtTV. com, October 28, 2005.

28. Ibid.

29. CourtTV. com, April 25, 2007.

30. CourtTV. com, April 26, 2007.

31. Ibid.

32. CourtTV. com, April 25, 2007.

33. CourtTV. com, April 27, 2007.

34. CourtTV. com, May 25, 2007.

35. CourtTV. com, May 11, 2007.

36. CourtTV. com, May 16, 2007.

37. CourtTV. com, May 4, 2007.

38. Ibid.

39. CourtTV. com, May 17, 2007.

40. CourtTV. com, July 12, 2007.

41. Actress Archives, www. actressarchives. com, May 30, 2007.

42. CourtTVNews, August 29, 2007.

43. CourtTVNews, June 13, 2007.

44. CourtTVNews, June 22, 2007.

45. CourtTVNews, June 28, 2007.

46. Ibid.

47. Ibid.

48. CourtTVNews, July 26, 2007.

49. CourtTVNews, August 27, 2007.

50. CourtTVNews, August 31, 2007.

51. CourtTVNews, September 6, 2007.

52. letters@ latimes. com, Dawna Laufmann, April 1, 2009.

53. letters@ latimes. com, September 7, 2007.

54. Guardian, September 27, 2007.

55. Ibid.

56. *Mail & Guardian On Line*, October 4, 2008.

57. Associated Press, March 24, 2009.

58. Ibid.

59. Associated Press, April 13, 2009.

60. Ibid.

61. *Los Angeles Times*, March 29, 2009.

62. Attorney Doron Weinberg and trail consultant Susan Martross, editorial response, *Loa Angeles Times*, April 1, 2009.

第二章　布朗餐馆屠杀事件

63. Maurice Possley, *The Brown's Chicken Massacre* (New York: Berkley Books, 2003), pp. 24~28.

64. *Chicago Tribune*, March 27, 2007.

65. Possley, *The Brown's Chicken Massacre*, p. 166.

66. *Chicago Tribune*, April 13, 2007.

67. Henry C. Lee, Timothy Palmbachf and Marilyn Miller, *Henry Lee's Crime Scene Handbook* (San Diegot, CA: Academic Press, 2001), pp. 19, 25.

68. Chicago Tribune, April 2, 2007.

69. Dr. Henry Lee, Reports Forensic Research Training Center, Branford, CT, February 8, 2007.

70. Press release, Better Government Association, April 17, 1996.

71. Press release, Better Government Association, April 17, 1996.

72. Press release, Better Government Association, April 17, 1996.

73. *Police Chief Magazine*, p. 2.

74. Possley, *The Brown's Chicken Massacre*, p. 130.

75. Ibid. , p. 131 .

76. Ibid. , p. 155.

77. Ibid. , p. 201.

78. Ibid. , p. 202.

79. Ibid. , p. 203.

80. Ibid. , p. 205.

81. Ibid. , p. 219.

82. Ibid. , p. 221.

83. Ibid. , p. 224.

84. Ibid. , p. 225.

85. Ibid. , p. 228.

86. *Chicago Tribune*, March 27, 2007.

87. Ibid.

88. Ibid.

89. Ibid.

90. Possley, *The Browm's Chicken Massacre*, p. 236.

91. Ibid. , p. 237.

92. Ibid. , pp. 237~238.

93. Ibid. , p. 240.

94. NBC Chicago, NBC5. com, May 21, 2002.

95. Ibid.

96. Possley, *The Browm's Chicken Massacre*, p. 242.

97. Ibid. , p, 243.

98. NBC Chicago, NBC5. com, May 17, 2002.

99. Possley, *The Browm's Chicken Massacre*, p. 242.

100. Ibid.

101. Ibid. , p. 243.

102. PalatineNews5, June 11, 2002.

103. NBC Chicago, NBC5. com, May 21, 2002.

104. Sean P. Mactire, *Malicious Intent* (Cincinnati OH: Writer's Digest Books, 1995),
     p. 26.

105. NBC Chicago, NBC5. com, May 19, 2002.

106. Possley, *The Brown's Chicken Massacre*, p. 254.

107. Ibid. , p. 255.

108. CBS, March 27, 2007.

109. Ibid.

110. CBS, April 13, 2007.

111. Ibid.

112. *Chicago Tribune*, April 17, 2007.

113. Ibid.

114. *Chicago Sun-Times*, April 19, 2007.

115. *Chicago Tribune*, April 19, 2007.

116. Ibid.

117. Chicago Tribune, April 20, 2007.

118. Ibid.

119. *Chicago Tribune*, April 24, 2007.

120. Ibid.

121. *Daily Herald*, April 30, 2007.

122. CBS, May 9, 2007.

123. Ibid.

124. CBS, May 10, 2007.

125. CBS, May 9, 2007.

第三章　教堂圣器室谋杀案

126. John Glatt, *Forgive Me, Father* (New York: St. Martin's, 2008), p. 45.

127. Ibid. , p. 46.

128. Official Report of Detective Arthur Marx, April 5, 1980.

129. Ibid.

130. *Toledo Blade*, Aprils 5, 1980.

131. Glatt, *Forgive Me, Father*, p. 65.

132. Ibid. , p. 77.

133. Ibid. , pp. 104 ~105.

134. Ibid. , pp. 113~114.

135. Fred Rosen, *When Satan Ware a Cross* (New York: HarperCollins, 2007), p. 90.

136. Ibid. , p. 97.

137. Glatt, *Forgive Me, Father*, p. 131.

138. Rosen, *When Satan Wore a Cross*, p. 183.

139. Glatt, *Forgive Me, Father*, pp. 133~134.

140. Ibid. , pp. 130~134.

141. Glatt, *Forgive Me, Father*, p. 134.

142. Ibid, p. 5.

143. Lucas County Coroner's Office, Autopsy Report on Sister Margaret Ann Pahl, April 5, 1980.

144. Glatt, *Forgive Me, Father*, p. 77.

145. Ibid. , pp. 92~93.

146. Ibid. , p, 108.

147. Ibid. , pp. 98~99.

148. Ibid. ，p. 103.

149. Ibid. ，p. 115.

150. Ibid. ，p. 116.

151. Ibid. ，p. 141.

152. Ibid. ，p. 142.

153. Ibid. ，p. 175.

154. Toledo Blade，April 29，2004.

155. Glatt，*Forgive Me*，*Father*，p. 190.

156. Vincent J. M. Di Maio and Suzanna E. Dana，*Forensic Pathology*（Austin，TX：
    Landes Bioscience，1998），p. 95.

157. Ibid. ，pp. 97~100.

158. Glatt，*Forgive Me*，*Father*，p. 236.

159. CourtTVNews，April 26，2006.

160. Glatt，*Forgive Me*，*Father*，p. 241.

161. Ibid. ，pp. 249~250.

162. Ibid. ，pp. 251~253.

163. CourtTVNews，April 26，2006.

164. CourtTVNews，May 2，2006.

165. Glatt，*Forgive Me*，*Father*，p. 271.

166. Ibid. ，pp. 275~276.

167. CourtTVNews，May 10，2006.

168. Glatt，*Forgive Me*，*Father*，pp. 281，286.

169. Ibid. ，pp. 287~29.

170. WTVG，Toledo，OH，13abc. com，May 12，2006.

171. Glatt，*Forgive Me*，*Father*，p. 174.

第四章　警察枪击案与公众信任

172. *Hartford Courant*，February 15，2000.

173. *Fournal Inquirer*，June 29，1999.

174. Ibid.

175. *Hartford Courant*, April 17, 1999.

176. *Hartford Courant*, July 2, 1999.

177. Ibid.

178. *Hartford Courant*, July 2, 1999.

179. Ibid.

180. *Hartford Courant*, April 17, 1999.

181. Connecticut State Police, Eastern District Major Crime Squad, Investigation Report, June 15, 1999.

182. Ibid.

183. State of Connecticut, Department of Public Safety, State Police Forensic Science Laboratory, Laboratory Case # ID-99-001212, May 21, 1999.

184. *Hartford Courant*, June 17, 1999.

185. *Hartford Courant*, February 15, 2000.

186. *Mr. District Attorney* radio program, circa 1948, personal recollection.

第五章　波斯尼亚和克罗地亚大屠杀

187. 包括科索沃社会主义自治省（the Socialist Autonomous Province of Kosovo）和伏伊伏丁那社会主义自治省（the Socialist Autonomous Province of Vojvodina）。

188. Center for Balkan Development/Friends of Bosnia, www. friendsofbosinia. org, April 1999.

189. Information Please Database, 2007.

190. *Newsweek*, April 9, 2001.

191. NPR, March 12, 2002.

192. US State Department, *Ethic Cleansing in Kosovo: An Accountings*, December 1999.

193. "Case Study: Bosnia-Herzegovina", Gendercide Watch, http://www. gendercide, org/case_ bosnia-html.

194. Mark Danner, "Bosnia: The Great Betrayal", *New York Review of Books*,

March 1998.

195. http://www. gendercide. org/case-bosnia. html.

196. Roger Cohen, "Ethnic Cleansing", Crimes of War Project, http://www. crimesofwar. org/thebook/ethnic-cleansing, html.

197. Charles Krauthammer, "When Serbs Are 'Cleansed', Moralists Stay Silent", *International Herald Tribune*, August 12, 1995.

198. Cohen, "Ethnic Cleansing".

199. "New Ways to Find Mass Graves in Bosnia", *International Herald Tribune*, August 12, 1995.

200. Ibid.

201. Gendercide Watch, http://www. gendercide. org, 1999-2000.

202. Stephen Talbot, *Srebrenica: The Video of a Wartime Atrocity*, August 131, 2005.

参考文献

1. Andrews, Lori B. *The Clone Age*. New York: Henry Holt, 1999.

2. Baden, Michael. *Confesions of a Medical Examiner*. New York: lvy Books, 1989.

3. Baden, Michael, and Marion Roach. *Dead Reckoning: The New Science of Catching Killers*. New York: Simon & Schuster, 2000.

4. Bosco, Joseph. *Blood Will Tell*. New York: William Morrow, 1993.

5. Corvasce, Mauro V., and Joseph R. Paglino. *Modus Operandi*. Cincinnati, OH: Writer's Digest Books, 1995.

6. DeForest, Peter R., Robert Gaensslen, and Henry C. Lee. *Forensic Science: An Introduction to Criminalistics*. New York: McGraw-Hill, 1983.

7. Di Maio, Vincent J. M., and Suzanna E. Dana. *Forensic Pathology*. Austin, TX: Landes Bioscience, 1998.

8. Eckert, William G., and Stuart H. James. *Interpretation of Bloodstain Evidence at Crime Scenes*. New York: Elsevier, 1989.

9. Erzinclioglu, Zakaria. *Forensics: True Crime Scene Investigations*. New York: Barnes & Noble Books, 2002.

10. Geberth, Vernon J. *Practical Homicide Investigation*. Boca Raton, FL: CRC Preess, 1996.

11. Giannelli, Paul C. , and Edward J. Imwinkelried. *Scientific Evidence*. Charlottesville, VA: Michie, 1993.

12. Glatt, John. *Forgive Me, Fatber*. New York: St Martin's, 2008.

13. Holmes, Paul. *Retrial: Murder and Dr. Sam Sheppard*. New York: Bantam Books, 1966.

14. Labriola, Jerry. *Murders at Brent Institute*. Avon, CT: Strong Books, 2003.

    _____ . *The Strange Death of Napoleon Bonaparte*. Avon, CT: Strong Books, 2008.

15. Lee, Henry C. , and Jerry Labriola. *Dr. Henry Lee's Forensic Files*. Amherst, NY: Prometheus Books, 2006.

    _____ . *Famous Crimes Revisited*. Avon, CT: Strong Books, 2001.

16. Lee, Henry C. , Timothy Palmbach, and Marilyn Miller. *Henry Lee's Crime Scene Handbook. San Diego, CA: Academic Press*, 2001.

17. Mactire, Sean P. *Malicious Intent*. Cincinnati, OH: Writer's Digest Books, 1995.

18. Newton, Michael. *Armed and Dangerous: A Writer's Guide to Weapons*. Cincinnati, OH: Writer's Digest Books, 1990.

19. Norris, Joel. *Serial Killers*. London: Arrow Boos, 1990.

20. Possley, Maurice. *The Brown's Chicken Massacre*. New York: Berkley Books, 2003.

21. Ragle, Larry. *Crime Scene*. New York: Avon Books, 1995.

22. Rhodes, Richard. *Why They Kill*. New York: Alfred A. Knopf, 1999.

23. Ridley, Matt. *Genome*. New York: Perennial, 1999.

24. Rosen, Fred. *When Satan Wore a Cross*. New York: HarperCollins, 2007.

25. Scranton, Phil, and Kathryn Chadwick. *In the Arms of the law: Coroners' Inquests and Deaths in Custody*. London: Piuto, 1987.

26. Wecht, Cyril, and Greg Saitz. *Mortal Evidence*. Amherst, NY: Prometheus Books, 2003.

后　记

　　这是我们的第四次合作。与前几部作品相比，本书至少有以下两个方面的特点。

　　第一，最具多样性。本书第 1 至 4 章的主人公各有千秋：一位颇具传奇色彩但性格乖张的音乐制作人；两名心智扭曲、滥杀无辜的年轻人；美国历史上唯一一位因谋杀修女而锒铛入狱的神父；一位因枪杀了一名非裔年轻男性而险些酿成种族暴动的白人警察。而第五章则不止一个案件——那可是千千万万条人命啊。

　　第二，涉及面更广。在以前的著作中，我们只把眼光局限在了美国本土的案件上，而这一次我们则远涉重洋来到了波斯尼亚、克罗地亚及其附近的区域。我们向大家讲述了我在巴尔干半岛帮助当地民众从万人墓冢中挖掘尸体并对被害人的身份进行辨认的经历。除此之外，我们还试图能让大家更多地了解那段混乱而又血腥的历史。事实上，那短短 6 天的时间给我们的心灵带来了强烈的震撼，我们的亲身经历也能给大家传达更细腻、更直观的感受。作为作者，我们一直试图在保全必要细节的基础上追溯历史，从而向大家展示东欧诸国遭受的那场惨无人道的种族大屠杀。对于波斯尼亚当地民众来说，那场浩劫已经深深地留在了他们心中，无法抹去了。很多人无法理解，为什么那些人（本案中的塞尔维亚人、穆斯林和克罗地亚人）就不能和平相处，非要争个你死我活。但他们现在似乎已经找到了症结所在——是那些种族极端主义者，是他们挑起了战争，激化了矛盾，并让这些痛苦和仇恨长存人们心中。然而，在那些挥之不去的疲乏与愤怒背后，依然还有不少军国主义者在蠢蠢欲动，酝酿策划着下一次的暴行。

本书前 4 个案件的判决各不相同。在纂写本书之时，胡安·卢纳和鲁宾孙神父均已入狱服刑。在重新审理中，陪审团认为菲尔·斯佩克特罪名成立，判处 19 年监禁，于 2009 年 5 月 29 日开始执行。艾伦警官则被宣布无罪。2009 年 9 月，陪审团裁定詹姆斯·德古拉斯奇 7 项一级谋杀罪成立。

这些案件向大家彰显了各种法庭科学技术的价值，它们在检验射击残留物、分析血液形态、进行弹道现场重建和 DNA 检验时都发挥了重要的作用。同时，这些案件也让大家看到了警察生活中单调枯燥的一面——尽管如此，他们仍然坚守在自己的岗位上，数十年如一日。

究竟要追寻多久，才能真正实现公平正义？执法部门将如何运用科学的手段来确保这种公平正义最终得到维护？我们拭目以待。